河的对岸

画坛怪杰钱培琛的人生逆旅

丁曦林 著

华东师范大学出版社

图书在版编目（CIP）数据

河的对岸：画坛怪杰钱培琛的人生逆旅 / 丁曦林著 .
—上海：华东师范大学出版社，2019
　　ISBN 978-7-5675-9375-6

Ⅰ.①河… Ⅱ.①丁… Ⅲ.①钱培琛 – 生平事迹
Ⅳ.① K837.125.72

中国版本图书馆 CIP 数据核字（2019）第 128793 号

河的对岸
画坛怪杰钱培琛的人生逆旅

著　　者丨 丁曦林	出版发行丨 华东师范大学出版社
策划编辑丨 王　焰	社　　址丨 上海市中山北路 3663 号
项目编辑丨 唐　铭	邮　　编丨 200062
审读编辑丨 陈　斌	网　　址丨 www.ecnupress.com.cn
封面设计丨 卢晓红	电　　话丨 021-60821666
版式设计丨 刘怡霖	行政传真丨 021-62572105
	客服电话丨 021-62865537
印刷者丨 上海四维数字图文有限公司	门市 (邮购) 电话丨 021-62869887
开　　本丨 890×1240　32 开	地　　址丨 上海市中山北路 3663 号
印　　张丨 8	华东师范大学校内先锋路口
插　　页丨 20	网　　店丨 http://hdsdcbs.tmall.com
字　　数丨 222 千字	
版　　次丨 2019 年 8 月第 1 版	
印　　次丨 2019 年 8 月第 1 次	
书　　号丨 ISBN 978-7-5675-9375-6	
定　　价丨 62.00 元	

出版人丨 王　焰

钱培琛在上海工作室。（摄影 / 周晓）

在噩梦纠缠的日子里，钱培琛靠疯狂绘画自我疗伤。（摄影／周晓）

"纽约时期"的钱培琛。

初到"纽约艺术学生联盟"，钱培琛一副落拓不羁的模样。

「十二人畫展」

□黃苗子 □薛萍圓

美術引起人們的注意和青年人從事美術創作的熱中的程度，從來沒有像現在那樣，因此畫展之多，近一些日子，上海同時有四個美術展……

四個美術展覽會各有特點。第一個是上海美術院……

1979年2月

香港《文汇报》刊载的有关上海"十二人画展"的报道（1979年）。

钱培琛的父亲钱愉棠与母亲许金翠。

大学刚毕业，钱培琛被分配在上海凌云中学（现改名为鲁迅中学）任数学教师。

1979年，钱培琛在上海"十二人画展"现场。

钱培琛在纽约画室。

1980年，钱培琛（中）在杭州举办个人绘画展，右为谷文达，左为陈宁尔。

1980年代，钱培琛与吴承豪（右一）在纽约格林尼治街头给游客画肖像。

1982 年，钱培琛（左二）与木心（右一）、陈丹青（右二）、顾月华（中）、张泽平（左一）在纽约。

1990 年代夏天，钱培琛与太太许秋月在纽约皇后区 Woodhaven 的房屋院子里。

1982年，钱培琛（右二）与陈丹青（左二）、周智诚（中）、陈世嘉（右一）在纽约"中国现代绘画展"上。

1980年代，钱培琛与旅美台湾画家姚庆章合影。

1990年代初，钱培琛的太太许秋月赴纽约后的首份工作是在靳羽西家做"管家"。

经过多年"天各一方"的颠沛流离，一家人终于团聚于纽约。
左一，许秋月；左二，小女儿钱恩丹；右二，钱培琛；右一，大女儿钱皓。

热爱文艺的钱培琛与美国友人在一起。

钱培琛与太太许秋月在巴黎凯旋门前。

2004 年，钱培琛与太太许秋月在皖南宏村采风。

1980 年，钱培琛与友人陈丹青（左一）在纽约的画展上。

钱培琛（右二）举办画展时。右一为油画家夏葆元，左一为许秋月，左二及中间为旅美画家赖礼庠夫妇。

2006 年，钱培琛与栗宪庭在北京栗宪庭工作室合影。

1989 年，钱培琛与张健君在大西洋边。

画家赵渭凉 1974 年为钱培琛所画的像。

钱培琛给沈天万、韩柏友、徐思基的信《"十二人画展"武汉巡展观众反应》（1979 年）。

处于"风暴眼"中的钱培琛，在故乡上海举办的绘画个展上致辞。

钱培琛在"纽约艺术学生联盟"求学期间，师从美国抽象主义大师达克（左后一）。左后二为德·库宁，左后中间为波洛克，前排中间为罗斯柯。

"十二人画展"作品以风景、静物、戏曲人物为主。风格上吸收了印象派、野兽派、立体派，而且不少作品都强调深受中国传统美学观念和中国民间艺术的影响，这和西方现代主义早期的实验有相似的方式。给我印象深刻的作品如钱培琛的《不夜城》，用碎片似的闪光色块表现上海苏州河灯光灿烂、水波荡漾的夜景，风格上有自己的东西，很难说受过西方哪个流派的影响。

——摘自栗宪庭《上海"十二人画展"》

　　他是我所熟识的那一路上海在野画家：天然个人主义，不属于美协，不参加官方展览，从来信奉为艺术而艺术，信奉绘画就是色彩的愉悦，画笔永远对准大都会的日常缤纷：法租界、老洋房，还有照射在梧桐树顶端的朝霞与夕阳……培琛君的本业是数学教师，早已画了大量风景写生画，这在"文革"期间既意味着纯绘画立场，也是一种政治姿态。劫难之后同行相见，众人的激情是能够坦然大谈纯绘画了。

——摘自陈丹青《记老友钱培琛》

　　记得很长一段时间，他在纽约曼哈顿的"艺术学生联盟"（Art Students League）中进修，使他有机会接触当代蓬勃发展的美术运动的潮流。通过长时间的创作实践和参加一系列的艺术展览活动，其间包括两次参加在西班牙马德里举行的艺术展览，他深深地感悟到了作为一个画家，不停顿地探讨借鉴，反复地反省总结，坚持大运动量的实践，就是一个画家必须要走的路。

——摘自孔柏基《钱培琛画集·前言》

目 录

引
子

　　事情得从街头拐角处一座咖啡馆说起。从我家小区步行去，不过几分钟。

　　咖啡馆的外貌平平常常，坐落在中国上海中山公园地铁站 4 号出入口一幢高大商厦的一层。地段非常嘈杂，日夜车水马龙，如果子夜独自蹲坐在它的墙角边抽烟或对着手机手舞足蹈哇哇哇叫喊，路人和警察也不会多看你一眼。而我喜欢坐在里面的落地窗畔，喝咖啡，看书写字，发发呆。偶尔从里往外眺望，像煞看一幅画，或看一部电影，不远处高架地铁站台麦克风里的喊话，街头汽车的引擎声、喇叭声以及其他纷杂的市声，都是绝妙的画外音。从那里坐地铁 2 号线到静安寺站附近上班，也就两站路。因此，每天上班前，我常常有足够的雅兴和耐心，在那儿要上一杯现磨咖啡、一片富含植物纤维的全麦面包，加上从家里报箱里刚取出的早报，坐在咖啡馆跷着二郎腿，于一厚摞报纸的字里行间消磨新鲜的"早餐时光"。

　　六零后的我，长期浸淫于纸媒，每天闻惯了纸上散发的淡淡油墨香，从职业养成了"读瘾"。纸端的信息量比移动终端的手机上少了

1

很多，却依然让我享受到阅读的满足，特别是由文章、图片、漫画、线条、版式等奇妙合成的丰富质感，体现着个性和体温；所刊登的消息、专访、评论或其他图文，经过一群有着趋同的精神价值和文化趣味的专业人士的采编和裁剪，无疑注入了"一个团队"的思想和品格。在我看来，报纸上每个版的面孔，或俊朗、或温婉、或温暖、或高冷，背后都站立着一个个鲜活而真实、有着喜怒哀乐的"人"。

哪天不读报纸，我便像丢了魂儿似的，浑身不舒服。

那个冬天的早晨，阳光暖人。一组占据四五个整版的报道，却让我听到惊雷。

报道的大致内容是：

> 震动世界艺术圈的造假欺诈案在纽约高等法院开庭审理。美国联邦调查局以诈骗、洗钱、逃税等罪名起诉一个名叫格拉菲拉·罗萨莱斯(Glafira Rosales)的女子。在这起涉案金额高达8000万美元（当时约合人民币5亿多元）的欺诈案中，被造假的画作包括杰克逊·波洛克(Jackson Pollock)、马克·罗斯柯(Mark Rothko)、威廉姆·德·库宁(Willem de Kooning)、巴内特·纽曼(Barnett Newman)、罗伯特·马瑟韦尔(Robert Motherwell)等众多艺术大师的作品，涉案画廊——位于纽约曼哈顿上东城的诺德勒画廊(Knoedler & Co. gallery)关门歇业。这家成立于1846年的画廊，历经第一次和第二次世界大战的炮火，却在假画案中关门大吉。而一手炮制出"波洛克"、"罗斯柯"、"德·库宁"、"纽曼"、"马瑟韦尔"等大师作品的，就是来自上海、现住在纽约皇后区、年逾七旬的华裔移民画家钱培琛。
> ·············

放下报纸，我倒吸一口气，兀自笑了，仿佛喝了口高度烈酒！

当然，烈酒是钱培琛，一个不太走运的画家。他不鸣则已，一鸣惊人，这次的"鸣"，尖锐如针刺痛耳膜。他以几近疯狂的"伪画大师"角色搅动了国际市场，一时间夺尽眼球。

钱培琛，1979年上海"十二人画展"发起人之一，当年在上海滩颇有点儿名气。彼时，中国刚刚走出"文革"的阴影，他与一群"野生画家"破了天荒，冲破当年的体制束缚而自己组织了一场轰轰烈烈的画展，他们的作品共同表现出前卫、先锋姿态，顿时引起全国关注，报道和评论如潮，这个展览日后被研究中国当代绘画史的专家或著作反复提及。就在钱培琛身披先锋派画家光环、被鲜花和掌声包围的时候，他却出人意料，从人们视野里消失了。

他远走高飞赴美深造，这一去，杳无黄鹤。

我偶尔在一些小型画展或零星报道上看到钱培琛的名字或作品，恍惚如游园惊梦。长江后浪推前浪，随着新人辈出，这位先锋派画家在他的故土完全被遗忘了。

谁料，三十年后平地响起一声惊雷，由中年变成老年、貌似波澜不惊的他，竟然掀起了惊涛骇浪——卷入一场百年罕见的"天价伪画案"。他重新回到了公众视野！

说稀奇，真稀奇！当年熟悉他的朋友同事初闻事件，都惊掉了下巴，他们不敢相信，引发国际震动的事件当事人，就是当年与他们来往密切、性格温和如羊的"钱老师"、"培琛兄"。

是啊，我也宛若听闻晴天霹雳。请看以下一连串的如雷贯耳的名字：

杰克逊·波洛克、马克·罗斯柯、威廉姆·德·库宁、巴内特·纽曼、罗伯特·马瑟韦尔，熟悉西方艺术史的人一望便知，每一个名字都象征着世界当代艺术的一座高峰。

如果有人将其中一位大师的风格临摹得惟妙惟肖、以假乱真，会令人拍案称奇。而钱培琛，将一众抽象艺术大师几乎一网打尽，出自他笔下的六十余幅"大师仿作"，被美国画商充作真迹长时间高价出售，有的单幅卖至一二千万美元，事情穿帮，举世哗然。

"吃瓜的群众"与那些玄妙的抽象艺术毫无交集，但当涉案资金换算成一坨坨黄金、一车车美钞，仿若堆在眼前时，其折射的市场暗河里的人性、商技、秘密，刺激得所有人惊叹或唏嘘。在那天早报艺术专版的头版，自上而下刊登了钱培琛、陈丹青、陈逸飞、木心等20世纪80年代赴美留学画家的一组黑白肖像，图片上的他们眼目明亮，意气风发，表现出特定年代一群中国画家"寻梦美国"的昂扬精神和坚毅表情。耳熟能详的艺术家的肖像，与一起惊人的"伪画案"报道存在着犬牙交错的复杂联系，这，深深地激发了我的探究欲望。

艺术江湖的华丽外衣被撕开了一角，内里有着怎样的黑洞？且容我慢慢叙来。

什么是艺术？什么是艺术市场？答案五花八门，一片混沌模糊。

我想，艺术是人类精神世界的"一种再现"。人，之所以高级，正因为有别于一般灵长类动物而创造了哲学、道德、艺术、科技。艺术是最为奇妙的劳动产物。而艺术市场，是人们利用艺术品进行商业交换的场所，商业交换从来就带有复杂的欲望、动机和手段，任何行业可能存在的阴暗面或不可告人的东西，在艺术市场不见得少，也时时刻刻发生着。

艺术是神奇的。千百年来，多少虔诚的艺术信徒匍匐在崎岖的道路上，孜孜不倦地上下探求，"无中生有"地发掘、创造了无数璀璨夺目、令后人高山仰止的奇伟辉煌之作。艺术市场是跌宕起伏的，当人们的目光穿透环绕瑰丽艺术的一道道光环，会发现源自人心幽暗深处的贪婪欲望和为非作歹，环伺于艺术的四周，天使与魔鬼在艺术品身上深度交缠，使得艺术品既是纯粹美好的精神介质，也是充满魔法的载体，它是月亮也是货币，是宝石也是刀枪！

"天价伪画案"发生地纽约，便是一个天使和魔鬼自由出没的花花世界，是交易活跃、规模超常的世界级艺术码头！每天，林林总总的艺术品从各国各地汇聚于这里，又从这里流向四面八方。既然是码头，天下熙熙皆为利来，天下攘攘皆为利往；艺术品，乃至与艺术审美相关的学术行为，不得不堕落成生意。与生意形影相随的是，地下艺术犯罪也形成了外人看不清的产业，在这个产业链上，豪商巨贾、明星大腕、三教九流、宵小之徒，构成了一个奇怪的生态，什么事物在这条链上都不足为奇。据公开的数据，艺术品地下交易金额，每年至少达数十亿美元，规模仅次于毒品走私和非法武器贩运。包罗万象的纽约，拥有全世界顶尖的博物馆、美术馆、艺术学府，拥有激荡人心的美术史经典作品、艺术大师以及让绝大多数人难以企及的神秘俱乐部、天价拍卖品，代表了世界艺术王国熠熠发光的塔尖。但，巍峨高塔下的长长阴影里，却也藏污纳垢，存在着比戏剧更曲折、更魔幻的现实。

钱培琛，美籍华裔画家，是我早就略知一二的"阿拉老乡"。

摊上大事儿的他如今藏身上海何处？还能不能回到美国？会不会有牢狱之灾？好奇与关切油然而生。我的指尖在手机按键上飞动，有关他的信息如潮水般袭来。我还拨打了相熟律师的手机，咨询"若此案发生在中国，钱老先生可能面临怎样境遇？"的问题。律师朋友简短而清晰地答道：如果确定老先生涉足共谋欺诈，案值数亿，那可是国际艺术界一百年来少有的惊天大案！

听闻这些，我更难平静了，心潮如涌。我竭力搜索有关钱培琛的记忆碎片，思绪不由自主被定格在遥远的上海"十二人画展"，他的模样、他的作品，犹如时间的汪洋大海上碎片般的漂浮物。我也不停地使劲儿猜猜猜，大洋彼岸，名叫多米尼克·德·索尔（Domenico de Sole）的白人老头儿，是个怎样的人物。从他一连串头衔儿看，他是身价不菲、派头十足的 Gentleman（绅士），曾身居 Gucci 集团主席高位，现任苏富比董事会成员，那是国际超级富豪里极富艺术修养和鉴别眼光的"一小撮"啊，许多人在电影里才能见识这样的人生"大赢家"，抽雪茄、玩极品、与当红的政客及明星周旋、风度翩翩地活跃于艺术拍卖会。

如此精明的玩家竟然也会"老鬼失匹"，花了两千多万美元，通过诺德勒画廊买下了出自钱培琛之手的"马克·罗斯柯"作品——《无题》（*Untitled*, 1956），经过反复鉴定，终于被确定，他买的是赝品。奇怪吗？坦率而言，我觉得一点儿也不！

对于艺术市场的诡异奇幻，我早听得耳朵生茧了！

我认为，整体而言，艺术市场像极了大赌场，甚至可以说，它就是赌场。

为什么？因为拍卖行内外充满了欺诈和陷阱。动辄被拍卖到百万千万甚至数亿元的艺术品，一部分出自伟大的艺术家之手，却也有相当部分，是炒作形成的巨大泡沫，或是后人以无所不用其极的手法在地下炮制的。前不久，有人通过微信发给我看几幅"名家"油画图片，浅薄的色彩、拙劣的笔触，一看就是"假画"，我也明确告知。但事实上，拍卖行还是上拍了，送拍者居心不良，举拍者动机不纯，于是同流合污，拍卖纪录诞生了。有的名画或古瓷的炮制，早在三四十年前就像渔民撒网，被布入了"局"，"富有远见"的宵小之徒借助拍卖手段，编画册、造纪录，为赝品贴上"流传有序"的身份，他们坐等渔获，耐心十足。类似的赌局，短则经历数年，长则二三十年也稀松平常，对丰厚利润渔猎般的期待，使得造假者的耐心和毅力均超乎常人。我在美国"有幸"遇见过专门从事此类生意的家族后代，他们幸灾乐祸的表情、闪烁其词的言行，让我意识到，艺术市场水深且"浑"。

所以，真真假假、雌雄莫辨的艺术市场里，偶尔冒出个钱培琛，冒出个"天价伪画"事件，我知道一定不是孤例。在各国媒体竞相报道钱培琛的背后，我相信藏着更多"内情"。

我开始实施自己的深度调查。我先从外围收集资料，检索网络，发现钱培琛出事之后，看客们手舞足蹈，各种心态在"留言"或"跟帖"上表现得淋漓尽致。有人感慨于美国富翁的投资"滑铁卢"，从大人物的不幸里获得小人物的廉价满足；有的啧啧称奇，将钱培琛视同"义和团"；也有的落井下石，添油加醋，纷纷抛出有关钱培琛鲜为人知的种种往事……

在信息消费形成狂欢的时代，这一切不足为奇。

但值得我探索和讲述的，是什么呢？

我想，有必要先扯一扯艺术品买卖的动机。

人们通常以为，高雅艺术的买卖行为本身也是"高雅"的，甚至还天真地以为，在藏家云集的拍卖大厅争先恐后地举牌，无疑是帅气或优雅的，然而，这都是错觉和笑话。

悬挂在博物馆、美术馆、国家会议厅、图书馆等公共空间的艺术品，承载和象征着人类智慧以及民族情感，受到芸芸众生的顶礼膜拜，是纯粹的文化产品。而进入拍卖行、画廊、典当行以及私人空间的艺术品，属于文化产品又不完全是文化产品，人们花钱买它们，或将其视同花瓶，装饰居室环境；或视其为镶了框的支票，是一种投资；或作为家族血脉的传承物，寄寓了私人情感；还有人拿艺术品洗钱，或用来骗取巨额信贷，等等。不管如何，动机捆绑了人心和欲望，人心之深、欲望之杂，决定了艺术品交易行为及结果的千奇百怪！

尤其是极端昂贵的艺术品，更掺杂了种种意想不到的元素。有时犹如披着面纱的国色天香，带有高贵而神秘的气息，娶回她能满足众目睽睽之下的虚荣心和征服欲；有时又酷似漫长而冒险的远洋夜航，诗意、风暴、漩涡、暗礁相交织，变幻莫测，能勾起人的猎奇心。

我一度着迷于观察身边的富人，琢磨他们对艺术的态度。

这不得不说到，New Money（暴发户）和 Old Money（贵族）的差异。

我并无任何鄙视这些新贵们的意思，只是想说明，New Money 天然地在思想、血液里缺失由长期熏陶形成的贵气，审美情趣上也不可避免陷入浅薄和粗鄙。他们艺术细胞少得可怜，在意识深处，达·芬奇、梵高、莫奈、毕加索不过是另一种形式的货币，哪里感觉到这是人类文明天穹里的星星、月亮。记得有一次，我"有幸"与富豪们一同赴欧美旅行，在奢侈品麇集地，他们欢畅得如鱼得水，再贵的价格也剁不了他们买不停的双手。等到安排他们去博物馆、美术馆，他们忙着拍照留念，只消待上两三个小时，他们却表现出受罪而不耐烦。时代审美教育的肤浅化、粗俗化，会导致至少三四代人领略艺术奥妙的能力不断降低。

当下赫赫有名、炙手可热的大藏家，不都显得如此吗？昂贵如鸡缸杯的文物级艺术品，在他们眼里不过是当众"喝茶"以博天下人钦羡的玩物，个中的文化也被传媒有意无意地忽略了。鸡缸杯的价格被男女老少牢记，而它蕴含的价值，如风一般飘得无影无踪。

所以，当下人们买一幅原创的画或一尊高品质的雕塑，罕有出自对艺术审美或价值层面的探究。价格不高的话，喜欢或不喜欢是选择的理由，买了高兴，值了。当一幅画或一件雕塑的价格很高，需要动用私人金融资产蛋糕里的较大一块，人们也不怎么稀罕它的艺术价值、文献价值，而只注重作品的真伪以及升值空间。当然，这也没错，严酷性在于：

　　　　昂贵的艺术品，常常一转身就变成了"杀人武器"！

　　索尔夫妇的遭遇属于哪一种情形呢？我说不太清。

　　他俩不是收藏界的愣头青，出手购买几十万、几百万的绘画作品并非偶尔为之，特别需要说明的是，他俩一掷千金买下赠送给宝贝女儿的作品，是一幅罗斯柯风格的色域画，这幅画有着浓烈的宗教情感，画面乍一看只有红与黑，其实色彩本身以及色彩过渡部分都异常丰富，流露着祥和的光晕和信仰的宁静。青睐这类作品的人绝非等闲之辈，应该说，艺术趣味极雅，思想境界也高。或许，他们买下这幅作品，是为了给女儿一件影响美感乃至精神的崇高文化的载体。然而，当他们得知斥巨资所购的大师作品不过是一件赝品，瞬间引发的失落、心碎、屈辱、暴怒，我能够感同身受。中外世界，一旦买主发现自己买到的是杀人武器般的天价赝品，往往选择的是悄悄地转手，或通过拍卖公司继续"击鼓传花"。索尔夫妇却毅然选择公开身份而对簿公堂，将涉案的画廊以及画廊前总监告上法庭。有人说他们"较真"，甚至有人说他们"戆"，我不这么认为，我理解——有些人，一旦遭遇了极端的"不公平"，法律若不能给个公道的说法，他们一辈子所持的价值观和幸福感，很可能就毁在"一幅画"上。但，这样的勇者真的寥寥无几！

　　那么，像索尔夫妇这般重量级收藏家，也被忽悠买下昂贵的伪作，会不会存在这样的情形：赝品本身焕发了惊人的魔力？或者兜售者巧舌如簧，将黑马侃成白马？

　　　　完全有这种可能。这也是我想搞个水落石出的"真相"！

　　钱培琛不是艺术界主流和大众媒体公认的伟大画家，在许多人看来，他是边缘的、落魄的，然而，从美国 FBI 公布的情况，以及诸多权威媒体发布的涉案作品图片看，他对多位绘画大师作品的演绎，达到了"雌雄难辨"的程度。要不，怎么会引得一群而不是个别腰缠万贯、自命不凡的大富翁、大收藏家以及赫赫有名的艺术机构为之"倾倒"？他的经纪人以及参与运作这些作品的纽约资深画廊，显然也不平庸，否则如何靠讲故事做成大买卖？

我头脑里无数个问号像被欲望激发的精虫。一连几天，仿佛有一双精于撩拨的纤细之手，让我欲罢不能，兴奋又迷茫。我很快给写报道的早报记者打了电话。此记者与我也可谓相熟，在传媒大楼进进出出时常邂逅，却婉拒了我的请求。理由是：钱老先生卷入大案，目前身处"逃亡中"，不得不与外界隔离。根据他的律师、纽约警察总局前副局长莫虎的建议，在纽约高等法院判决下达之前，他不宜接受任何媒体采访，即便他接受早报采访，也是"声东击西"，安排在远离住地20公里之外的偏僻地方，即便如此，老先生再三叮嘱早报记者，不得向外人泄露他的日常行踪和联系方式。好吧，早报记者成功地为老先生挡驾了！

碰了颗"软钉子"，我并不气馁。我想，电话号码不同于银行卡密码，不会全世界只有一个人知道，于是，我继续到别处打探采访路径，一边忙着收集资料。

我坐在电脑面前废寝忘食，连夜奋战，几乎将漂浮于网络各个角落、有关钱培琛的图片文字，甚至网友评论的片言只语，一一搜罗了。真真假假，长长短短，林林总总，云遮雾绕。一番梳理和归纳后，钱培琛的面目并未变得清晰，反而显示出多面性。有人称他是"十恶不赦的艺术首骗"、"世界丑闻"的始作俑者、魔鬼般的"伪画大师"；有人惊叹他是"奇妙的存在"，"一个神秘的艺术大师终于浮出水面"；也有人说他是"艺术黑客——以极高的绘画造诣，成功地'解锁'多个大师密码"，等等。

透过纷繁的信息，我竭力从常识出发考虑问题——

一个在解放后的上海生活了十七年而成长起来的文化人，他的"底色"是一介书生，是个知识分子，他养成的道德意识和守法意识，使得他没有像那些红卫兵、"造反派"一般投身运动中的打砸抢，而他到了异国他乡，涉足了惊动国际画坛的"制假欺诈案"，其中的内因和外因是什么呢？

好事多磨！我费尽周折，七拐八弯，终于问到了钱培琛的手机号。我立即拨打过去，他不接；连发几条短信，他也不回。他的态度，像一盆冰水浇在了我的头上。

果然如早报记者所料啊，身处"逃亡"之危境，钱培琛战战兢兢，将自己裹进了一具坚硬的盔甲。或许在他看来，只要是陌生人，都是危险因素，都可能向他射出一支致命的冷箭。

我不是善罢甘休之辈。一连数日，我几次三番主动联系他，即便结果均遭闭门羹。

要不要放弃？当我的热情渐趋冰点，忽然有幸得到了两位老画家的帮助。他们竟然帮我与钱培琛做了电话沟通，并及时转告我，钱培琛此时此刻的确不便接受任何采访，却答应了"见见"，原因嘛，太巧合了，他刚刚读过我撰写的知识分子艺术家传记《激情不灭》，他相信这本书的作者不会像"有的熟人"去误解、曲解、伤害他。谢谢朋友，谢天谢地！

就这样，我叩开了老先生的神秘住所。大隐隐于市，原来他就寄寓在闹中取静、与我蛮多朋友相邻的小区。穿过花坛和门厅，找到门牌号的时候，我的心情是激动的。

每个人的脸都是映射内心的晴雨表。陌生客的面孔，我往往看上一眼，就能大致读出他的情绪。那天，我第一眼见到钱培琛，仿佛听到他心里的呼喊：我痛苦，我凄惶，别惹我！

是啊，猜测、妄断、评论、爆料甚嚣尘上，他神经被绷得紧紧的，随时要断。

那时是傍晚时分，天色有点儿暗了，大楼过道的灯也似乎跟着垂头丧气。我"笃笃笃"地敲了三下门，竖着耳朵倾听，过了好一会，屋里才传出些许动静。当老先生慢吞吞地打开门，探出了半只脑袋，脸上的表情之惊恐和戒备，让我看一眼就难以忘怀。

"侬好，钱先生！"我以上海方言打招呼，希望迅速缩短彼此的心理距离。

"哦、哦！"他喉咙里发出这样两声，算是回应了我的问候。

我跨进了门，迅速扫视一下他的家，昏暗而凌乱，桌上、地上、沙发上，杂物堆得像仓库，画布、颜料、调色板，也摊了一地，我几乎无法举步。

身处"风暴眼"依旧如此疯狂画画，令我十分讶异！

他身穿一件松松塌塌的薄绒睡衣，好像刚刚睡过午觉，却又没有睡好，神情疲惫。他指了指屋里的三人沙发，示意我坐到那儿，而他自己则坐在一把破旧椅子上。这时，我又仔细端详老先生的脸，他双眼流露的依然是凄惶、戒备，灰暗衰老的面孔上，每一块肌肉都痛苦地抖动。原以为到了他这般年纪，应付突如其来的事件不会像未经世面的年轻人那般仓惶，但彼时彼刻，"制假贩假"事件对钱培琛的精神折磨和灵魂挤压，于他的脸上纤毫毕现。

他在极度惊恐之下异常警觉，衣着却很邋遢。那天的会面，他言语吝啬，答问被动，时不时去一趟卫生间，门也不关，对卫生间外坐着的"陌生人"显然保持着提防。要说我有点儿"秘密采访"的感觉，正是他身上传导出的情绪所致。也难怪，当时美国FBI以及纽约高等法院那边，消息飘忽不定，而他内心七上八下，时刻担心美国的"天降神兵"会将他捉拿过去，电影大片所神化的美国警察，这个时候令老先生似信非信，日子过得如履薄冰。

钱培琛对我采访的态度，从起初的高度戒备、严防死守，渐渐转为狐疑，直至慢慢放松心情。我愿意成为一个倾听者，听他的各种回忆，甚至听他回忆此生的绘画经历，或许，他体验到了类似"与时间对话"、"与历史对话"的充实感，渐渐地，他终于恢复了常态。当我们再次约聚的时候，他衣着光鲜，鞋袜整洁，头发一丝不乱，突然令我联想到19世纪英法小说里的知识分子。他言行举止显示了知识阶层的教养和习惯，多少还有点儿莫名的傲气。而我呢，深入了解了不同时期的钱培琛，他在我心目中的形象也不断丰富且生动起来。

　　最初，我仅仅将他视作国际"伪画事件"的核心人物，慢慢进入了他的生活经历和内心世界后，渐渐对他的执着、无奈、抗争、遁世，以及时代环境带来的压迫，有了进一步的理解。随着洋葱外皮层层剥落，我越来越看清了，他其实是一个想法简单、理想执拗的梵高式人物，他一不小心身陷其中的"伪画事件"，实际上与这一代经受闭关锁国后毅然背井离乡、自我放逐，却遇到"文化冲撞"和"移民生存"等一系列问题有着深刻关联：

> 　　他经历的是20世纪80年代移民美国的一代人的困境，他是挣扎在两种文化碰撞困局上的鲜活标本，发生在他身上的奇特、怪异乃至"不正常"，是在非母语国家社会边缘的必然存在，也是人性在极度生存环境下的典型体现。

　　与钱培琛同一时代的画家朋友们告诉我，钱培琛赴美定居前，其绘画生涯里的"上海时期"大约有十七年，熟悉的人称他是"会画画的数学老师"、"上海滩画家圈里的梵高"。

　　通过绘画老人们的碎片化回忆和叙述，我对于"迪些辰光额上海美术界——"，竟然有了黑白电影般的清晰脉络和场景感。上海，西方现代艺术传入中国的桥头堡，即便在对外严重封闭的上世纪六七十年代，红色风暴席卷大江南北，但在弄堂深处，寂寞的公寓或石库门建筑里，研习西方绘画者依然很多。大大小小抄家运动里，绘画和雕塑，都是革命小将们俘获最多的"战利品"之一，这也从侧面反映了这座城市骨子里对文化艺术的不离不弃。

那时的上海，大致存在四类"画家群落"。一类毕业于老上海"美专"，技巧主义至上，尤其崇尚苏俄写实主义居多，不乏技与道皆厉害的大牛，他们散落在油雕院、大学或研究机构；第二类毕业于上海戏剧学院舞美系，在演艺单位或电影院任美工的居多，接受欧洲现代派绘画思想多过苏俄画派，他们中一些"大家"抗拒逼真描摹，而志在"心灵再现"；第三类大多毕业于"轻工业专科"或"工艺美校"等，或许与工艺设计有太多瓜葛，后来大多热衷于图式探索和绘画实验；第四类是师范院校毕业、狂热喜爱绘画的中学美术老师群体，他们的绘画更侧重朴素的个人"直觉"。钱培琛不是科班出身，也不是美术教师，却是中学老师美术圈子里的"活跃分子"，在他们的绘画群落里举足轻重，他和他的美术教师朋友们狂热地追求自己的梦想，教学之余的聚会主题永远是绘画、绘画！他们经常自行组织外出写生或作品交流，绘画是他们挥霍青春激情的欢乐园，别无选择！

钱培琛自赴美深造起，开始了自己绘画生涯的"纽约时期"。在纽约的二十多年里，他完全挣脱了单位和职业的羁绊，成了自生自灭的独立画家。所谓自生自灭，是与体制或单位保持依附关系的人难以体会的。尤其在文化截然不同、语言有着障碍的异国他乡，钱培琛的吃饭、交友、卖画乃至寻欢，貌似随心所欲，其实像似生活于人迹罕至的孤岛。生存的本能、爱与性的渴望、绘画上的自由不羁，以及由独居养成的行为习性，导致他的"纽约时期"充满了煎熬和挣扎。他最终走向"伪画大师"，不是个人的力量和意志能主宰或控制的，而是性格和环境所决定的。他满怀复杂而又简单的情怀画下的"大师作品"，流通、交易在一片深不见底的市场海洋里，即便价格飙升至几百万乃至上千万美元，与他本人却没有太多关系。他貌似是主角，实际是艺术市场棋局里的一枚棋子而已，"推手"则躲在隐秘的幕后。

这个纽约时期，是钱培琛一生最为奇特、也最为刺激的时期，他的绘画生命像坐"过山车"，时而盘桓地面，时而冲上云霄。他对"制假贩假"之局毫不知情？或许如此，我却也不愿意妄言"绝对如此"！因为这潭水太深了，人心则更深。对于钱培琛，哪怕我与他有过了几十次的交谈，一起坐过地铁、公交巴士，一起喝过咖啡，对他的了解也形同盲人摸象。他不是一眼能看穿的人。他不失纯真，却也不是毫无城府，他是个矛盾体。

我每次对这些疑问刨根究底，与其说钱培琛一脸无辜，不如说他一脸茫然。

从获得的报酬看，他完全可以被排除在"制假欺诈案"的同谋之外，没有知法犯法的故意，然而他仿制那类作品的画布、颜料全部都是别人"特供"的，这又让我对他被防护墙屏蔽的内心世界难以窥清。事到如今，从媒体报道看，纽约高级法院经过深入调查，最终未做判决而只是调解了事，由此看来，钱培琛躲过了一劫，有些事情也就永远沉入海底了。

从钱培琛的"上海时期"、"纽约时期"、"后上海时期"等人生的阶段里，我看到了一个艺术独行客生命河流泛着的五颜六色光亮，还看到了所映射的上世纪六七十年代中国非主流画家狂热追逐梦想的生存图景，以及上世纪八九十年代，中国内地改革开放后第一批赴美留学艺术家拼搏挣扎的真实身影，看到了海外的华裔画家们在西方"当代艺术"冲击下的尴尬、抗争、扭曲和迷惘。更让我看到，由博物馆、美术馆、拍卖行、画廊、艺术家、收藏家、掮客、投机家等参与构筑的"市场生态"，是多么奇幻。

读懂了钱培琛身上折射的时代文化和市场真相，让我不再继续天真。这些超越"制假欺诈案"本身的真实世态，更让我坚信此次采访的意义和价值。

长达一年左右的采访过程中，我与钱培琛保持了高频率的面对面访谈，也花了大量时间在图书馆，查阅跟他相关的年代和环境资料。我时常像做梦，沉浸于1949年后中国与美国的两座城市，那是钱培琛亲身经历过的上海和纽约。与他有过交集的纷繁的人和事，包括他与"画坛翘楚"陈逸飞、"孙家少爷"木心、"画家公知"陈丹青以及沈柔坚、孟光、林旭东、沈天万等人或长或短的种种交往，他对美国抽象派绘画大师波洛克、罗斯柯、德·库宁、马瑟韦尔、纽曼等艺术家从完全陌生到熟练演绎，他在移民生涯里身陷最巅峰也是最低潮时期的"逃亡"心境，都是动荡变化年代的真实存在，他留下了许多未知数，堪值玩味。

任何人的生命，走近了看，都可能显得跌宕起伏。钱培琛也如此。他最失意的时候，也是他最得意的时候。他执着、闷骚、自我，言语里流露出竭力摆脱令他倍感耻辱的"伪画大师"标签的渴望，又小心翼翼地提供各种说法，讲述纷繁往事，不希望被别人、被历史所"误解"。在此期间，对他绘画作品的问津者没有减少，甚至更多，一些人不远千里万里，千方百计找到他，购藏他的作品，甚至求购的不是他的自创风格，而是"钦点"他绘制的世界抽象表现主义大师的作品。他们认定，既然钱培琛是"伪画大师"，能玩到以假乱真的地步，且人生引人浮想联翩，这便是他的存在价值！

说到这里，我该谈谈对钱培琛艺术的看法了！

钱培琛的绘画，给我最直观的感受，是他天生的如同宗教般的激情。

他的作品与学院派出身、为数庞大的中产画家不同，中产画家擅

16

长玩绘画的"教养"和"机锋",钱培琛呢,凭着对于绘画原生的笃深信仰,以及出色的色彩直觉,他毫无条条框框的限制,也没有任何装腔作势,他的不加修饰的绘画,体现了一个绘画信徒的品质:色彩出自天性,笔调我行我素,画面洋溢着毫不妥协的十足"野性"。其作品最打动我内心的,是犹如老虎狮子身上天然存在的荷尔蒙气息,腥膻浓烈,在精神气质上甚至比梵高更野。

他的"大师仿作"也体现了罕见的天赋直觉力,堪称"Amazing"(令人惊艳)。这种摹仿不是拙劣的亦步亦趋,而是一种二度演绎。身处我们这个时代的人们,绝大多数会认为他的演绎性作品是"伪画",对"伪画"价值存疑。但过了若干年,到了未来,谁说得清呢?谁知道我们的后人是不是同意今天人们的评价?我想,从艺术史发展看,未来是无法利用今天的观念尺度去预料的,一切将是未知数。或许,钱培琛将来会被历史的风尘淹没得无影无踪;或许,他不但没有被历史的风尘淹没,相反,未来的人们欣赏他野性的绘画,也并不将他的演绎性作品置于"鄙视链",而给予另一种意想不到的解读和评价。我觉得:一切皆有可能!

人的生命状态如同水的流动,钱培琛的绘画创作也如同河流,顺着命运流来流去。从 20 世纪 60 年代至今,他借鉴印象派、表现派、野兽派手法创作了大量率性的、粗野的风景画,这类画风成为他绵延半个多世纪的创作流,有时丰沛,有时稀浅,却从未间断。其间,1980 年前后,彼时中国内地尚无"市场"这头庞然怪物,他的现代主义绘画表现了一个久被压抑的画家对非政治、非主题绘画的渴望和实践,作品带着前卫、先锋的气息。赴美留学后的"纽约时期",无论钻研实验性碎纸贴片艺术,还是之后探索的麻布艺术系列,均反映了他在国际化语境下努力寻求自我突破,凸显的是"个人感觉"和"文化思考"。这段时期,由于"市场"之手的牵引,使得他一度沉湎于对于前辈大师作品的演绎,有人称之为"大师伪作",有人认为荒唐,也有人认为戏谑，我不做定论。到了晚年，回到故乡后的"后上海时期"，基于过山车般的命运，他又探索性地创作了一系列纯抽象手法、色彩如火焰般燃烧的新作，以《田园》命名，仿佛从高空鸟瞰地球，乱笔里隐藏着他的执着且复杂的心理和情感。他从来没有想过将自己的创作风格固定在哪一流派，他始终在寻求变化和突破。

无论身处何处，是荣是辱，他都是狂热的、神经质的，以奇特眼光打量世界，任性于自己的绘画世界。他的天赋集中表现在主观的色彩和意境上，色彩极其绚丽，意境诗性且狂放。他的幸运与不幸深度纠缠，成为他真实的人生以及虚幻的艺术之组成部分。

苦涩的少年、郁闷的青年、漂泊的中年、焦虑的晚年，钱培琛一生都伴有深深的恐惧，又带有顽强的反抗意识。他执着的艺术梦想一直挣扎在夹缝里、矛盾中，绵延六十多年的求艺生涯完全似自生自灭的野草。最终，这株野草迎来了无比荒诞的春天，他出人意料地以一种不是自己想要的名义在国际上"出名"了，数以百计的权威媒体争相报道，深深的痛苦在于：这根本不是他想要的方式，而命运让他以奇怪的面目粉墨登场，使得他成为当下备受非议的画坛怪杰，痛苦、兴奋、害怕、忧伤、咒骂、褒扬，朝着他滚滚而来。

他像溺水者，被舆论的汪洋大海所包围，喊天不应喊地不灵，天天做噩梦，几乎到了随时要崩溃的极点，但随着外界赋予他的"艺术黑客"、"伪画大师"等标签渐多，对他发生浓厚兴趣的人也越来越多，追着买他画的人并不少，处在心灵疗伤中的他，后来又变得不那么害怕和焦虑，甚至于有了别样的自豪和兴奋，对于迟迟不来的法庭审判，他由焦虑转为平静。他越来越相信"命"，命里给他什么就是什么，著名画家也好，"伪画大师"也罢，统统是外界强加的"帽子"，与他自己无关。对他而言，与其说画画带有某种使命，不如说，他天生喜欢以画画作为活法，画画是他对世界的观察和表达，他描绘着自己眼晴里的世界模样。

钱培琛还执拗地认为：书画是中国人主导的绘画，油画是西方人主导的艺术，一个成长在东方国度和文化背景下、只能使用母语表达思想和情感的中国油画家，欲获得他国的美术馆、博物馆、评论界以及媒体"提拔"而赢得至尊的大师艺术家地位，并不是没有，却难得一见。且不说不同文化背景带来的鸿沟，即便你是在美国诞生的"香蕉人"，外黄内白，语言沟通上毫无障碍，能够向异乡人宣讲自己的主张、态度和想法，但不同族裔之间的意识形态冲突与隔阂，以及市场非理性的共同作用，使得少数族裔的画家及作品，只能存活在狭窄的边缘地带，被生存之艰难沉重地压迫着。他表示——

　　画家是性格、学识、修养、经历的产物，也是社会、历史、地域、民族的产物！
　　生活在西方社会的东方画家，永远摆脱不了这样的尴尬：要么默默地活在舞台边缘，要么成为舞台中央"备受争议的存在"，别无选择。

钱培琛越来越固化于这样的认识。

甚至，他还倾向于"超自我、超自然的存在"——一切都是老天冥冥之中牵引的。

有一次，他感慨道：我从小失去父母的庇荫，在上海度过孤寂的少年时代；高中毕业想考艺术院校，却屈服于"必须养活自己"的困境而不得不报考师范学院；到了中年，为了绘画理想欣欣然奔赴异国他乡，却不料过得异常艰辛、曲折……此生我始终无法摆脱的状态，是无助和孤独，渺小的我如同海洋里的舢板，无力对抗时代的风浪，只能"顺其自然"。

或许，他的这番感悟，反映的是个人历史的真实。像他这样，大时代急剧变革中的小小寻梦者，移居异质国家和文化的煎熬者，一辈子倾心绘画，却难以摆脱风雨飘摇的挣扎状态，给他快乐、致他忧伤、让他噩梦不断、也让他感到刺激和满足的，统统是绘画。他狂热地钟情于绘画，无时无刻不沉浸于斑斓的色彩，尽管并不奢望自己的作品能流芳百世，却也不愿意自己的作品卷入不明不白的国际事件而"遗臭万年"。但，历史没有草图，以往的所作所为如同抹上画布的一笔笔重彩，"存在"了，当下以及三百年后，人们怎么看，他不知道！

等待纽约高等法院审理和判决的日子里，钱培琛溺水般地沉浮，靠自己的心力爬上滩涂，貌似可以放松喘息了，四周却响起各种鼓噪，流言蜚语层出不穷，他只能视其为生命里"奇怪的坎坷"，千方百计绕过它们，或像带着肿瘤前行，让心志磨炼得更为坚强。

我眼中看到、内心感受的钱培琛，便是这样一个艺术狂徒和忧伤老者，他追求着，痛苦着，顽强着，顶着各种压力及闲言碎语，在"一个人的绘画旅途"里踽踽前行。

我遇见他的时期，他每天五六点起床，七点左右出门，融入早晨上班族的滚滚洪流，挤公共汽车或地铁，去地处城乡接合地的僻静工作室，在那儿涂涂抹抹。在看似非常零乱的工作室里，他像置身世外桃源，不再理会报纸上、电视上、网络上关于他的是是非非、蜚短流长，故意制造"被世界遗忘"的状态，由此享受片刻宁静。而一旦媒体上冒出关于他的任何新消息、新动向，总有人向他通风报信，他也像火山爆发或地震发生之前的灵敏动物会很快地察觉。如水的生命岁月，时而沧海，时而桑田。

最为奇特的是，作为画家的钱培琛，晚年的时候，对于终极之问——生与死，似乎突然开了天眼。有一天，他神秘兮兮地告诉我：人死后"生命"不会彻底结束，而是转化为宇宙间的另一种状态，穿越到宇宙里的另一个星球，或我们意识之外别的时空里去了。

我表示不解，并且追问他："你相信你所说的？"

钱培琛说："我相信的。我从小所受的唯物主义教育，在美国发生了动摇。因为达尔文的进化论，根本解释不了世界的起源，也解释不了人类的美感来自何处。"

他是画家，却越来越像哲人，甚至像宇宙学家。

他真是个怪杰，画坛的怪杰，也是人类的怪杰！

第一章

国际事件

噩梦惊魂

纽约。皇后区伍德哈芬第 95 大街,一个普通的别墅居民区。

傍晚时分,斜阳将冷冷的余晖遗落在静寂的道路两边,将房屋、树木、停靠路边的汽车阴影长长地印在草坪上、河水边。钱培琛坐在书房里的沙发上,一边翻阅着马克·罗斯柯的画册,一边想:侬名气响,却勿要老卵,阿拉早就破解了侬的密码!

他似乎看到了躲在阴影处的罗斯柯,还听到了自己在心里头哈哈大笑。

突然,从厨房里发出叫声:"培琛,快看窗门外面——"

声音是妻子的,今天听起来怪怪的,慌慌张张。

发生了什么?钱培琛"霍"地从沙发上跳起来,一个箭步跨到窗前。不远处,几辆路虎警车缓缓地朝自己家的院子驶近,停在了院前路边的一棵粗壮大树下。车上跳下数个身手矫健、穿黑色制服的白人警察,他们对照手里的纸片核对门牌号后,正往房子走来。

"快逃,从后门翻出去,快!快!"妻子惊恐地催促着。

钱培琛的大脑瞬间变得一片空白,他来不及细想,立刻转身跑出了后门，从后花园的铁栅栏边翻越过去，朝一条通往灌木丛的小路深处奋力狂奔。他耳边隐隐约约听见美国警察用英语盘问妻子什么，又似乎什么也没听见。只听得风在耳边飕飕作响，自己的脚步踏在草地上"登登登"地发出沉闷的声音。忽然，一阵急促的乱步声在身后由远渐近。

是警察追来了吗？是警察追来了吗？

他想回头看看，却完全顾不上了，拼命地跑啊，跑啊……我的天哪，前面横着一条宽阔的河，河面太宽了，飞越不过去啊！在这个紧急关头，他惊悸万分，情不自禁地回头看一眼"追兵"，谁料突然脚底一滑，整个身体一个趔趄，后脑勺往河水里重重地摔了下去。

"啊——啊——啊——"钱培琛口里发出凄厉的急叫。

咕噜噜，咕噜噜，他的身体瞬间被河水淹没了。

他想叫，却像被人掐死了脖颈，不再能发声；四周一片漆黑，伸手不见五指。

这就是河底吗？这就是河底吗？我还活着？我还活着？

钱培琛拼命地挣扎，试图睁开眼睛，眼皮却异常沉重，怎么也睁不开。他感到胸口像被大象粗壮的腿脚狠命地踩着，死死地踩着，沉重得令他呼吸困难，完全无法动弹。他紧咬牙关，手脚乱动。就在这时，他听见远处有个熟悉的声音在喊："培琛，培琛，侬醒醒，醒醒啊！"

……他终于睁开了眼睛。

咦，这不是上海的家吗？我不是好端端地睡在上海吗？

白色的天花板，朝夕相处的莲花吸顶灯，床对面的五斗橱，一切都是自己熟悉的。

噢，刚才是做梦，我妥妥地躺在自己家的床上，安稳如常。钱培琛感到无比侥幸！

但刚才的梦魇可怕极了，真的可怕啊。美国警察上门捉拿自己，梦境虽然飘远了，却好像真真切切发生了一回，吓得他冒出一身冷汗。这样的梦境持续好几天了，他白天竭力回避和消除的事情，一到夜晚，便鬼魅般地准时来纠缠他，钻入他的睡眠。

一切源于美国 FBI 打来的电话，希望他返回美国配合调查。说是"希望"，你懂的！

刚刚摆脱噩梦的钱培琛朝妻子转过脸，妻子一脸的惊恐和担心。

"侬终于醒啦！刚刚侬大喊大叫，声音老响老响，吓煞我了！"妻子用手支起薄薄的身子，眼睛直勾勾地看着钱培琛苍白的脸，语气里充满关切，"又做噩梦啦？"

他嗯了一声，反手摸了摸后背，睡衣被冷汗湿透了。

梦，真真切切地发生了，就好比白天生活的夜晚折射，令钱培琛感到，夜晚的梦，与白天的真实经历，构成了一枚钱币的两面，他的完整生活是这两部分交织的。他非常无奈。

他呆呆地、茫然地盯着眼前，若有所思，一言不发。

妻子拿起床头柜上的保温杯，递给他，说："喝口温水吧？"

钱培琛接过来，咕噜咕噜地大喝几口。

"梦到了什么？侬一边叫，一边手脚乱动。"妻子忍不住问道。

"噢，手脚还乱动？"钱培琛回答妻子，又像自言自语。

"侬究竟梦到了啥？"妻子仍然问。

"梦到了啥，一点也记勿清爽了！"他慢吞吞地回答。

其实，那个梦钱培琛仍然记得的。可他不愿意复述梦境，也不愿意让妻子跟着担心。

他望着妻子，看她略显憔悴的面容，想到她从 20 多岁年轻活泼时跟随自己，大半辈子里颠簸不少，几乎没享什么福，心底突然涌起了深深的歉疚，眼睛湿润了。

这段时间，他的生活完全被一起突如其来的事件搅乱了，欲清静而不得，时时凄惶，天天噩梦。噩梦里，他时而被警察追击，时而被蒙面人追赶，时而一脚踏空而坠落悬崖，时而掉入汪洋大海……他自己被惊恐天天纠缠，却真心不想让妻子受到连累，一人做事一人当嘛。

他只想将事件对妻子的影响，尽力减少，再减少……

屋里变得一片沉寂。台钟里的"滴答滴答"声异常清晰，似乎暗示着时间一去不复返。听着钟表里的机械声，钱培琛想到了生命世界，今天与过去，在时间面前是何其相似，不过如钟摆一样循环往复，只是其中的人、动物存在生老病死，从呱呱坠地到天真烂漫的童年，从懵懵懂懂的少年到意气风发的青年……人的一生，像一阵风吹过荒野，唰地会变老。

想到这里，他不禁如此感叹：

> 人有时觉得过得快，有时觉得过得慢，但时间如同无边荒野，人在里头多么微不足道啊！

钱培琛告诉我，这样的噩梦，发生过无数次了。

一切一切，源于 2013 年 3 月，太平洋彼岸的美国，突然爆出一起惊天"丑闻"。

据《纽约时报》报道，美国 FBI 经过严密的顺藤摸瓜式调查，追查了解到，钱培琛至少摹仿了 63 幅美国抽象表现主义大师的作品，这些作品被当作大师真迹，一共以 8000 多万美元（当时约合人民币 4.9 亿元）的价格被美国机构和私人等购藏。这起事件令国际艺术界震惊！

一时间，媒体对纽约"天价伪画事件"的报道连篇累牍，阵势如狂轰乱炸。彼时，钱培琛并不在纽约，而在千万公里之外的成长地上海探亲度假。当得知自己因卷入"天价伪画事件"而成了美国 FBI 满世界寻找的失踪者，他如惊弓之鸟，惶惶不可终日。他仿佛突然掉入了一个无底的漆黑的深渊，整个人完全失重了，飘浮在气流旋涡中。

此刻，他的朋友评价说，钱培琛是一个有能耐而又与众不同的画家，他将天赋用于绘画而郁郁不得志，干脆将聪明用于搅局，果然导致了国际画坛的一次"海啸"！

好厉害！好可怜！好卑鄙！好神奇！全世界消费着钱培琛，消费着这起伪画事件，而钱培琛本人，在"事件"爆发后的很长一段时间内，完全是晕头转向，不知所措！

非常生活

说起这段"非常生活"，钱培琛幽幽地说："别人永远无法体会！"

它始于一个"预感"，出现于《纽约时报》、美国 ABC 电视台等捅出"事件"前。

自从美国 FBI 警员打电话到钱培琛的纽约家里，甚至还直接打到了他在上海的电话，他始终想着，FBI 的调查是针对别的人、别的事，但，不祥的预感如空气挥之不去。

他想：我可能"闯祸了"！

但他没有想到，祸闯得如此巨大，闯得自己被暴露在世界目光的聚焦下。

自从《纽约时报》、美国 ABC 电视台等国际著名媒体率先做了报道，钱培琛从此被媒体描绘成人间的一个天才怪物，一出"荒诞剧"的主角。数不清的媒体，美国的、中国的、其他国家的，像一群鲨鱼闻到血腥，飞速地、蜂拥朝着同一个目标聚来。

一夜间，他暴得国际级名气，也一夜间身陷舆论的旋涡。

这样的情势，他"第一次"遇到。满世界寻找他的，不只是 FBI 和记者，亲戚、朋友，更多不相识的人，也纷纷打听他的影踪。他害怕、疑惑、迷茫、兴奋、痛苦……

在他处于舆论"风暴眼"的时期，他几乎要疯了！

我有错吗？我错在哪里？他反复问自己，也有满腹的话想对世界说。

但媒体一聚焦，消息被转载无数，脏水如潮水般涌来，不容自己辩解和洗刷。

钱培琛想告诉大家，他也是从报道里听说，自己根据杰克逊·波洛克、马克·罗斯柯、威廉姆·德·库宁的方法而玩的那批画作，被画商们当作真迹卖出了数千万美元。好几幅单价在千万美元以上。他们怎么卖的？编织了怎样的动人故事？他一无所知！

他更想说，得知涉案画廊——位于纽约曼哈顿上东城、据说有着一百六十多年历史的诺德勒画廊关门歇业，他更迷茫。他跟这家画廊半毛钱关系都没有，他根本不清楚，诺德勒画廊在纽约的具体方位，也从来不知道自己的画作通过它卖出了天价。但公众盲从于媒体，而媒体又不失时机地"煽风点火"——声称"诞生于1846年的诺德勒画廊，历经了第一次世界大战和第二次世界大战的炮火而安然无恙，如今因假画案关门，罪魁祸首是钱培琛"。

钱培琛恨恨地对我说："公平哦？第一次世界大战和第二次世界大战，飞机、坦克的炮弹何时打到纽约了？一些媒体要么无知，要么卑鄙，明明知道常识却故意大肆渲染，似乎当年没有被战争的炮火摧毁的画廊，如今被我摧毁了。还有什么严肃、公正、客观！"

他感到迷糊：自己从来没有故意去欺骗索尔夫妇，那些画廊、收藏家、鉴定家，拿我的演绎性作品当作真迹去卖，怪我喽？不正说明我的创作 Very Amazing 吗？

痛苦的是，钱培琛因此被噩梦缠上了，纵然可以装作若无其事，但噩梦如同长在脑袋里的肿瘤，时不时会发作一下，让他怀疑，自己是不是得了惊恐症或焦虑症。

他常常感到心跳加速，害怕外出，似乎美国 FBI 随时会"神兵天降"。

他也不愿意会见任何熟人，不愿意别人关切地问这问那。

他白天玩命地画画，不去想那些不愉快。晚上不看电视，不参加私人聚会，早早入睡，睡前吃一片安眠药，对抗随时闯入梦里的"坏东西"！

他告诉我：

> 面对突如其来的厄运和苦难，我由最初的吃惊、恐惧、狂躁，渐渐变得安静。我决心将一切遭遇变成养料，把惊涛骇浪转化为绘画，活得更加自由，画得更加深沉！

每次，从噩梦中惊醒，他自觉或不自觉地回想杂七杂八的往事，然后如雕塑般伫立在窗玻璃前，似看非看，面朝窗外。其实，他心里在盘算：自己合法滞留上海的时日还剩多少！

他是美籍华裔，身在成长地，却是"客居"身份，现实多么荒诞，但个中的是非曲直，三言两语又怎么说得清楚？自己会不会被引渡到美国？法律规定的边界究竟如何？

他无时无刻不被这件事情纠缠。

美国远在无边无际的太平洋彼岸，中美之间没有引渡协议，一时半会儿，我还不至于被抓到监狱里吧？身为快八十岁的老人，他常常掐指估算，自己的自由还有 200 多天，200 多天里最重要的事情是什么呢？我还有什么没有完成的？这个时候，他清晰无误地知道了，自己一生中最最重要的事情，除了与亲人在一起，就是画画了，别无其他。名啊、利啊，都是身外的虚幻，能与妻子一起吃饭睡觉，每天画画散步，自由支配时间，生命也就有意义了。

想着，想着，他心情会好起来。

从窗户望出去，草坪和树丛绿意葱茏，再远处，建筑高高低低，错落有致的建筑，真像一幅奇妙的水彩画呢。这就是中国、上海，我的家、我的世界！

"往生"思索

"吃饭了！"妻子招呼他，声音很清脆。

噩梦连连的日子里，妻子每天早上准备着丰盛的早餐：白米粥、榨菜肉丝、锅贴、自制豆浆，令他胃口大开，吃着喝着，胃里被热乎乎的食物充盈，心情随之变得愉快。

他俩懂得对方，谁都闭口不提美国的案件，尽量找些无关紧要的话题闲聊，甚至说说笑话。妻子一说起在美国的女儿、外孙和外孙女，钱培琛心里的乌云便会渐渐被驱散！

但有一天，因为钱培琛凌晨的惊叫十分惨烈，坐到餐桌边的时候依旧脸色煞白，一副有气无力的样子，妻子忍不住忧虑地问他："要不要陪你去医院看看精神科？听说惊恐症或焦虑症，有一种药片，一吃就好，蛮有效的。"钱培琛听了，似乎脑子里在飞速回放着什么，他静静地思考着，觉得自己精神蛮正常，便回答说："去个屁，没事儿！"

原本钱培琛嘴里极少说出污秽的"屁"字，这时却直接而清晰地蹦了出来，妻子许秋月笑了。

看来，自己的丈夫意志很坚强，不会被搞垮！许秋月放心了！

几乎雷打不动，离习惯性出门时间还剩五分钟，他自然会瞥一眼挂钟。

时间差不多了，他跟妻子道了别，便迈着稳健的步伐走向783路公交车站。

一天，刚走出小区，钱培琛便看见一个高大的白人小伙儿，上身深蓝短袖 T 恤，下身绛红七分短裤，手里牵着一只萨摩耶狗，精神抖擞地走在前面。白人小伙儿摇头晃脑，两耳戴着耳塞在听音乐，鼻梁上架着一副抢眼的墨镜，装酷吗？钱培琛心里不由得想起一个词——"骚包"！嗯，骚包们的生活是我行我素的，自我为中心的，这不很好吗？他忽然想起，从舟山群岛来到上海念初中的那会儿，但凡在马路上和弄堂里见到戴墨镜的中国人，便会怀疑其作风败坏，是坏人，而遇到戴墨镜的外国人，会怀疑其是美蒋派来的特务，不由自主地跟在人家屁股后面盯梢一阵。风水轮流转，"文革"刚刚结束后的十多年里，中国人削尖了脑袋拼命想出国定居，哪怕南美、非洲等旮旯也在所不惜。如今呢？高鼻子、蓝眼睛纷纷选择往东飞，来上海、北京等城市淘金，小区附近"洋面孔"频繁出入，真是变化大啊。

一路上，随着公交车的颠簸，他的思绪忽而停顿在纽约，忽而飞到了台湾。

突然，他伤感起来，心口隐隐泛着酸痛。原来，他想到了生命里的另一个女性：母亲。

前不久，母亲在台湾走了，平静而安详！

母亲健在，钱培琛从来不深究死是什么。他常常想起小时候，母亲做好吃的食物、做各种新衣服，带自己去集市买东西，去龙王庙拜菩萨；他常常惦记着，远隔千山万水的母亲，在弹丸之地的台北过得怎样……只要母亲活着，他就知道自己来自哪里，来自哪一个人，甚至感到自己依旧是个孩子；但自从母亲驾鹤西去，他骤然感到生命苦短，早上起床面对盥洗室的镜子，看到灰白相杂的鬓发和胡须，他情不自禁地会想，一个人，即便活到百岁，也不过是地球上的匆匆过客。自己终有一天会从地球上消失，消失得无影无踪。他疑惑：世界上存在"不朽"吗？千千万万人如天空里的飞鸟，飞过了，任何痕迹也留不下来。

他为此暗自流泪，感慨给予自己生命的慈母含辛茹苦一生，自己却没有尽力回报。母亲投胎到人世，经历了炮火、逃难、困苦，尤其是海峡两岸的一度隔绝，与亲生骨肉天各一方，这辈子过得真是不易。自己爱她，多么希望在浩瀚无边的茫茫宇宙里，真有"天国"存在，愿母亲在天国里自由自在、快快乐乐。后来，他不知受到谁或哪一本书的启发，突然认为：人的死，只是人类意识造成的幻象，只是心脏停止跳动，血液停止流动，肉体消失后，人的意识，即"量子"信息，会转变成另一种形态，存在于宇宙别处，存在于时空意识之外。作为个人的认识是有很大局限的，作为整体的意识是不会消亡的。即便身体消亡了，"生命"也会存在于时空之外，跟"量子"信息的存在一样，不属于局部性的东西。

我听不明白钱培琛的解释，却发现他越来越超俗了。我喜欢听他议论，人是没有羽毛、双脚直立的生灵，从自己啼哭着诞生，到别人哭声中离世，相对于地球而言，是父母激情的"偶然"，也是"量子"运动的必然。谁死后都是一抔土，回归到浩瀚的世界，一种生命运动状态的结束，也意味着另一种生命运动状态的开始，这才是人类真正的宿命。

悟出这一点，钱培琛浑身轻松了。

他打算创作一系列的绘画，表现天堂、人间、地狱。

怎样的描绘，才能通过色彩理清纷繁凌乱的回忆、向往、思考？

……"往生者！"他突然想到。基于地球人的生命观，生命从降临那一刻开始，就在去往死亡目的地。在这一段生命旅途里，有人刚出生不久即因病夭折；有人活到十五六岁花季，生命戛然而止；有人因为车祸、溺水、恶疾等英年早逝；还有人突然失联，生命骤然消失。"无论谁，活长活短，一切都是偶然，所有人都活在宇宙时空里的一刹那间！"

他不再害怕去美国坐牢。坐不坐牢，也不一定呢。即便此劫难逃，只要有一叠纸、一支笔，在监狱里继续绘画，有什么可以害怕或遗憾的呢？人生平坦，还叫沧桑吗？！

"莲园路到了！"随着公交车电子喇叭报出车站，他一下子回过神来：我到站了！

78岁的他，满头灰白，腿脚也不灵便。但这天他按捺不住内心的狂野，不顾年迈，三步并作两步，"登登登"地爬上了楼梯，推开画室大门。

画室里横七竖八地堆放着东西，原本他会整理一番，今天顾不上了。他径直走到画室的一角，换上一件齐膝长、颜料斑斑的深蓝色工作服，手脚麻利地搬出两幅2米×1.6米的油画框布，将它们拼放在一起。随即挥起画笔，在画布上舞动起来。

他从来没有像现在这样，对生命的旅途看得那般真切，对人自身意义的看法，变得越来越辽阔。他感到，自己成长于唯物主义、无神论教育的环境，却变成了一个"不可知论者"，他不愿意相信，人死了，一切都随之消失了。他似乎想明白了，人活在地球上，声名啊、财富啊、亲情啊、朋友啊，有着暂时的意义，但活在宇宙世界，永恒存在的只是"意识"。

他站在画布跟前，紧闭嘴唇，弯弯的下巴骤然锋利，镜片后的双眼炯炯地盯着什么地方，像是随时准备出击的战士，沉静地思索着。那一瞬间，他脑海里走马灯似的，浮现出一幅幅面孔，形形色色，有死者，有遇车祸者，有病者，有刚出生即夭折者。突然，他拿起大号油画笔，不，确切地说应该是油画刷，蘸了蘸颜料，在白色画布上随着手腕一动，画出一道弧线，然后一个个看似头颅的线条在画布上"蹦"了出来。他的绘画创作总是这样，一旦凝神屏息，有了充分思考，落笔就十分果断。他早已是一个成熟的画家了，处于这个阶段的他，技巧完全不是他在意的事情，他在意对于内心感悟、情绪和诗意的把握，他想画什么就画什么，想怎么画就怎么画，画笔时而疾走如飞，时而徐徐沉缓，所谓表现派、野兽派、立体派的"语言或语调"，被他随心所欲糅进了自己的色彩和线条中，悲苦、荒诞、狰狞、狡黠，什么表情都有。很快，两幅拼接的大画布上，显现出一幅耐人寻味的人生百态。

他往后退了几步，细细打量着。

杂乱的画室里有一把旧式藤椅，岁月的积淀，使得藤椅表面有一层洗不干净的油垢。

钱培琛坐在这把老式藤椅上，远远地凝望着眼前的画，好像听到远处有个嗓音低沉的男人在歌唱，好像看到一朵朵飘浮的云，淡定、忧伤、坚定、迷惘，令人感到人生五味杂陈……

楼道里突然传来一阵杂沓的脚步声。

"钱先生，侬介早来了？"有人路过他的工作室门口，大声跟他打招呼。

"侬早，侬早！"钱培琛从思绪中回过神，转头朝来人客气地回应，脸上浮起一丝淡淡的笑容。

第二章

海岛童年

出生地

钱培琛认定，日子是有颜色的，他的童年是一片"海蓝"。

他每每看到海蓝，或回想起家乡的那一片海蓝，幸福感油然而生。

他说："我走过世界上无数座城市，没有第二个地方像定海那样，令自己魂牵梦萦。那段'万事皆足，只欠烦恼'的时光，短如白驹过隙，却浸透了我的骨髓。"

每个人审美反应、感性素质的高低，都源自童年。从小受到高旷悠远、民俗丰富的海岛文化熏陶，使得钱培琛在感官感受方面的敏感、细腻、丰富，异于孩提时代在都市里长大的人们。他的画趣乃至画魂，几乎也与渗透他血液和细胞的海岛点点滴滴的事物息息相关。

我去钱培琛的"出生地"小住几天，看到听到的人和事，果然让我惊奇。

舟山，中国最大的群岛，3000多座小岛星罗棋布，缀饰着东海的万顷波涛。

我在这片岛群里游游荡荡，寻思着，钱培琛一生浪漫而忧郁的气质，以及绘画作品里隐藏着的梦幻般魅影，与东海之滨的水天一色、自由悠远以及独特的文化，有着怎样的关联。

钱培琛的老家叫作定海，舟山群岛的首府。定海的地理位置十分显赫，历史悠久且富有传奇，甚至，有权威史家将其视作中国近代史的发端。

原来，早在明嘉靖年间，这一带就成为亚非欧商人云集的国际贸易中心，是东亚地区开发最早、最繁华的"自由港"。清康熙年间，定海成为了中国最早输入鸦片的热港。据史料记载，1701 年，有个叫凯切普尔的英国冒险家远渡重洋来定海做贸易，试着在货物中悄悄夹带走私鸦片一百箱，每箱一百斤到一百二十斤，居然成功过关，因此大发了洋财。

嘉道以后，每年从定海与宁波港口走私运入的鸦片，大约为当年全国输入量的十分之一。制售鸦片可以一夜暴富，让许多豪绅眼红胆壮，他们趋之若鹜，纷纷雇人在自家的良田里种植罂粟，很快，富裕者更富，而不幸染上瘾头的吸食者，则家财耗尽，体弱神疲。

道光年间，广东发起了一场声势浩大的禁烟销烟运动，严禁买卖鸦片，抱头鼠窜的不法商人便偷偷将抗缴的鸦片运到舟山这边，削价倾销。而广东禁烟，也给英国政府提供了悍然发动鸦片战争的借口，舟山成为中英鸦片战争中交战时间最长、战况最激烈的前沿阵地。

中英鸦片战争爆发后，英军先后两次侵占舟山，共计时长五年半之久。这一时期，舟山一带走私贩烟肆无忌惮，陡然间鸦片走私出现了畸形繁荣，而定海，也差一点儿成为英国首选的殖民地。有史家称，如果当年清政府同意割让给英国的是定海，香港的命运就迥然不同了。

宣统元年（1909 年），定海禁烟局成立，有个叫许锡钧的绅士首任禁烟局总董，依靠禁烟罚款勉力铲除罂粟种植以及查缴鸦片烟土。其间，发生了一桩世界关注的事件。

原来，当年禁烟，不只在中国开展，也是全世界的呼声和运动。在这样的形势下，即便舟山诸岛，若想明目张胆种植罂粟，也变得"不可能"。但高额利润下总有敢于铤而走险者，毕竟种植罂粟赚的是快钱，一年一收割，变现指日可待。有人便将种植罂粟的"战场"悄悄转移到更加偏远、地处舟山最东面的东极。东极，电影《后会无期》故事的发生地，相对于舟山首府的定海，显得十分僻静，罕有人迹，顿时成为种植罂粟的世外桃源。

天有不测风云，罂粟盛开的时候，花朵艳丽异常，有一天，一艘外轮驶过附近海面，恰逢东极的罂粟处于花开时节。外轮上的水手们突然被眼前海上漂浮的"一片硕大红云"吸引了，船长好奇地下令靠近看看神奇的红云，不料发现了一望无际的罂粟花。

消息从这艘外轮传开后，国际上掀起轩然大波，矛头直指大清帝国：你们口口声声称在禁烟，却躲在僻静的天涯海角大片大片地安排种植！在国际舆论的巨大压力下，清政府慌了，立即派兵乘船赶去舟山，扫荡东极以及附近的罂粟田，才将一场风波平息了下去。

之后，民国建立，各地军阀割据，战乱不止，烟禁废弛。控制浙江地方政权的军阀为了补充军饷，大肆参与鸦片贸易，以抽取高额烟税。定海，重新成为了贸易重镇。

历史上，小小定海是少有的繁盛安逸之地。上海开埠成为商贸大都会后，定海与上海抵背相依，走水路去上海，无论做生意还是做官，乘上小火轮"噗噗噗"地坐一晚，翌日就抵达十六铺码头了。所以，头脑活络的定海人去上海闯世界，经商开店，数量可观，定海也成了闻名遐迩的甬商两大发源地之一。而去上海批发商品，在家乡开店零售，是甬商的主要财路。钱培琛的祖先便是走了这条贸易路，成为了定海一带远近闻名的大户人家。

定海有一座人人皆知的"南珍桥"，是城内通往海滨的咽喉。地理位置的优越，使得清末民初的富商们喜欢在南门外一带扎堆，兴建了风姿百态的沿街商铺或宅第。

1939年，钱培琛就出生在繁华热闹的南珍桥商业一条街上。

彼时，开设纸品印刷作坊以及日常用品商店的钱家，正处在财势两旺的时期。他家的房屋是崭新的三层砖瓦房，相比四周有些落败的其他房屋，颇显实力和气派。由于家庭经济殷实，诞生于此的小培琛，幼儿时期，在长辈的庇荫和呵护下，享尽无忧无虑的快乐。

从查到的资料得知，钱氏家族从商的第一代族人，名叫钱锡钦，此人相貌英俊，写得一手好字，取名"钱同元"的商店招牌就出自他的手书。他的经商才能也天生与文字印刷有缘，主营印刷的"钱同元"就是由他白手起家，并在钱家以后的家族事业中延续了百年之久。可惜老天爷嫉妒，堪称民国舟山"男神"的他，在不惑之年丢下二儿一女以及工厂商店驾鹤西去。钱锡钦的妻子30多岁就过上了寡居的生活。她也是有能耐的人，不甘人生和家业从此中落，她志在挑起全家的重担，可是封建社会，女人是不能抛头露面的，无奈之下，她请来弟弟沈文辉出任"钱同元"掌柜。而沈文辉没有辜负姐姐的期望，凭着勤勤恳恳，也借着姐姐的辅佐，使"钱同元"不仅没有因钱锡钦早逝而衰落，反而赢得八方顾客的赞誉，生意风生水起。

稚气尚存的钱愉棠、钱爱棠，对课堂学习没啥兴趣，对家族的生意倒也热心。家人常常招呼他们做帮手，等他们彻底辍学，沈文辉干脆手把手教他们做生意，亲自带领他俩坐船去上海配货物、领市面。钱氏家族的文化精神就是这样，崇尚做事勤奋，在勤奋中讨生活，少年钱愉棠和钱爱棠在家族生意的熏陶下逐渐长大，随着胡须的滋长，他们的经商才能也日益显现，越来越显露出敢开拓、善竞争的"新锐老板"气质。

西风东渐的上海，现代化生活方式在当地的布尔乔亚中间流行。兄弟俩每次去上海，对市场和街头五光十色的"时髦"感知敏锐，一看到什么新潮动向，他俩立即想方设法配到货物，将上海滩各种新风新俗及时带回定海。而定海人骨子里原本就有开放、纳新的精神，"钱同元"带来的时髦玩意儿，极受青睐，引领了首府定海以及周边海岛的现代化生活。

等到钱愉棠担任"钱同元"掌柜，他发觉过去前辈做生意所采取的金折记账，即平日里赊账、年底一道结款的做法，尽管可以笼络长期买主，却也导致资金周转不灵，每逢年底还常常发生讨账困难。兄弟俩一商量，在延续老式记账经营的方式之外，在定海一带率先推出"现金购货、售价更优"的措施，这一做法顺应了时代发展，广受顾客欢迎，一时间，家里的印刷厂、蜡烛坊、文具用品店等生意更好了，搞得别的商户也纷纷效法。

18 岁时的钱愉棠已经变得高大挺拔，一表人才。在媒人介绍下，他风风光光地迎娶了远近闻名的美少女许金翠。从照片上看，小他一岁的许金翠身材高挑，端庄美丽，白白的瓜子脸上，鼻梁高挺，双眸明亮，与钱愉棠十分般配。他俩拜堂成亲，一年后有了爱的结晶。

这就是钱培琛！舟山人骨子里重男轻女。头胎是男孩，真是鸿运高照啊！沿袭家族的辈分排列，他是"培"字辈的第一个，取名"琛"，寓意珍宝。按照祖训，此后的其他"培"字辈新生儿，取名一律带有"王"字偏旁。这样的安排，似乎给钱氏家族带来喜庆吉祥，钱家生意越做越大，家丁也非常兴旺，每隔一两年，许金翠就怀上一个孩子，至小培琛 12 岁那年，家里连他在内已有了七个孩子，其中六个男孩，一个女孩。

儿媳能生会养，深得婆婆的欢心。钱培琛回忆道：

> 小辰光，街坊邻居常跟奶奶开玩笑，说你家祖上积德，所以子孙满堂，单单孙子就可以组建一支球队了，而奶奶听了，总是立刻眉开眼笑。

画画天性

烽火连天的岁月，钱愉棠凭着聪明能干，使得一家老少日子过得无比殷实。

钱培琛记得，小时候定海的屋里厢，非常宽敞，桌椅、衣柜、眠床都是红木的，雕饰考究。日常的伙食，不但黄鱼、鳗鲞、海蜇皮、墨鱼等海货丰富，诸如年糕、团子、汤果、青饼、麻糍、蒸团等"粉食"也是四季不断。孩童时代，吃啊穿啊应有尽有，海岛孩子玩的游戏，放鹞子、跳绳子、弹玻璃球，以及海螺壳、珊瑚、海星星等，他都玩遍了。

他最喜欢的是放鹞子，叔叔给他做的鹞子又大又漂亮，有蝴蝶鹞、花蛇鹞、蝙蝠鹞等，海岛风大，鹞子放飞后飞得又快又高，仰望天空，他常常觉得自己也是长有翅膀的。

就是这个仿佛长有翅膀的男孩，三岁那年身体出了问题，去生死鬼门关走了一趟。

有一天，他突然满脸通红，浑身高烧不退，哭闹个不停，伴有腹泻呕吐。

摸着爱子滚烫滚烫的额头、汗津津的身躯，母亲心急如焚，与父亲紧急磋商后，一把抱起钱培琛，搭小火轮在海上颠簸十几个小时，赶到上海的一家大医院。

经诊断，小培琛得的是脊髓灰质炎病毒引起的急性小儿麻痹症。

医生紧急救治，还使用了进口针剂，小培琛的高烧渐渐退去，却从此落下了一个后遗症：钱培琛整条左臂出现肌肉瘫痪性萎缩，症状起初不明显，但随着身体逐渐发育，左臂和右臂生长速度完全不能同步，父母曾带他多方求治而无效，只能督促他锻炼，顺其自然。

幸好外人很少注意到这一点，甚至在此后半个多世纪里，钱培琛的大学同学、单位同事、绘画朋友都没留意到他身体上的异样，但，由于左臂比右臂细，又使不出力气，在小小培琛的内心深处，隐隐藏着挥之不去的伤痛和自卑。

　　孩子大都有过信笔涂鸦的"开始"，这是人的天性使然。

　　四五岁的时候，钱培琛也喜欢在家里以及外面的墙壁上涂鸦，画些大人们看来稀奇古怪的图案。这是许多人孩童时代的共同经历。但为什么，后来的后来，有的人对艺术越来越上瘾，成为画家或收藏家，有的却失去了美术的兴趣，与艺术越来越背道而驰？

　　或许，与这个人有没有获得一个自由成长的"环境"息息相关！

　　钱培琛的童年恰逢战乱，但身为长房长孙，受到了长辈们的百般呵护，使得他的天性自由发展，未受泯灭。那时，小培琛过得十分阔气，不仅穿戴比别人家的孩子体面，兜里的零花钱也总是比其他孩子多。他倒天生有一种不吝啬的豪放劲儿，每次买了零食都与小伙伴们分享，譬如买了一包蜜饯橄榄，他发给身边的小伙伴一人一只，从不独吃。贪玩的他，上课的时候喜欢偷偷地玩折纸，做飞机、汽车、小鸟等，导致有时拿回家的成绩单上常常挂着"红灯"，长辈们却从不因此而多加责备。当发现小培琛的美术成绩始终保持"优良"，父亲为自己评功摆好，说：这是遗传了自己身上的天分，他也喜欢绘画、石雕什么的。的确，父亲小时候读书不够用功，16岁辍学经商，但非常喜欢画画，即便扔掉了小时候的所有课本、连环画，但买过的一本《芥子园画谱》一直舍不得扔掉，页眉上有他所做的标记和笔记。

　　《芥子园画谱》传到小培琛手里时，年幼的培琛如获至宝，也格外欢喜。

　　他还在读小学的时候，一放学就对着画谱描啊摹啊，一画就是几个小时。

　　住在隔壁的叔叔，擅长舞文弄墨。叔侄二人常常黏在一块儿玩着绘画游戏：你画老鼠我画猫，你画肉骨头我画狗，然后拿到奶奶、爸爸面前炫耀一阵。

有一天，钱培琛照着《芥子园画谱》临摹了一幅画，他拿到学校给美术老师看，老师看了既欣喜又狐疑，说："你将临摹的模本带给我看看，是不是用这张纸覆在上面复制的？"

钱培琛心里不服气，又有点洋洋得意，第二天一早将《芥子园画谱》带给老师看，他所画的习作比书本上的图案明显大一圈。美术老师对照书本后，笑逐颜开，情不自禁伸出大手，亲热地摸着钱培琛的脑袋，连连夸赞：

嗯，画得真好，线条流畅，蛮生动。长大了做个画家吧！

寥寥数语，令钱培琛备受鼓舞。事实上，也激励了他的一生。

钱培琛的画家梦，最初就是由家乡的山山水水、风土人情编织而成的。

念小学的日子，充满着海蓝色的艺术气息。定海一带大大小小的庙啊、寺啊、殿啊、坛啊、庵啊、院啊、观啊、祠啊，钱培琛如数家珍，它们吸引钱培琛去玩、去琢磨，对于庙宇殿堂里的戏台藻井、梁柱雕饰、古怪壁画百看不厌。而家里灶台上的门神以及香烟牌、连环画等，也给了他最初的艺术启蒙。他记得，自己那时俨然就是个"小画家"，画过军舰、渔船、海鸥、乌贼，岛上见到的新奇事物，经常出现在他的画笔下。他的涂鸦，稚拙、率性，有着想象、变形、夸张的童趣，大人们看了都忍不住赞叹。

骨肉分离

1950 年春天，钱培琛 11 岁。

钱愉棠夫妇带着三个孩子（钱培琛三个年幼的弟弟）远走台湾，一别就是三十年！

从那时起，钱培琛记忆中的"家"，破碎了。大时代造成海峡两岸一度隔绝，一个家族的人们再也无法自由来往。

也就是从那时起，钱培琛言谈举止变得小心翼翼。

用奶奶的话形容，"小鬼头"在外面不乱说乱动，是"魂灵头戳进"了！

每天清早，钱培琛不再赖床，准时起床、吃早饭、上学。

他家附近有个庙宇，建造的年代久远了，大门两边石柱上雕刻的花纹令他着迷。尽管新社会不再允许镇上的居民去焚香烧纸什么的，庙宇的里里外外却依旧有着他喜欢的门神、壁画，他常常一个人跑去那儿，仔细端详，一一临摹。

岛上有些人家的大院门口也有石雕的门神，吸引着他的目光。

学校老师欣赏他会画画，字写得好，就安排他做少先队大队的宣传委员，负责刻写蜡纸、编写小报。他至今记得，自己趴在老师的办公桌上，用一支尖似钢针的笔，在薄如蝉翼的蜡纸上对着文章刻录，刻录时不能太轻也不能太重，刻轻了油印不出，刻重了蜡纸会破，需要掌握好手劲。但每次刻录后，老师都露出满意的微笑。

日子一天一天地过着。钱培琛对父母和弟弟们的思念也与日俱增。

舟山与台湾一水之隔，海面茫茫。小培琛有时独自一人，形影相吊；有时与奶奶一起，祖孙二人搀扶着伫立海边，望着天水一色的远处，久久无语。

父母走后不久，姑姑很快随新婚的丈夫去了上海。姑父在上海一家西药房学生意，很快站稳了脚跟。而奶奶带着小叔挑起了支撑家业、抚养钱培琛几个弟弟妹妹的担子。

局势的骤变，使得"钱同元"的生意日益惨淡，艰难可想而知。家里，吃的穿的每况愈下，屋漏了或断电了，喊天天不应，喊地地不灵。少年时代的多少委屈、辛酸、炎凉，小培琛只能吞进肚子里，即便哭泣也是一个人悄悄地哭，然后自己擦干眼泪。

解放军进入舟山群岛时，闻风丧胆的国民党军队全部撤光了。

许多老百姓担心炮火殃及，也都跑到远郊避难了。连续几天，定海街巷一片寂静。

钱培琛胆子大，不听奶奶的嘱咐，执拗地带着弟弟妹妹从郊区跑回城里，目睹了解放军进城。这是他第一次看到传说中的解放军，战士们戴着大草帽，绑着裤腿，脚穿布鞋，队列整齐地行进。定海解放了。不久，就有干部来找父亲，得知他们远走高飞了，就下令派人上门搜索，掘地三尺，结果从埋在地底下的坛子里发现大堆大堆的银洋，自然这些就全部被抄走了。

钱家的家庭成分，从此被定性为"资本家"。

作为资本家、地主的"狗崽子"，钱培琛和弟弟妹妹们的"好日子"也一去不复返了，而各种意想不到的"不一样"待遇接踵而至。譬如，当年定海规定，钱培琛没有资格继续升学，小学一毕业就得上班劳动。仍在小学念书的弟弟妹妹随即也被勒令退学，安排去工厂接受改造。小小年纪的他们，每天去附近工厂帮助工人们搬货物、推板车……

时代带来的急剧变化，年幼的钱培琛和他们的弟妹们是无法理解的。他们只是被动地意识到，时势变了，他们也要自食其力，也要接受新社会的劳动改造。

然而，小培琛没有屈服于命运安排，他向往去外面闯荡，离开家乡！

远方的上海，像是黑夜里的一团朦朦胧胧的光亮，吸引着他。

不久以后，端午节那天，他毅然告别奶奶和弟弟妹妹们，在叔叔的护送下，离开家乡。他悄悄带上了两件特别的东西，一件是父亲过去日常使用的"康克令"钢笔，一件是母亲嫁妆里的一只牛皮旅行箱。看到这两件东西，他心里就感到一股温暖。

　　小火轮在一望无际的大海上航行，海风习习，鸥翔蓝天。眼前看起来十足像一幅画，钱培琛却无意欣赏。随着轮船的颠簸起伏，他那颗幼小的心也七上八下，他很兴奋能去传说中的花花世界上海，投奔姑妈和姑父，然而对未来却是一片迷茫。

第
三
章

孤寂少年

初涉繁华

姑父和姑妈的家，在四川北路横浜桥附近，是当年北上海最为热闹的商业街。

门前的大街上，洋轿车、黄包车、三轮车，以及西装革履的男人、旗袍裹身的女人、各种宠物等，川流不息。有轨电车拖着一根小辫子驶过，发出的叮叮当当声格外悦耳，而有时摩擦出的火花，则看得钱培琛心惊肉跳。街道两边，商店鳞次栉比，橱窗里陈列着看不厌的时髦衣饰，印象最深的是餐厅或面包房，以及街角随处能撞见的咖啡馆或银行。

矗立在街对面的永安电影院，霓虹灯、电影海报眨着媚眼，更引他遐想。

奇特、热闹、新鲜，令来自海岛的钱培琛目不暇接，忘了愁绪。这一带是南洋生意人的聚集地，饭店、面包房、发廊、学校、武术馆等，无不飘出"鸟语"般的广东话，使得这一带漂漾着浓浓的粤港气息。绵柔的沪语与洋泾浜英语也夹杂其间，此起彼伏。

姑父姑妈是从大户人家长大，接受了新思想、新观念的现代市民。

家里只有一间屋，起居吃饭都在这个空间，却被收拾得干净且体面，桌上的台布、床上的枕套以及大小窗户上的布帘，细节里透着趣味。他们喜欢喝咖啡、吃蛋糕、看电影，待钱培琛也不薄，专门替他备好了一张行军床，白天折收，晚上撑开。睡了一段时日，钱培琛自己觉得与大人共居一屋实在不方便，主动提出将行军床移到楼梯底下的一个角落，虽然逼仄，却显得自由。

然而房子毕竟老旧了。一逢大雨，外面的雨水很轻易就漫进了屋，水一多，行军床下跑鞋、拖鞋什么的便像小船浮起，老鼠也会逃出被淹的墙洞，乱窜至床上，爬过他的身体。

居住条件这般恶劣，钱培琛却从无埋怨，反而从内心感激姑妈和姑父的收留。他已经懂得，寸土寸金的上海有自己一张床，是多么不易。若不被收留，哪儿有他容身之地呢？

姑妈跑东跑西，很快给钱培琛办理了初中入学申请。

学校叫"粤东中学"，紧邻的是"精武体育会馆"。新生入学均需过笔试和面试关，等到发榜那天，钱培琛赶到校门口去看，果然，红纸黑字的录取榜单上有自己的名字。

太好了，可以在上海读书了！

钱培琛兴奋不已，他不用再回海岛去打工了！

钱培琛一脚踏进的"粤东中学"，是广东移民创办的子弟学校。

这座中学里，老师大多只讲广东方言，同学也大多是住在附近"广东村落"里的孩子。"广东佬"人多势众，对于讲一口宁波土话的钱培琛，明显怀着不可名状的优越感，一些顽劣的同学还常常故意碰撞钱培琛，带着戏谑和嘲笑……这些少年钱培琛都默默地忍了。

钱培琛小小年纪，已经懂得了忍。外表上看，他聪明、安静，思想和性格相比其他同龄少年，似乎并无异样。实际上，身处一座陌生城市，又寄人篱下，有一种阴影像钉子一样牢牢地钉住了他，使得他对有些事情、有些话题格外敏感。譬如，他害怕填写"学生情况表"之类，尤其填写到身在台湾的父母的时候；他也忌讳别人问："你父母在哪儿？"一旦听到别人议论"资本家的狗崽子"、"台湾"、"国民党"等字眼，他便以为跟自己有关，心头像被钢针刺中。他小心再小心，处处自律到"不引人注目"，才感到活在了安全地带。

好在，少年多梦想，他感受到的压抑常常因梦想而化解。每天一睁开眼睛，太阳是新鲜的，看到的事物，都像五彩缤纷的画面。他有这样的天分，对一切所见即刻能想象出一幅幅画面。他也多次暗暗庆幸，幸亏自己及时逃离了舟山，如果像弟弟妹妹仍然留在舟山群岛那个小地方，"家庭成分"像大山一样压着他，处处受到另眼看待，生活可能就不堪承受了。

特殊年代，家庭成分使得少年钱培琛敏感又沉默。生活上、学习上，他低调再低调。他与同学们一起高声朗读"校训"，一起高歌"我们是共产主义接班人"，一起上课、看电影等。他课余爱打乒乓球，爱写爱画，是班级里公认的优秀学生，也是老师的得力助手，但是他一点儿也不"招摇"，总是形单影只，默默地来，轻轻地走，做好自己的功课，将老师布置的板报一期一期认真地出好。

校园之外，他有时独自四处走动，深入附近的大小弄堂。四川北路附近遗留下许多租界时代的痕迹，西式大楼多，商店饭馆多，他蹀躞在街上，有时还去苏州河和黄浦江一带，万国建筑群、海关钟声、停泊在外滩岸边的大小轮船，潜移默化，滋养了他的性情。

在钱培琛的记忆里，初中那几年的冬季，好冷好冷。

他记得来上海的第一个冬天，屋顶滴水变成了一串串下垂的冰柱，而寒风刮到脸上，疼感十分清晰。只穿一条单裤的他，双腿打颤，脚趾冻僵，手背上生出暗紫色的冻疮，夜晚上床，每次钻进被窝以及在被窝里将脚伸向新地方，都似一场探险，需要有忍受刺骨寒冷的勇气。

可是他对谁也不说，连最感亲近的姑妈也没有说。别的孩子每天出门之前裹上厚厚的、暖暖的毛衣和棉衣，他装作一点儿也不在意、不在乎。实在瑟瑟发抖冻得受不了，脚趾几近麻木，他就躲进屋子里，拼命跺脚，默默想念小时候爸妈呵护他、带他玩耍的情景。

一年又一年的严冬，便是这样度过的。

那些年，由于衣服长时间磨损，衬衫白不白黄不黄的；裤子呢，随着身体的长高而明显短了一截，姑姑便找了一块颜色相近的布将裤腿下面接长，这个补丁看起来非常显眼，却总是干干净净。少年钱培琛那时就学会了自己洗衣服，还时常主动帮姑姑做点家务，譬如，姑姑在家里洗澡的时候，钱培琛就守在后弄堂门口照看幼小的表弟表妹。

粤东中学有个卓异之处，就是当年许多教师毕业自著名大学，还有不少是"海归"，这在今天简直不可思议。有位美术老师名叫黎鸣高，擅长水彩画，风景、静物画得挺棒。黎老师非常欣赏钱培琛的绘画天赋，看到钱培琛没钱买画纸、颜料，就让他放学后留在办公室，和自己一起画画，水彩颜料、水粉颜料随便他用。

有好几次，黎老师先是自己用毛笔蘸上颜料勾勒房屋、树木的轮廓，然后让钱培琛帮着涂颜色。而钱培琛呢，看着老师勾勒好的房屋、树木、草坪灯，他涂颜色不肯一板一眼在老师画好的框框里进行，而完全根据自己的理解自由发挥，时而涂在轮廓线里，时而漫出轮廓线外。结果，黎老师看了反而大加赞叹，说：你画画肯动脑筋，长大了一定有出息！

钱培琛听了莞尔一笑。他知道自己不是刻意，他本性就喜欢散漫、奔放和自由。

绘画启蒙阶段，给钱培琛影响更大的，应该是音乐老师。

没错，教音乐的老师，名叫陈征。

这位老先生，如今依然面目清癯，腰杆笔挺，步伐轻盈，可想而知，半个多世纪前，精瘦挺拔的他，是多么地风度翩翩。陈征大约一米七四，从小受到全面的文艺熏陶，是个少见的"通才"。高中毕业，他考上苏州美专绘画专业，正儿八经是第一代油画家颜文樑的高足，学成后他主动申请去中学教音乐，中学校长觉得奇怪，就想考考他的音乐本领。只见他坐在钢琴前，弹奏得行云流水般，令见过世面的校长大吃一惊。他还会吹萨克斯、黑管等管乐器，从小练就的童子功，使得他玩起这些乐器驾轻就熟。他组织学生搞大合唱，自己则像聂耳一样激情澎湃地指挥合唱，还在学校联欢会上与一个女教师搭档表演过华尔兹舞。即便他的教职是音乐，许多师生也都知道陈征老师绘画也是奇才，他从教后也从未放弃绘画，有一年拿出作品参加上海市青年美术展览，一举夺得一等奖。钱培琛对陈征钦佩极了。

陈征也欣赏钱培琛的绘画天赋，多次邀请他去自己家玩。

钱培琛初中时代觉得最奇妙、简直不可思议的地方，就是陈征老师的家。它坐落在虹口区海宁路的一条弄堂里，那里的一排排住房是典型的石库门风格，砖木建筑上的雕花、黑门散发着庄重且优雅的气息，而陈征老师的家，小小空间里摆着许多书籍、画册，四周错落有致地挂着他画的人物素描、水粉静物、水彩风景等，还有多种乐器、乐谱，十足是个文艺小世界。每次身临这方小小居室，深埋在钱培琛心灵里的艺术苗子仿佛获得了浇灌和滋养，音乐的、美术的、文学的，细润无声地拨动了他的心弦。

就在那里，钱培琛一次次拿着自己的绘画习作给陈征老师看。陈老师仔细翻阅钱培琛的习作，毫无保留，也不要任何报酬，向他传授一些绘画基础知识，还借给他画册阅读。

钱培琛感叹不已，那时老师们的人文修养深厚，在自己喜欢的专业领域挖掘很深，传授知识和技艺又实心实意。他中学毕业考上大学，以及大学毕业走上了社会，都舍不得"告别"陈征老师，想方设法跟他保持来往。他清晰地记得，20世纪60年代，一代上海人耳熟能详、白底红图的"光明牌棒冰"包装纸美术设计，即出自老师陈征之手。

说回钱培琛的初中，大约念初二的那年冬天，学校举行迎新年化装舞会。师生们早就盼着这样的活动，事先悄悄地进行排练，尽情发挥各自的文艺才干和丰富想象力，有的将自己装扮成舞台剧里看到过的绅士淑女，有的化装成表情可爱、色彩鲜艳的动物，而钱培琛呢，自告奋勇扮演一位画家。"你为什么要演个画家？"有人问。他头一昂，自信地说："我将来一定会做个画家的。"他穿着借来的一袭灰色长衫，手里拿着从陈征老师家借来的画板画笔，在化装舞会的欢乐人群里挥舞着画笔……的确，在内心里，他那时就隐隐约约向往成为一位职业画家。他顺从着自己的兴趣，在家里画了各种习作，有一次，他天真地使用食用油蘸着水粉颜料在硬卡纸上画了一幅静物《水果》。陈老师看了，丝毫没有嘲笑，而是一个劲儿地鼓励他："色泽蛮好，坚持画下去一定会有出息！"

"早恋"

记忆里，念初三的那个夏天，寂寞无边无际。

然而就在那个白晃晃的漫长日子里，有个小女孩闯入了钱培琛的心里。

女孩大约比钱培琛小四五岁，天真活泼，住在姑妈家的隔壁。那时四川北路的石库门住房比现在彼此防范的公寓有趣得多，女孩家的二楼晒台与钱培琛家的晒台紧密地挨着，从这家晒台迈出一大步，便跨到了邻居家的晒台。女孩家父母渴望生个男孩，可天不遂人愿，所生的是清一色的女孩，比较起来，就数这个女孩长得最白净。她的脸是瓜子型，双眸明丽如丹凤。她还特别"黏"钱培琛，天天跟在钱培琛的屁股后，一口一个"大哥哥"。

她每次来到钱培琛家，只要看见钱培琛坐在沙发上看连环画，就兴趣十足，也淘气地往沙发上一跃，小动物般凑上去紧挨着钱培琛的身躯和脑袋，津津有味地一起看，还时不时问这问那。

　　钱培琛回忆起女孩，倍感清纯的滋味是如此美好。当女孩的身体天真无邪地靠拢他，散发着檀香皂味的发丝无意间擦过他的脸；当女孩裙子无意间一开一合；当女孩满脸嗔怪，对着他撒娇……这些都激发了青春发育期的他朦朦胧胧的对异性的好奇。懵懵懂懂间，他发觉女孩有一股淡淡而好闻的体香，他将自己对女孩的美好情愫，化为了练习簿上的一幅幅画，凭着自己的印象，他用圆珠笔细细勾勒了女孩的脸庞和活泼的身姿。

　　钱培琛至今难以忘怀的是，女孩的妈妈当着他的面，提醒女孩："侬不可以让男人碰侬身体，一定要记记牢啊！"

　　女孩答应了。钱培琛也牢牢记住了。

　　这句貌似朴素的话，让钱培琛懂得，男人是不能随便触碰女人身体的，除非两人结婚。而什么叫结婚，他不甚明白，只知道像"扮家家"游戏那样，一个做爸爸，一个做妈妈。

　　纯洁的初恋，很快风一样飘走了，却深深烙印在他的青少年时期记忆里。女孩与男孩不同，女孩对他天然有一种吸引力，就从那个夏天、那个女孩身上开始，他有了这种意识，但似懂非懂。

　　多么美妙的性意识萌动啊——他时常为此感念！

　　初中三年的时光很快过去了。钱培琛凭自己的实力，考上了北郊高级中学。

　　坐落在广中路的北郊高级中学是一所历史悠久的重点高中，前身是 1897 年 4 月诞生的晏摩氏女中，由美国南浸礼会的柏乐缇和吉慧丽创办。1949 年后新政权接管，遂改名。这所隶属于虹口区的高中，师资实力雄厚。钱培琛升入这所学校，本性上的散漫依旧，语文、数学、英语等主课得过且过，完全凭天资应付，成绩良好。而初入青春期，他对画画的意义有了进一步认识，尤其在"反右"运动扩大化后，他躲在边缘地带，逍遥而安静地做着自己的画家梦。这段时期，遇到一个出色的美术老师，使他的绘画眼界更开阔了。

美术老师叫张永芳，与初中的陈征老师一样，也是毕业自苏州美专，不同的是，张永芳从苏州美专毕业后，被父母送去法国深造绘画。不知怎样的机缘，张永芳学成后没有像潘玉良、常玉等人那样留在巴黎，而是选择回国，安于虹口区北郊中学的教职，业余画画。

张老师，是钱培琛青春骚动期的"艺术女神"。她一副法国女权主义派头，特立独行，桀骜不驯，她身上最鲜明的标志之一，是每天在两片薄薄嘴唇上抹了口红，当年整个北郊中学唯一敢玩性感的，就是她了！尽管抹得淡淡的，却被荷尔蒙勃发的男生们注意到了。小男生们的目光情不自禁被张老师牢牢吸引，他们凑在一块儿交头接耳，议论最多的是张老师的穿戴以及她的前卫。张老师呢，以今天的话语形容，是个"快乐的女汉子"，不婚不育，独身主义，每天乐呵呵一副我行我素的态度，在当年，她让男生们醉了，也让女生们膜拜！

因此，张老师带教的课外美术小组，是北郊中学人人艳羡的社团。钱培琛和一帮热爱画画的伙伴们天天围着"艺术女神"兴高采烈地高谈阔论，每逢小组活动，钱培琛、孙林等便暗暗较劲，对着维纳斯石膏像画着素描，谁的习作受到张老师表扬，便立刻掩不住内心的得意扬扬。

钱培琛记得，张永芳老师曾经将他的一幅水粉静物画《青菜萝卜》，推荐参加虹口区中学生美术展，居然还赢回了"优胜"奖状，奖品是一盒马利牌水彩颜料。

而美术组的小伙伴孙林，绘画挺有天赋，画什么像什么。钱培琛喜欢与画艺高的人互相切磋。当发觉兴趣小组里有人画得比自己好时，不服输的他会暗暗追赶，针对自己的弱项闭门苦练，很快，同学们发现，钱培琛的画画水平明显赶超了原来强于他的伙伴。学绘画像长跑，一会儿你追，一会儿我赶，在竞争中共同提高。在这样的氛围下，钱培琛过得充实而快乐。

但在高中阶段，有一件事情却深深地刺痛了钱培琛。

那天，钱培琛与几个男生在操场上打篮球，他的投篮动作明显有点儿笨拙。有一位男生眼睛尖利，突然像发现了"新大陆"，大声宣布："哟，你们看啊，钱培琛的手臂，左右臂长短不一样嘛，左右手大小也不一样！"

好奇的同学们马上聚拢过来察看，果然如此。

钱培琛满脸涨得通红，诚实地坦白："我小时候得过小儿麻痹症……"

噢，原来如此。少年朋友发出了怪笑。

消息不知怎么传到了班主任老师耳朵里，他是教历史的，还热爱摄影。一天放学时分，班主任老师将小钱同学留下来，亲切地与他寒暄，实际上向他摸底了解情况。

钱培琛挺敏感，真害怕老师会追问两件事，一件是他父母去台湾，那可不是光彩的事情，会被人另眼看待的；另一件是他儿时得小儿麻痹症的情况，他也不想说。有意思的是，老师仿佛吃透了他的心思，什么也没有问，只是亲切地了解了他有哪些课余爱好，然后主动给他讲英国诗人拜伦的趣闻，还借书让他带回家看。

钱培琛心存感激！他记得，老师告诉他：拜伦出生在没落的贵族家庭，一出生就有腿疾，实际就是小儿麻痹症导致的，走路一脚高一脚低。跛行的拜伦从小被父亲遗弃，跟着母亲过着节衣缩食的清贫生活。但拜伦自尊心极强，很小的时候便苦练击剑、拳击、骑马、游泳，还拥有一副好嗓子，诗歌写得棒极了，中学毕业后考上了剑桥大学。拜伦英年早逝，只活到36岁，但他逆境成才，成为一名伟大的诗人，也成为了民族解放运动的英勇斗士。

钱培琛回想这一幕，慨叹不已：老师之所以崇高，在于塑造孩子的心灵和人格！

他至今记得，班主任借给他的那本拜伦诗集里面，插图里有钢盔、宝剑、黑色斗篷等，这些黑白图案，他都用透明纸覆在上面描摹过；拜伦的不屈灵魂以及好胜心，也在钱培琛心里深深地埋下了种子，他告诉我，正是在那个时候，是老师教他懂得了——

人常常是不完美的，却可以通过奋斗，让不完美的人生近乎完美。

自那以后，钱培琛开始接触英法文学，他喜欢拜伦，也喜欢雪莱；喜欢雨果，也喜欢巴尔扎克。从图书馆借来的这些图书，给了他有关爱欲、灵魂、品格、意志等方面的启蒙。

当然，高中阶段，他喜欢画画，已经近乎执拗，时常一个人去附近的书店，翻遍了那里的画册，无师自通地琢磨和练习石膏像素描、静物素描等，家里的茶杯、热水瓶、雨靴等都被他画过了。学校每次举行美术习作汇报展，钱培琛都有一两件入选，还获得过作品"一等奖"。渐渐地，有些同学就给他起了一个美妙绰号——小画家！

学画，经常伴随着困惑和艰辛，只有深深热爱的人，才不觉得是苦。

钱培琛也是如此。他至今记得，高中时代去公园写生的情景。

那是一个星期日上午，天气不错。他一骨碌起床，简单地吃了早饭后，就拿了写生板和铅画纸，徒步去虹口公园。公园里满目青翠，空气清新，游人闲适，令人愉快。他在大草坪的一侧找到景致优美的一处，那里的树木高大俊秀，仰头看时，树冠层层叠叠，深绿、灰绿、翠绿、草绿，层次丰富，美丽极了。但，待他选好角度，拿起画板，一时突然茫然。

层层叠叠的绿色，粗粗细细的枝蔓，怎么画才生动呢？

他意识到自己技法的短缺，挣扎着勾勒好树干和树冠的轮廓，便觉得笔头沉重，无法继续画下去。这如何是好？我可不是那么容易放弃的！他暗暗想。他立即疾步走出公园，赶到四川北路的新华书店。书店里人头攒动，他顾不上看别的什么，径直扑到美术书籍书架前，心急火燎地搜寻素描、写生书，他一定要马上找到树木写生的方法和途径。功夫不负有心人，翻阅一堆画册后，有一本画册里跳出的几页内容令他大喜过望，差点儿叫出了声：就是它！

书里有一章，专门论述了树木写生的几个步骤，明白无误地讲解了怎样的园林速写才是优秀的。钱培琛想买下，一看画册背后的售价，傻眼了——自己哪有这些钱啊。

无奈之下，他木桩似的站在书店柜子前，如痴如醉地一页一页翻阅。

等他想到回家的时候，天色早已擦黑。

他赶忙迈着急切的步伐回家。姑妈一见他，忍不住埋怨："外出这么久也不事先打声招呼？！"他知道姑父姑妈为他急得团团转，只能报以歉意一笑。当晚，趁着全家入睡，他按捺不住喜悦，在一楼昏暗的灯光下，依靠刚刚从书店里学到的技法，凭着自己的记忆，"刷刷刷"地画下了白天在虹口公园看到的高大树木群。第一幅写生风景，便是这样画成的。

高中这一年，发生了一桩令钱培琛惊魂不定的大事儿。

一天，学校负责人突然来到他们教室里，义正词严地宣布：由于你们的班主任恶毒向党进攻，被划为"右派"，从现在起"靠边站"，接受管制，班主任工作由英语老师接替……

随即，钱培琛又得知，还有几位熟悉的老师，也被划为"右派"。

天空好像一下子由晴朗变得阴暗，意识形态里雷雨来袭，使得钱培琛惊恐万状。

学校门口的橱窗里，醒目地张贴着权威报纸的社论，标题是《这是为什么？》。

深深嵌入了他记忆的，是北郊中学竟然是"右派"高发的中学之一。

16岁的钱培琛实在搞不懂，好端端的老师们，怎么突然间会恶毒攻击党和政府？心爱的老师究竟说过什么出格言论，要剥夺他们登讲台的资格？没有标准，没有尺度。有个老师，据说只因为一句话——苏联并不是世界上最强大的国家，最强大的是美国——就被划入了"右派"。还有个和蔼的老师，有人举报他1949年前在"旧银行"工作过，就因为这一"历史问题"，这位老师被发配到离上海很远很远的西北戈壁滩，接受劳动教养。

家乡定海那边来信，时不时也谈到谁谁谁被抓了，谁谁谁受到了运动冲击。

钱培琛说："那时，我心里只有害怕，害怕极了，心里厢一直'别别跳'。"他知道，所谓好人坏人，往往区别就在一句话、一个观点，评判标准又很"随意"。他再次意识到，自己——资本家的后代，必须"识相"，为避免祸从口出，他从此更加缄默了。

从"反右"运动扩大化起，还是高中生的钱培琛愈发内向了，走在校园里，与老师同学擦肩而过，他希望自己不被他人"关注"。原本一放学他就能去张永芳老师组织的美术小组，可自从"反右"运动后，他变得灰溜溜的，躲进一个人的绘画世界。绘画是他逃避飞来横祸的"防空洞"；绘画也似大海，一头扎进去，没想到，他自己的一生也沉浸在里面了！

1959年，临近高中毕业，钱培琛有点儿拿不定主意。

他多么渴望去报考中央美术学院或浙江美术学院啊，然而内心里，他有自知之明，自己矮人三分啊，因为家庭成分"勿灵"。彼时，说起来不唯成分论，但事实上，资本家后代想报考艺术院校简直是寻死——因"历史问题"不被允许报考大学的事例时有耳闻，他一听，感到前途堪忧。能不能如愿报考大学？选择读哪一所？他深知自己的短板并非成绩，而是政审。

他想与老师、同学讨论，却又如履薄冰，害怕被人揭开历史的疮疤。

左思右想，他想到了报考师范学院。师范专业是高考"冷门"，政审可能不严。

但一想到因此而放弃了绘画深造，他心里痛苦极了，不可名状。

临到老师征求升学意向，他仍旧徘徊在美术学院与师范学院两个志愿之间。

他低声对老师说："我想考美术学院，但……家里条件不允许……"

是啊，家里条件，既有经济上的，也有政审上的。老师完全了解他家的复杂情况，所以沉吟了一会儿，怀着同情安慰他："尽管你的美术成绩突出，但你的数理化成绩也不错，报考上海师范学院数学系吧，最适合你了，一方面学费、生活费不再操心，由国家承担；另一方面，假如你以后想搞绘画，从业余画家转为职业画家，成功的案例也蛮多！"

老师的意见中规中矩，滴水不漏。钱培琛回家跟姑妈、姑父一说，他们也深以为是，称："这样填报志愿'万无一失'，成功的几率可能是最高的。"

果然，高考发榜，钱培琛被第一志愿高校上海师范学院的数学系录取了！

收到学校录取通知书的那天，钱培琛心情不好不坏，充满了惆怅。他默默将通知书仔细看了一遍，折叠好放入五斗橱，便走到窗前，愣愣地望着车水马龙的大街。

北郊中学同一届毕业生中，好友孙林考取的是上海戏剧学院舞台美术系。

钱培琛听了，心里不免失落。学绘画、做画家，也是他的夙愿啊！

高考结束后的暑假，是耀眼的白色。酷热的季节里，灼热的阳光将所有的树荫融化了，也渐渐融化了他心里的郁闷。钱培琛与几个高中好友频频聚会，有时去游泳池扑腾，有时去黄浦江边看轮船，还沿着黄浦江和苏州河，画了一些桥梁和建筑。

钱培琛所画的第一座桥，是黄浦江与苏州河交汇处，赫赫有名的外白渡桥。那是一天午后，微风拂面，白云朵朵，他戴着一顶草帽，独自来到苏州河南岸，从这里的角度看去，钢结构的外白渡桥在阳光下像一只英姿勃勃的大鸟，昂然站立着，雄伟至极。

钱培琛青涩的高中时代，由是便凝结在一幅幅绘画习作上。

大学时光

自我意识

转眼步入初秋，到了去上海师院报到的日子。

那天，天蒙蒙亮，钱培琛就醒了。他兴致勃勃地洗脸刷牙，吃完油条泡饭，换上一身洗得干干净净的衬衫和西裤，带着十八九岁男孩特有的朝气，出发了。

钱培琛所拎的一只旧得发毛的牛皮箱，是妈妈坐船赴台之前，留在定海家里的。斗转星移，他从定海将它带到了上海姑妈家，又准备从姑妈家带到师范学院。牛皮箱上一只搭襻早已坏脱，却不影响使用。钱培琛对它格外珍视，在阔别母亲的日子里，他每每思念母亲，就会情不自禁地想到这只旅行箱，似乎这只牛皮箱依旧保存着母亲的体温和气息。

这天早上，他打开牛皮箱，将里面所摆的物品又检查了一遍，日常换洗的衣物整齐地叠放在最底层，而书籍、画具和颜料等一一用纸袋裹好，与衣物隔开着放，看到这一切井井有条，他放心了。他深深地向姑妈、姑父鞠了躬，以示感谢和道别，然后一个人大踏步走到横浜桥附近的 18 路电车站，先乘电车到南市区的斜桥，再转乘 43 路公共汽车，驶往上海西南方向。

在公交车上，他忽然想起拜伦的诗句：

爱我的，我致以叹息／恨我的，我报以微笑／无论天上出现怎样的天空／我都将迎接一切风暴

他不清楚为何这个时候,心里默念起这首诗。他喜欢这位卷发的、英俊的诗人,他的《恰尔德·哈罗德游记》浪漫且充满哲思,令他手不释卷。后来,他脑子里又浮现出一个神情亲切的男人面孔,噢,是高中时期的班主任,也是个"右派",正是他告诉自己:世界上的文学著作,穷尽一生也读不完,所以只要认真选读几本经典,就足够了!

此时此刻，想到班主任的这句"真知灼见"，他无限感慨。

为什么他会成为"右派"呢？他，还有张永芳，都是好老师，为何命运如此坎坷？

他居然抱着这样的迷惘来到了上海师范学院，却不知自己的前途如何。

当钱培琛拎着心爱的牛皮箱步入学院主干道时，但见道路两边彩旗飘飘，枝叶繁茂的大树之间悬挂着红色的横幅，上面的白字格外醒目——热烈欢迎 1959 级新生报到。

钱培琛身边人来人往，不时有载着漂亮女生或清秀男生的人力三轮车擦肩而过；更多的学生像钱培琛一样，从城市的四面八方乘坐公交车，汇集到这里。组织迎接的学长们个个笑脸相迎，或引导新生登记名册，或带领新生前往宿舍，这里何等热闹而温暖啊！

钱培琛被一个圆脸女孩引导到了男生宿舍楼，一进宿舍门，他挺满意。房间里收拾得干干净净，高低床沿墙各放两张，可以住八人，两排床的中间摆着书桌，貌似有点挤，但跟四川北路姑妈家一楼楼梯

下的旮旯相比，显然舒适多了。找到贴着自己名字的床位，他利索地把随身携带的物品归置停当。陆陆续续，宿舍里的其他同学纷纷到齐，他们互相之间很快就相熟了。

刚开学时，钱培琛被辅导员老师相中，担任了班长。

钱培琛高兴了好一阵子，处处力争表现积极。政治上，他向往进步，对于报纸上、广播里天天刊登、播报的宣传内容深信不疑，学院组织安排学习讨论，他也积极参加。专业上，每天接触的是阿拉伯数字，以及抽象的符号啊公式啊，无比枯燥，但他课堂上认真听，课后按时完成作业，每逢测验，成绩也不错。绘画呢，当然也不丢弃，骨子里喜欢的事情，哪怕政治学习、专业学习再忙，自己也会抽出时间去做。所以，凡有了自由支配的时间，他都会情不自禁地在白纸上"唰唰唰"地画画。听说学院有美术社团，他立刻跃跃欲试，报名参加。

万万没有想到，师范生里喜欢绘画者，大有人在，他很快找到了"同伙"。

起初几个月，学习生活可谓顺顺当当。从高中转入大学，从走读变为住读，他没有感到一丝不适应，相反，他像一只自由飞翔的小鸟，在学院的大林子里，好不快活！

身为班长，辅导员交代给他的各项任务，他带领着其他学生干部尽力去做，包括组织读报学习、宿舍卫生评比、晚自修督查等，似乎也有声有色。但是，大学相比高中，截然不同的是，学生彼此间的竞争，是全方位的。成绩好坏是一方面，政治态度积极与否也是极其重要的，尤其是在大学期间是否入党、有无突出的政治表现，决定了未来前途。而这些，钱培琛有点儿"书蠹头"的戆劲，他只是凭着朴素的直觉向前走。他的所有敏锐和机锋，都表现在绘画上，表现在美术组活动中。事实上，很快便有人看出来，钱培琛在班长一职上表现出的主动性、创造性，与在美术组的热情、专注大相径庭。

变化，在慢慢孕育中。

有一次午睡时分，辅导员突然"降临"男生宿舍，发现别的学生在床上小睡，而钱培琛独自坐在书桌前，正十分投入地翻阅画册，居然没有察觉到辅导员的推门而入。

钱培琛身上的"不成熟"，还表现在逢人一聊美术，便滔滔不绝。

个人兴趣至上，在当年有着敏锐政治嗅觉的师生看来，恰恰是"思想落后"的表现。

钱培琛怎么堪当"班长"？噢，原来他还是"资本家儿子"。

骤然改变的"导火索"，很快被捕捉到了——

按照学院团委的布置，数学系学生会组织学生去郊区天马山农村学习。那天学习结束，有人提议，顺便去攀登天马山，感受一下"俯瞰全城"。

"好啊，我们去！"身为班长，钱培琛并无犹豫，欣然同意。

同学们一阵欢呼，立即开拔，一行人很快徒步登上了天马山山顶。

登高望远，当年的上海哪儿有今天这般茂密的摩天大楼"森林"？城里的建筑大多是平房和矮楼，站在山顶极目远眺，飘浮着淡淡云彩的蓝灰天空下，由建筑勾勒的城市天际线朦胧又清晰，像极了英国画家约翰·罗伯特·科曾斯（John Robert Cozens）的抒情水彩风景。钱培琛忍不住手痒，从书包里拿出钢笔和日记本画起了速写。同学们聚在四周围观，只见钱培琛手里的钢笔迅速飞动，"嚓嚓嚓"几下子，他便将山脚下的树木、房屋、农田等统统"写入"了画面。

"哇，画得真好呀！"有人大声评论。

"钱培琛将来一定是个画家！"一个女生情不自禁地夸奖。

言者无意，听者有心。钱培琛带队去天马山"开小差"，很快被"有心人"汇报给了系里的辅导员。原本，组织上对钱培琛"思想不够进步"、家庭出身不好颇有微词，"开小差"事情一出，他的班长职务果断地被撤了，安排他去担任学院美术组的组长。

听到这个消息，他懵了。整夜无法入睡，被一种不安的情绪所包围。凭着很少的社会经验，他感到郁闷，却吃不透被撤职背后的深意。他在床上辗转反侧，第一次冒出了"自我意识"。他扪心自问："我想成为怎样的人？""班长对我意味着什么？"浮在脑海的这类问题，促使他走进了自己的内心。

他忽然意识到，自己与系里的团支书、与其他工农兵子弟是有差距的。别人喊着叫要将自己锤炼成保尔·柯察金式英雄，渴望成为一名伟大的革命小将，而他自己呢？心里一点儿也不崇拜英雄人物，倒是绘画细胞非常活跃。吃饭、睡觉、呼吸，随时会想到画画，看到学院里的建筑、树林、花鸟、笑脸，想到的也是画画，画画才是自己骨子里不愿放弃的东西。

不做班长，自己不会死，若不能画画，自己才感到窒息！

原来，辅导员对钱培琛的洞察，远比钱培琛对自己的了解更透彻。"他安排我负责美术组，不也是让我扬长避短，发挥才干吗？"他想通了，释然了，不再纠结什么。

最重要的，是他通过班长职务被罢免，认清了自己！

师范学院的美术组，集合了各系绘画英才，平常他们散布在中文系、物理系、化学系、英语系等，不怎么起眼，而集中在社团，显得阵容格外庞大，令钱培琛兴致勃勃。

几乎每天一上完课，钱培琛便兴冲冲地赶往美术组活动室，每次一踏进还算宽敞的美术活动室，闻着空气里弥漫的浓浓松节油味儿，他的绘画神经和细胞就兴奋起来。

在这里，钱培琛有意无意间变得逍遥，经常待在这儿画石膏像，画得忘记时间。有时与其他同学互相交流，也有挺多收获——有的同学很早就向名画家拜师，手里已经具备了一定的画功，说起画来也头头是道。有时，他也和大伙儿讨论去什么地方写生。这些事情做起来，让钱培琛格外舒畅。物理系有个男生Z，狂热地喜欢画画，与不少有名的画家也常有来往。Z认为，自己攻读物理而不是学美术，是"上帝跟自己开的玩笑"。为了纠正上帝的"错误"，他后来毅然决定退学，打算重新报考浙江美术学院绘画系。他的退学引起校方极度不满，有关材料转到所属街道后，Z改考浙江美院未能如愿，结果去了一所民办学校做"代课老师"。

这桩事犹如一石激起千层浪，让钱培琛深感人生道路的崎岖不平。

"我要不要也退学？""难道，做一个数学教师就是我的未来？"诸如此类的问题，成为他大学四年最大的困惑，有时似乎想明白了，有时又纠结不已。他很佩服Z的果断和勇气，也从Z身上看到了悲哀：一个酷爱绘画的青年，一旦在决定人生职业方向的高考中走错一步，代价是惨重的。当年，Z退学改考浙江美术学院，便被视为"走白专道路"、"专业思想不牢固"的反面典型，受到学院师生的无情批判，也在他的个人档案里留下负面评价。

前车之鉴如此，钱培琛将自己屡次冒起的"不成熟"念头，一次次压下。他深知自己渴望成为一名画家，但他也不得不吸取Z的教训，将问题考虑得更加周详。他就是如此活在矛盾中，常常自我安慰：学数学，做数学教师，没有"难受"到非改不可的程度啊。更何况，像Z那样放弃师范改学绘画，走进一条看不到未来的死胡同，值吗？！

艰难时世

每一个大学校园，几乎都是酝酿爱情的地方。

1959 年的上海师范学院，是一所组建不久的年轻高校。校区坐落在城市西南角的桂林路上，离旧上海流氓头子黄金荣的私家花园一箭之遥。校舍的整体设计呈江南庭院式古建筑风格，几栋主体建筑都是红砖墙大屋顶，稳重端庄，四周花木葱茏，曲径通幽。

大树、草坪、十八九岁、未来的憧憬，这正是爱情萌发的天时地利。

钱培琛算是清秀型的小伙子，他身上有一股常人所没有的忧郁气质，像诗人，不，更像画家，他本身就是校园里小有名气的绘画才子！或许女生们被他的"郁郁寡欢"唤起了什么，经常有漂亮或温柔的女生关注他、关心他，有的大胆向他表白，有的则默默暗恋。

一次，课外美术活动后，微风吹拂下，中文系的漂亮女生小 A 主动邀请钱培琛去教学楼草坪上坐坐，要向他讨教"绘画问题"。他俩坐在草坪上，树荫下，"绘画问题"没有谈论多少，倒是大谈特谈了《青春万岁》、《钢铁是怎样炼成的》、《约翰·克利斯朵夫》等中外文学著作；还有小时候的经历啊，毕业后的理想啊，等等，互相有着说不完的话……

同在一个校园，经常见面聊天还不够，小 A 还写了情意绵绵的信投在数学系的邮箱里。钱培琛每次收到她的信，总是迫不及待地展开、阅读，那都是用练习簿纸写的，字迹清秀隽永，看到就联想起她的美丽笑容。钱培琛喜欢她，也从内心里佩服她的文字，读起来很优美，知识面很广，叙述的一些文艺作品里的人物，非常有意思。

显然，小 A 热烈地爱上了钱培琛。当年买饼干都要凭票证，很多人不够吃，或舍不得吃。而她每次买了华夫饼干、万年青饼干、苏打饼干什么的，总招呼钱培琛分享。

他俩还手拉手逛了桂林公园，畅谈未来……

不知道为什么，爱情嫩芽无法茁壮长大。在整个大学时代，向钱培琛大胆表白的女生少说也有三五个，她们长得美丽可爱，人品学业都不错。然而，纯洁的情窦都没结果实，或许，是因为他将全副身心给了绘画，对绘画的爱欲远远超过对异性的好奇。或许，也与"反右"运动后紧跟着的三年自然灾害有关，饥饿的岁月里，最强烈的情感是吃饱肚子。

钱培琛真切地记得，入大学没多久，席卷全国的粮食短缺发生了。

当时钱培琛正念大二，是长身体的时候，也是课业繁重的时候。国家对大城市居民的口粮还是力保的，尤其对在校大学生们。即便如此，当时政策有严格规定，男生口粮每月 30 斤，女生口粮每月 28.5 斤，市场上许多东西，如粮食、豆制品、鱼肉蛋、棉布、煤球煤饼等，都需要凭票证供应。而学院里提供的饭菜，大多数是被人调侃为"巧克力"的深褐色粗麸馒头和清淡见底的菜汤。有一种炒米蒸饭，比正常蒸饭需要的米量明显要少，盛足满碗的四两炒米蒸饭，吃了没多久就会觉得饿，再加上菜肴简单，少有荤腥，大家天天过着饥肠辘辘的日子，所以谁都千方百计找吃食。

粮食短缺最严重的时候，学院里所有的文娱体育类课程都停掉了，过去热闹非凡的操场一下子变得无比清静。即便这样，还不到吃饭的钟点，学生们的肚子就早已饿瘪了，真可谓饥肠辘辘。

对于配给制供应，学生们自有应对办法。他们在凭票供应的小卡片上纷纷做手脚：有的在卡片上涂一层粥汤，使圆珠笔或墨水笔在上面所打的"√"号很快淡化；有的用剃须刀片将刚打好的"√"号细心刮掉，然后再去排队领取一份食物；而负责打"√"号的同学看见"铁杆儿同窗"来了，干脆在卡片上虚晃一枪，故意漏打记号。

"那时候的人啊，在极度饥饿的情况下，为填饱肚子，会使出许多花招。"钱培琛说。他那时极瘦极瘦，却不屑为多吃几口食物而斯文扫地。

生活一度如此艰难，改变了许多人的精神，他们将"活着"作为日后人生的主要目标。而钱培琛感到幸运的是，他的理想没有被三年的饥饿所磨灭，他的绘画梦从来没有间断过。

那时，他经常去华山路上海戏剧学院找高中同学孙林玩，孙林也热情欢迎他，毫无保留地告诉他自己从课堂学到的知识，诸如颜色有冷暖之别，有补色关系，等等，这些钱培琛都是第一次从孙林那里听到。孙林谈到学院里主授绘画的一些著名画家，如外聘教授颜文樑以及本校的教授闵希文、王挺琦、杨祖述等，让钱培琛钦羡不已。孙林还带他去上海戏剧学院的图书馆"蹭"小说和画册看。一听到上海戏剧学院留苏深造归来的教师举办汇报油画展，他就毫不犹豫地赶过去，贪婪地观摩，如饥似渴。

钱培琛钻研绘画如此疯魔，令孙林暗暗叹服。

大学毕业前夕，当孙林得知自己被分配到外省市一家京剧院做舞美设计，便毫不犹疑将自己在上海戏剧学院所画的习作全部留给好友钱培琛，供他学习参考。钱培琛如获至宝，将一厚沓的绘画习作拿回自己的宿舍，一遍又一遍地翻阅这些习作，琢磨戏剧学院教授的绘画内容，不放过一丁点儿向别人学画的机会。

直到孙林的习作被钱培琛翻得稀巴烂，钱培琛感到弄熟了上海戏剧学院舞美系的绘画内容，这些习作才悉数被寄还给身在外省的老同学——完璧归赵！

第
五
章 | **纯真年代**

画室受阻

1963 年 7 月，钱培琛大学毕业，被分配到上海虹口区刚刚筹建的凌云中学（后改名为鲁迅中学），成为一名数学教师。这是师范生毕业对路的去向，同学们也大多走上教师岗位。钱培琛嘴上不说，内心却有所不甘，毕竟，教学岗位与画家梦想越来越远了，不过他处之淡然，没有表现出明显的失落，而是暗暗打算在教学之余，继续尝试跨越鸿沟。

凌云中学给新来的老师安排的集体宿舍，是教室改建的，窗明几净，十分宽敞。钱培琛将行李安顿好，就在自己的床头，贴上了孙林同学赠送给他的一幅风景习作。画面上，苏州河畔的老建筑沐浴在阳光斜照下，光影表现别有意趣。钱培琛视它为同学间友情的象征。

从此，钱培琛成为了宅男，宅的不是家，而是学校。

而经济上"自立"了，这使得他感到前所未有的自由。

他头脑清爽，人活着，首先要谋生，而教学是自己的"饭碗"，靠它能够养家糊口，所以他并不反感。自上班后从第一个月开始，他主动将每月薪水的一半邮寄给在定海的奶奶。他知道，爸爸妈妈去台

68

湾后，全靠奶奶供养着他，拉扯他长大，反哺奶奶是义不容辞的。此外，他也更笃定地守护着对绘画的痴迷，有了工资，每月小小挥霍一下画纸和颜料不在话下，因此画起来也更潇洒了。上班没多久，他还给自己买了"礼物"：一辆崭新的28英寸永久牌自行车。

话说在中学教书，并非"轻而易举"，尤其在新筹建的凌云中学，老师们来自四面八方，彼此暗暗较着劲儿，以求在激烈竞争中脱颖而出，获得上升的机会。钱培琛不得不认真备课，他倒一点儿不指望谋到一官半职，而是出于对第一只铁饭碗的珍惜。他将几何、代数以及各种公式，在讲台上变得趣味盎然。而迎接清秀帅气、气质儒雅的小钱老师的，是一张张真挚、热情的笑脸，十四五岁的中学生，个个散发着花季特有的气息。

钱培琛的教学方法是讲故事，他善于将枯燥的阿拉伯数字看成一个拟人化的世界，把各种公式比作画面里的房屋、树木、汽车，想方设法将学生们的兴趣激发出来。

他还有一个独特的本领，是在黑板上，他使用粉笔无论画三角形、四边形、圆形等，看似很随意，却画得出奇的标准，令学生们惊叹。

学生们喜欢这位小钱老师，听他上课的同学，数学成绩都有明显提高。凌云中学的橱窗里，连续三年悬挂着小钱老师的英俊头像，他这三年一直被评为"优秀教师"！

当然，这位数学老师迷恋绘画，是凌云中学上上下下热衷的谈资之一。

通常，数学老师经常要参加数学进修，小钱老师却与众不同，他四处打听美术进修的事儿，甚至表示愿意自费去私营画室进修绘画。

有一天，朋友通风报信："虬江路有个私人画室，据说教得不错，去那里看看，怎样？""好啊，明天就去！"钱培琛立即赞同。

翌日下午，他俩骑了自行车，从虹口公园赶到"老北站"附近的虬江路。

当年，能够进入私人画室学习的，几乎都是有钱人家的孩子。这个画室的主人招收学生，显然只看钞票不看才能，一看来了两个"冒失鬼"，对他们带来的习作翻也不愿意翻动一下，态度不冷不热，指着墙上贴着的"收费明细"，让他们自己看。

凑近"收费明细"一看，钱培琛和朋友顿时浑身凉了个透。原来学费这么昂贵，几乎抵得上他们半个月的薪水了。他俩垂头丧气，一下子像泄了气的皮球，只好知难而退了。

骑车返回途中，两个人不再热烈交谈，而是各怀着心思。钱培琛想，算了，拜师不成，自己奋斗！于是，自那天以后，他更加执着于书本的自学，附近新华书店里，诸如《怎样画素描》《怎样画油画》之类的书本他统统买来，然后勤奋钻研。无数个夜晚，钱培琛坐在宿舍的桌子前，伴随着一盏孤灯，独自津津有味地啃读技法书籍。有时，他也借来一些画报，发现喜欢的图片，悄悄地裁剪下来，日后，他把积累的无数报刊图片拼在一起看时，居然带来了许多灵感。他从来不感到寂寞，在"无人喝彩"的环境中一笔一画、从容痴迷地探索。

艺术是奇特的，有幸进入画室或美术学院深造的人，或许受到严格的造型和色彩训练，但能不能学到技艺而又能不受制于技艺，则全凭自己把握，否则一不小心就染有很重的匠气。而完全像"野生植物"般生长的钱培琛，没有机会得到学院派的各种训练，也就少了条条框框的技巧和观念的制约，他造型上懂得适度变形，色彩上有天赋指引，笔触任性，风格狂野，便有如梵高一般。青年时期的求艺道路，影响了他日后的艺术倾向和创作风格。

他业余结识的绘画方面的"狐朋狗友"，几乎与他一路，狂热而率性。

铁杆画友

那段时间，钱培琛到处结识画友。说起画友，也是林林总总，大多是尝到了画画能摆脱精神无聊和苦闷的滋味，因为时代造就的精神生活几乎清一色——学习领袖的"最高指示"，学习各种文件和社论，等等。而酷爱绘画的年轻人，很快就因为画画而成瘾，一天不画就闷，还到处寻找同类。他们互相传阅彼此的作品，也暗暗在绘画上较劲儿，看到别人手生，不免得意扬扬，看到有人画功厉害，就拼命去追赶。时不时地，有些外国绘画大师的名字会从画友嘴里蹦出，钱培琛便会千方百计地去寻觅，去探索。譬如，有一次，听到了苏联肖像大师费钦，他便去四处寻找画册。又有一次，听到有个"素描达人"自创一个"多瑞米发索拉西"结构法，只需寥寥几笔，就能将对象画得活灵活现，他便着了迷似的到处去打听！

对于早期绘画经历，钱培琛感慨道："交友带来纯粹的玩乐，也是交流和探索。"

钱培琛大学毕业后结识的头一个画友叫俞君焰，也是教师，在虹口区岷山中学教美术。小俞老师热衷水粉画，谈起欧洲绘画材料和技法，也是一套一套的。钱培琛跟他谈话投机，互相看了对方作品，更感惺惺相惜，自然而然成了好友，来往频繁。

小俞老师所住的塘沽路石库门楼上，也成为他们经常碰头的地方。

后来，钱培琛偶尔打听和联系上了念初中时的启蒙老师陈征，方知陈老师已作别粤东中学，在虹口区青年宫担纲美术培训和辅导，也是天天浸淫在绘画中。这太好了，钱培琛立即去探望，但见他家满屋杂乱的画材，师生久别重逢，谈不尽的画事。看到钱培琛拿来的画作大有长进，陈老师倍感欣慰，热情邀请他去青年宫走动走动，参与美术培训。

还有一个画友徐思基，当年在杨浦区教师进修学校，负责美术老师业务培训，他有一次偶尔看到了钱培琛的美术作品，便主动联系他，一见如故，从此成了好朋友。

"朋友圈"像滚雪球，越滚越大。大家的画技"脚碰脚"，风格却大不相同，反映了各自所摸索的道路之不同。而这些志趣相投的人聚集在一起，同化的力量很强大，经常讨论，各种信息、各种启发，带来各种机遇和感悟，互相的影响如同润物细无声，一时难以察觉，久而久之，便显现出质的变化。

物资匮乏的年代，画友们的心灵是丰满的，整日处于追求绘画艺术的快乐和充实中。

那时没有手机，打公用电话也很不方便。最初与钱培琛认识的画友，往往想见面了就随时上门，在凌云中学看门的校工看来，他们都是"熟面孔"，经常径直来到学校办公室或宿舍找钱培琛；有时在夜里，画友隔着很远就对着宿舍窗户大喊大叫：

"钱培琛——""钱培琛在吗——"

听到有人呼叫名字，钱培琛很快就露出了脑袋。

他们经常相约，骑自行车去虹口公园、苏州河等处写生。那时，虹口公园往北几公里处的大柏树，就是一片农田风光了。再往北去，复旦大学附近，以及更远一点的江湾五角场，有军用机场、货运铁路以及战争年代遗留的各种碉堡，都是画友们最爱去写生的地方。

画友们共同喜爱绘画，性格却各不相同，或猖狂，或谦虚，或张扬，或低调。

频繁交往的主要内容，就是你到我这儿看我画了什么，我也去你那儿看你画了哪些，彼此多少有点"斗画"、较量的意思。钱培琛跟画友们在一起，比较内向，不喜欢也不擅长高谈阔论，但对于别人的作品好坏，他也能直言相告："这张灵额"，"刚刚一张推板（上海方言：差劲的意思）"。有时一言既出，对方也会发急，互相会面红耳赤地争论。

在钱培琛看来，徐思基是个值得信任的"铁杆兄弟"，他属于老实巴交的人，诚恳、厚道，对绘画一往情深，能意识到自己画艺上的不足。他记得有一次，私下评判绘画水准，徐思基听了钱培琛的点评，真诚地发誓："侬等勒，我一定会超过侬！"

画友间你追我赶，却毫无名利心；那个纯真年代，绘画作品没地方卖钱，画友们只是懵懵懂懂向往着遥远的美好。人类文明积累下来的交响乐、芭蕾舞、现代派绘画等，即使在当时的政治环境下被归为"黑艺术"而严加禁锢，但在上海这座城市里，总有一批人顽强地、执着地热爱它们，继承和发展着它们。

一度，他画的风景，就带有"老列"的气息。有一幅风景画还被上海市工人文化宫选中，在文化宫橱窗里陈列了很久。与他的作品一起展出的，还有上海滩其他"有头有脸"的画家的作品。这无形中提高了钱培琛在"江湖"上的知名度。许多人因此了解，虹口区有一个数学教师绘画水平很高。区里的教师进修学校在组织美术老师业务培训时，竟然邀请数学教师钱培琛去上课。区青年宫也聘请钱培琛担任美术教员，带领一批师生去外滩黄浦江边、川沙郊区养猪场等地进行写生。那段日子，所有的绘画劳动并没有给钱培琛增加一分钱收入，但钱培琛感到非常快乐。那时对绘画的热爱就是这样单纯，丝毫没有功利之心，画画，就是因为喜欢；画画，就是生活的一部分，就是生命的意义。

遇到沈天万

"文革"前，钱培琛社交中的最大收获，是与画家沈天万结为师徒。

在钱培琛看来，沈天万属于少有的天才，既是他的老师，又是他的偶像。虽然从来没有举行过任何拜师仪式，但内心里，他意识到，沈天万的出现，是他绘画生涯的转折点。

钱培琛回忆第一次去沈天万家，感叹道："一看到沈天万的画，立即意识到他的与众不同。"在当年钱培琛接触的画家里头，像沈天万这样既不节省颜料，也不克制情感，汪洋恣意自由表现的人，实属罕见。尤其沈天万画的各色人物，有的头发是绿的，面孔是红的，完全颠覆生活常识，却又那么有表现力。他顿时像遭雷轰一样，与其说豁然开朗，不如说目瞪口呆：

> 原来，世上的绘画不仅仅有苏俄写实主义一路，还有表现派、野兽派、立体派；原来色彩不只有"灰调子"、"红调子"，还有"蓝调子"、"绿调子"、"黑调子"，等等；原来造型变化可以不求逼真，可以大胆、奇特、梦幻，相比之下，以前看惯的现实主义绘画黯然失色了。

内心备受震动，钱培琛心悦口服，从此，从心底尊沈天万为师。

曾攻读于上海美专的沈天万，的确是上海滩的怪才、奇才。他深得刘海粟、关良的真传，狂热地钻研西方现代主义，对美专后来"一面倒"推崇苏俄写实主义，而将西方现代主义完全摒弃，表示极大愤慨，因而被视作"不合时宜"而遭"劝退"。几乎同时期，关良也"不合时宜"，主动从上海美专离职。关良和沈天万一度惺惺相惜，互称"同是天涯沦落人"。

离开了美专，沈天万辟家宅为画室，从此靠开办私人画室维生，也寄托理想。

彼时，私人画室在上海相当活跃。哈定画室、张充仁画室、孟光画室、张盛铎画室等，名气响，学生多，口碑甚好。离开了美专的沈天万并未沉沦，一方面以发现、带教艺术新苗为乐，另一方面，闲云野鹤做"自由派画家"，创作起来随心所欲。

沈天万创办的私人画室，在山东路一幢老式西洋建筑的三楼，狭长的空间，大约二十五六平方米左右。吃饭、睡觉、画画、聚会，都在这里。有人将它比喻为"裴多菲俱乐部"。因为这个小小空间里充满了他们理解中的"裴多菲俱乐部"调调：四周摆满了各式各样的进口石膏像，据传，是颜文樑从法国带回来的首版翻模精品，被沈天万买下了。墙壁上还有沈天万创作的自画像和人物肖像，沈天万画自己、画太太、画学生、画朋友，颜色怪里怪气，完全超出了现实经验。那里不仅教人画画，也成为一批对"资产阶级文艺作品"异常热衷的狂野人士的聚集地，他们经常聚集于此，在混合着食物和松节油气味的空间里，热烈地、兴奋地谈论完全遭到禁锢的印象派、后期印象派、野兽派、立体派等，梵高、马蒂斯、毕加索等遭到官方批判的名字时不时从他们嘴里蹦出。有时，还有优雅的女钢琴家光顾，也有年轻漂亮的女学生被请到这里充当模特儿。

直到今天，有些人对野兽派的理解依旧望文生义，认为马蒂斯等人热衷的风格很"野兽"，有的人认为野兽派就是专门表现老虎、狮子、雪豹等威猛动物的。但那时的沈天万与他的画友们已经对野兽派钻研得很深，他们理解、认识的野兽派恰恰不是粗狂的、晦暗的，而是造型简练、色彩绚丽、点线搭配、和谐流畅的绘画风格。早于"八五新潮"二十多年的沈天万创作的现代派绘画，就把握了野兽派的精髓，画面充满天真、稚拙的情趣。

钱培琛曾经迷恋印象派绘画风格，轻易不臣服别人，但自从接触了沈天万，绘画观念、技巧手法等各方面，仿佛都更上一层楼，绘画视野也更开阔了。

尤其对沈天万的画风，他发自内心地倾慕，在老师的笔下，表现派、野兽派浑然一体，之前没有看到有人如此狂野、奔放，玩得这样牛气，这么有味道。沈天万性格温和，作品却极富个性，无拘无束。在绘画过程中，甚至将原色块直接投掷在画布上。

自那次会面以后，钱培琛就经常去山东路玩，细细琢磨沈天万的绘画。沈天万喜欢喝酒，酒量惊人，而钱培琛不怎么喜欢喝酒，也就鼓足勇气陪老师喝一点。与沈天万这样亦师亦友的疯魔人聊天，实在是享受。沈天万在"文革"中受冲击，关闭了私人画室，白天在五金厂上班，晚上在灯光下喝老酒边画画，有时画布用完，就翻转过来再画，或让妻子用碱水洗掉油彩再画。这样的人太少见了！

经常，钱培琛带着作品请沈天万点评，沈天万从不吝啬赐教，也从不玩客套。他有一说一，有二说二。他也手把手教钱培琛怎么使用颜色和块面；有时也毫不留情面地调侃钱培琛：侬是搞数学的，搞数学的人太理性，定律啊公式啊，正确的答案永远只有一个，用数学的逻辑来绘画，必然失败。钱培琛呢，不在乎沈天万怎么说，只要说得有道理，他就虚心接受，多数时候，钱培琛只是呵呵一笑，偶尔，也会跟沈天万急。但他从沈天万身上，感受到一种执拗的信仰，就是绘画要付诸真情实感。像梵高，本身是农民，之所以能成为世界级大画家，就因为他不是为了技巧而追求技巧，而是画出全身心的热爱！

1966 年，"文革"开始了。

在人们集体染上"斗争病毒"的非常年代，纯艺术统统沦为被砸烂的对象，来自西方的印象派、野兽派、立体派绘画以及人体雕塑，无一幸免，取而代之的"艺术"倒也面目鲜明，都成为了思想斗争或权力意志的工具。"革命"的极度蔓延，导致各行各业热衷于"抓革命"，也一下子抓出无数"地富反坏右"，他们被施以揪斗、游街、罚扫地以及手段无所不用其极的种种侮辱。钱培琛从姑姑收到的舟山来信里了解到，叔叔钱爱棠在运动中再次成为当地群众斗争的对象，诸如"坐飞机"、"挂黑牌子"等，凡是群众运动流行的革命方式，他一一都领受了。受尽了折磨之后，叔叔最终被发配到他自己曾经做老板的印刷厂，在机印车间做一名挡车工，操作一台小小的圆盘机器。

再后来，钱培琛从报纸的黑体大字上看到，也从收音机铿锵有力的播音里听到，全国美术界公开点名批判"黑画家"，北京、上海都揪出了一批，像黄胄那样热心画"毛驴"和"少女"，而不画勤劳勇敢、朴实健康的劳动人民和革命战士，就属于"黑画家"；画野兽派、立体派等西方现代主义风格作品的，也都属于"反动画家"，要踏上一万只脚，让他们永世不得翻身。

紧张气氛蔓延大江南北，上海的不少画家也一夜间被"扫地出门"！

钱培琛愕然之际，侥幸自己从来没有对经商有过兴趣。父亲、叔叔都是资本家，但他发誓一辈子不经商，经商就是走资本主义道路嘛——活生生的社会事实这样教育了他。他喜欢做画家，尽管画家里也有"红"与"黑"之分，他却从来没有想过颠覆政治，甚至从来也没有想过靠绘画出名、赚钱什么的。他说，那时候画画，纯粹出于热爱，是教书之余的兴趣，任何"帽子"是戴不到自己头上的。运动期间，他一头扎进了绘画，是个"逍遥派"。

钱培琛对画画的痴迷和疯魔，沈天万也看到了。

画家与画家之间，对于彼此是否具有信徒般的追求，是能切身感受到的。所以，沈天万曾经对人讲过，将来我的学生中如果有人能成为大画家，首先就是钱培琛。尽管钱培琛是数学专业出身，但钱培琛不理会别人的议论和眼光，独来独往，认准了绘画才是人生中最重要的，这一点，决定了他是梵高式的人物，对绘画有一种宗教情怀。

的确，谁也改变不了他的这种天性。与他同一个教研室或宿舍的同事谈论起钱培琛，感到最不可思议的，是钱培琛上课上得不错，多次被评为"优秀教师"，却从来不见他好好备课，一有时间就画画，而且画得不像中国艺术，荒诞奇特，"魂灵头"被外国绘画大师勾走了！

一听到哪里有什么画展，他立即奋不顾身去看。

"文革"期间，淮海中路两边的商店橱窗，受令一律撤掉了陈列商品，而统统改造成"红色的海洋"。在某个空隙，负责橱窗的美工们联合起来，将许多水粉画、水彩画填补在空落落的橱窗里，如此大胆而敏感的"艺术行为"不胫而走，钱培琛闻讯立即跃身骑上自行车，从虹口飞奔至卢湾，在梧桐树掩映下的橱窗前，一家一家仔细看，如同雪夜围炉读禁书，他感到身心无比快乐！

"文革"后期，运动的温度明显降低了，"造反派"纷纷偃旗息鼓，而"逍遥派"越来越多。当别的"逍遥派"教师热衷于在办公室自制煤油炉、打毛线衣、扎堆瞎聊时，一样混迹于"逍遥派"的钱培琛，也毫无顾忌，自顾自地在办公桌上摊开画纸，画自己喜欢的东西。

有段时间，他无意中散步发现，虹口公园中午时分游客稀少，写生不受干扰。于是，一到午饭时分，钱培琛匆匆填饱肚子，立即带好画板，溜到学校隔壁的公园去写生。有一次，他的写生内容竟然被高度警惕的公园纠察盯上了，纠察将他扭送到办公室，厉声责问他："侬不画战斗中的工农兵，只画公园里的男男女女，居心何在？"纠察还揪住他的"小辫子"说："你的画里面有尖头皮鞋，表现资产阶级生活方式，这不反动吗？！"

面对纠察如此蛮横，钱培琛结结巴巴"讲勿清爽"，结果，公园纠察铁板着脸，固执地打电话要学校工宣队负责人将他领回去批评教育。"公园失风"，更为钱培琛添上了一顶帽子："不务正业"、"喜欢走白专道路"！

爱　情

催　婚

1968 年、1969 年左右，奶奶从定海发来的信，一次次督促钱培琛：侬是大龄青年了，早点儿找女朋友，早点儿结婚！显然，传宗接代观念深厚的奶奶，是抱孙心切啊！

钱培琛呢，念大学的时候，颇有女生缘，身边经常有女生主动围拢，或跟他询问作业，或欣赏绘画，或讨论学生活动等。但大学一毕业，他与异性间突然有了一道"围墙"。

是什么阻挡了他与年轻女性的交往？问题出在他自己身上。他自身没有"轧女朋友"的紧迫性。他一直认为，画画才是教书之外"最重要的事情"，比谈恋爱更重要，所以，他几乎将所有业余时间都用到了绘画上，一转眼，他近三十岁了，成了"剩男"。

远在舟山的奶奶急了：培琛是钱家的长房长孙，伊勿带头结婚播种，钱家的香火怎么可能旺盛？于是，她的催婚信像一道道令箭，从定海连连发向上海。

钱培琛扛不住压力，在信里跟奶奶表了决心：三十岁前一定解决！

此时，钱培琛二十八九岁，离"一定解决"的限龄已经很近，没多少回旋余地了。

念及这段时光，钱培琛不禁微微一笑。他发自内心感到愉快的是，大学里几个女生曾经真心喜欢过他。记得毕业约半年左右，有一个也走上教师岗位的女同学辗转几辆公交车，从很远的地方找到凌云中学，只为了告诉他："我马上要准备结婚了，今朝特地赶过来，是想问你一句：只要你亲口跟我说一句，别跟别人结婚，我可以马上取消这场婚礼！"

钱培琛一听就明白了，也感动了。眼前这位女教师是个好姑娘，爱自己爱得如此决绝，令他意外。但他深感缘分未到，自己没有"来电"的感觉，便明确地对老同学说："你如期举办婚礼吧，千万不要耽误了自己，我真心祝福你，希望你幸福！"

老同学听了，神情黯然，失落地走了。

还有一次，毕业七年的大学同学聚会。未婚的"剩男剩女"没有几个，大多已经结婚生子了。聚会后，有个女生骑着自行车一直跟在他的身后，在人民广场附近朝着他的背影大叫一声："钱培琛，侬停下来！"钱培琛听到后连忙刹车，停住转身，惊奇地看着女生。

女生飞快地跳下自行车停在他面前，落落大方，告诉他心里的秘密："钱培琛，侬晓得哦，我从大学两年级开始暗恋你，暗恋了快十年。因为你从来就对我有点冷，我就跟别人结婚了，夫妻感情也蛮好。但我今天告诉你真相：我喜欢你，暗恋你，你晓得就可以了！"

说完，女同学眼圈发红，跃身骑上自行车走了。

钱培琛愣了好一会儿在原地，不知怎么做才好。

婚姻大事全凭"缘"字，钱培琛如此解嘲自己缘何成了"剩男"。自从给了奶奶一个时间承诺，他也发慌了，这么短的时间，去哪儿找对象呢?

晕头转向之际,他将终身大事托付给老师沈天万。沈天万、毛婷芝夫妇知道后,一副热心肠,将脑海里熟悉的年轻姑娘扫一遍,立即想到一个与钱培琛门当户对的,她叫许秋月。

许秋月比钱培琛小四岁,人也长得白皙而漂亮,与面目清秀的钱培琛蛮般配。再说,两个人的家庭出身差不多,都属于"没落的"资本家后代,谁也不会嫌弃谁的家庭成分。

沈天万、毛婷芝夫妇做事爽快,很快安排了一次相亲,为确保成功率,还特地安排其他两个姑娘作为"候补对象"。

所谓缘分,常常是一瞬间的事情。

相亲的那天,地点就定在了沈天万、毛婷芝的家里。第一个进屋的是许秋月,她是三个姑娘中最漂亮的,与毛婷芝是贵州一所煤矿学院的同学,毕业时被分配在贵州深山里的小矿井,工作没几个月,实在不习惯外地的生活,毅然放弃铁饭碗,回上海做"社会青年",等待街道办事处再分配。相亲的时候,她是一家街道小厂的临时工。

当许秋月推门进屋,满脸羞涩地站在钱培琛面前,他第一眼就心动了!

就是她了!钱培琛心想:她就是我要找的妻子。

为什么?什么东西拨动了他的心弦?

20世纪60年代的女孩不施粉黛,完全素颜,而小巧轻盈的许秋月,清纯里带着些无辜,双眼清澈明亮,又有一丝迷惘,肌肤像瓷釉般雪白光滑,浑身有一股恬静的韵味。

回想这一段经历,钱培琛脸上的幸福完全漾开了,笑意满满,他骄傲地告诉我:第一次见到许秋月,就喜欢上了她,那时我还留意到她的棉袄罩衫上有一块小小的补丁,这块补丁一点儿也遮掩不住她的姣美,我喜欢她这种单纯而朴实的美……

钱培琛从许秋月身上捕捉到的韵味，隐隐流露着富家的教养。

他进一步打听，果然，她的家世也一点儿不俗。她的父亲早在20世纪40年代就是成功的资本家，在繁华上海的后大马路（解放后改名为北京东路）上创办了一爿五金店和一家五金工厂，生意发达后，花了若干金条买下了市中心几处繁华地段的房屋。他们家坐落在黄河路65号的长江公寓，当年叫卡尔登公寓，与女作家张爱玲是近邻，张爱玲住301室，他们家住203室。长江公寓地段绝佳，赫赫有名的跑马场以及上海当年的最高建筑国际饭店，就矗立在街对面，公寓自身的外观是英式风格，既气派又时髦，里厢的走廊、客厅、浴室、阳台等，比新式里弄要强许多。

许秋月从小就耳濡目染繁华上海的优雅和时髦。

由于父母忙着做生意，小秋月念小学的时候随爷爷奶奶住在北京东路一片石库门建筑的沿街一栋楼，整栋728号都是许家的私产。一楼用作自家的五金商店，二楼、三楼是住房。

生活在殷实的家庭，成长岁月里经历的点点滴滴，滋养了许秋月的气质。

突变发生在1949年后。"三反五反"运动一起，她父亲因被戴上一顶充满杀气的沉重帽子——"历史反革命"，被捉进了监狱。什么叫"历史反革命"？全家老小至今没搞清楚，明白的只是：许家积累的私有资产，包括工厂里的设备、家里的红木雕花家具，一夜间统统被收归国有。家道很快中落，到了"文革"前夕，原本是私产、后被收归国有的长江公寓的住房，他们竟也付不起房租了，只能弃租，一家三代统统挤在了北京东路的石库门里。

许秋月是家里孩子中的老大，弟妹有五六个，她的亲身感受是，从那时候起，日子越来越难熬，所以她在最注重穿戴的青春岁月，却不得不节衣缩食，以致第一次去与钱培琛相亲，身上穿了一件打补丁的外罩。

钱培琛看人不看外衣。当他第一眼暗暗拿定了主意要娶许秋月，对于后面两个来相亲的"替补"，他草草看过，就将她们抛在脑后了。

　　从那天起，钱培琛脑子里开始不断浮现许秋月的身影、微笑……这是不是人们常说的"一见钟情"？当然，这次恋爱，他的目标是直奔结婚，完成对奶奶的承诺。

　　他甚至"急吼吼"地暗示许秋月，像电影里的李双双、孙喜旺那样，先结婚后恋爱，他非常欣赏，觉得也蛮好。说得许秋月一头雾水，一点儿也搞不懂他的爱情观。

　　钱培琛发起了情感猛攻，每天寄出一封情书，字迹俊朗，密密麻麻写在精心挑选的信笺上，有关读书啊、绘画啊，说得滔滔不绝；每周安排一次约会，去四川北路粤式餐厅吃饭，去南京西路"大光明"看电影《钢琴伴奏红灯记》，去苏州河畔、外白渡桥、甜爱路等浪漫的地方荡马路。那个时代，恋爱中的男女大多"发乎情、止乎礼"，一切身体接触都是禁区，但钱培琛满脑子想着"加速度"，谈着谈着，一不小心露出了底牌，说出了奶奶的心愿。

　　许秋月是个善解人意的姑娘，她觉得钱培琛受过高等教育，又长得一副清秀儒雅的模样，还喜欢画画啊、看书啊，她嘴上不说，心里早就也想着嫁了。所以，冬去春来，相识相恋，满打满算才过了三个月，钱培琛就提出"我们结婚吧"，没想到许秋月一口答应。

　　如同闪电般，他俩去民政局办妥了结婚登记。消息一经传开，亲友们吃惊又兴奋。

　　作为他俩的"月老"，沈天万、毛婷芝夫妇得知情况后喜不自禁。俗话说，牵线搭桥成三对，必有后福，他们由衷地祝福这对新人。而远在舟山的奶奶呢，根本没料到自己的心病仅仅过了几个月就解除了，更是无比高兴。奶奶从钱培琛父母结婚时添置的一堆珍稀红木家具里，精心挑了款式时尚、品相保持得最好的几件，很快把它们运抵上海，送给新婚夫妻继承，还将一只雕饰着精细繁缛图案的红木大眠床卖掉，换来 300 块钱，悉数寄给孙子操办婚礼。

婚房在北京东路 728 号，20 世纪 30 年代建造的大楼里，二楼朝南的一个前楼房间。

喜宴就办在家里，一共摆了三桌。从定海来的钱家长辈、亲人一桌，新娘家人一桌，沈天万、毛婷芝以及其他亲朋好友一桌。简单又热闹的婚礼后，他俩正式结为夫妻。

新婚之夜，发生了一桩很难启齿，却又无限美好的事情。本来两人如鱼得水，理应琴瑟和谐，可是，当年的两个新人入了洞房才初涉性事，完全缺乏经验，钱培琛懵懵懂懂，许秋月也手足无措。两人困惑了很久，待到搞明白状况，找到欢乐的路径，已是满头大汗。

经过了这一晚笨拙而又纯洁的探索，他俩一辈子互相珍视，也时常调侃。哪怕日后发生可怕的长期分居，他们也能彼此信任，抵抗各种寂寞和诱惑。

真正的过日子，无非油盐酱醋和买汰烧。钱培琛却不谙家务琐事，满脑子画画，一钻到颜料堆里便将许多事情抛在脑后。许秋月理解和支持他的绘画兴趣，只是与他"约法三章"，在每个礼拜天得抽出半天时间，帮助扫地、拖地板、晾衣服等。

钱培琛乐而从之。小两口其乐融融。

一年后，大女儿诞生了。小两口喜悦地给小天使起名"钱皓"，希望女儿像明月一般美丽、圆满。又过了三年，小女儿也问世了，起名"钱恩丹"，也寄寓了他俩的美好情思。

绿色日记本

有了家，有了孩子，钱培琛才体会到生活的更多乐趣，以及生命的意义。

妻子许秋月，在贵州的煤炭学院读的是矿山机械专业，却也是一枚"文青"，家里积累了不少文艺书籍，耳熟能详的有唐诗、宋词、鲁迅的小说散文，以及罗曼·罗兰的《约翰·克利斯朵夫》、尼古拉·奥斯特洛夫斯基的《钢铁是怎样炼成的》等。

钱培琛绘画之余，也会花时间与妻子一起坐在餐桌边看书，两人互不干扰，但看到会心一笑的段落，也忍不住会彼此分享一下。婚后的灯下阅读，成为他俩的共同记忆。

采访他们的日子里，有一天，我拿到一本绿封皮的日记本，38开，20 世纪 60 年代的成都生产的。这是许秋月翻出的被遗忘的旧物，钱培琛看了也很惊讶。日记本上，钱培琛工工整整，用钢笔抄录了许多首唐诗宋词。虽然岁月流逝了那么多年，但是拿钱培琛年轻时的字迹跟现在的一比对，一笔一画的用力点依旧相像，只是显得更加刚劲有力。

奇怪的是，整个日记本抄录的是他喜欢的唐诗宋词，本子的扉页上却抄录着鲁迅于 1933 年所作的七言绝句："一枝清采妥湘灵，九畹贞风慰独醒。无奈终输萧艾密，却成迁客播芳馨。"而他抄录的唐诗宋词，全凭自己的兴趣排列，钱培琛说，他最喜欢元代诗人马致远的"小令"：

枯藤老树昏鸦，小桥流水人家，古道西风瘦马。夕阳西下，断肠人在天涯。

诗如画，画入诗，中国古代的诗词不仅读起来韵味十足，也充满了视觉美。

钱培琛喜欢读起来有画面感的作品，断断续续，日记本上抄录了大量诗歌，数量最多的出自唐朝诗人、画家王维之手，清新淡远，空灵脱俗，读了便可以画出来。

当年新华书店里一度没有多少文艺书可卖，书架上只有"马恩列斯毛"的大部头著作，以及鲁迅先生的一些作品，大部分书架空空荡荡。而他婚后骤然有了很强的阅读欲，家里有的，一本本都翻烂了；家里没有的，去区里图书馆或学校图书馆借了阅读，读起来飞快。

他在古典诗词方面的修养，以及对于鲁迅作品的情感，都是在那个阶段培养起来的。

钱培琛对鲁迅的《朝花夕拾》充满了感情，特别钟情于妙趣横生的回忆性文章。他说，鲁迅的《从百草园到三味书屋》，活脱脱就是一幅白描画，将"美女蛇"的传说和冬天里雪地捕雀的故事，叙述得生机盎然。他说，我小时候的环境里，对于碧绿的菜畦、光滑的石井栏，以及躲在树叶里的鸣蝉、肥胖的黄蜂、轻捷的叫天子等，也是耳熟能详，亲切至极。

夫妻俩交流着对"百草园"、"三味书屋"的看法，常常哈哈大笑。

钱培琛也读历史和哲学，大学有位老师说的一句话，他牢牢记着。老师奉劝他们：

> 你们不要光顾着看软书，小说啊散文啊，更要看硬点儿的东西，历史或哲学！

读"硬点儿的"书可不那么容易，需要一股毅力，所以，有一阵子，钱培琛是逼着自己像"啃硬骨头"一样读历史和哲学。他无论读什么，习惯了顺手在日记簿上画一些阅读中感悟的场景、警句，他的思维是感性的，绘画性的，这能力，天生如此。

那时，钱培琛家里还有一本厚厚的《基础医学》，他对书里的医学知识兴味索然，但大量的人体骨骼解剖插图，包括头颅、四肢、手足、内脏等，令他非常着迷。他惊叹，书里绘制的器官构造、骨骼剖面、肌肉形状等，追求科学意义上的精准，却又无比生动，是难得的绘画范本。他一有空就对着人体范本，苦练白描，一直练到脱离书本也能默画。

至今，他家里还保存着厚厚一叠早已泛黄的人体白描习作。

"不健康"画册

"文革"后期，政治空气渐渐松动，但台湾海峡两岸依旧隔绝，互不往来。

钱培琛既害怕别人提及他的父母生活在国民党盘踞的台湾，心里又无时无刻不在思念至亲。自己长大成人了，有了工作，也结婚生女了，但无法报答父母的生养之恩。

有一天，钱培琛与阔别已久的香港舅舅联系上了。舅舅来信告诉他，他的父母在台湾事业顺利，经过多年胼手胝足，昔日的小小"文辉印刷厂"，已经发展成有较大规模、拥有中高级印刷技术的"文辉彩色胶印有限公司"。父亲因为自己少年辍学而终身遗憾，便在生意获得成功后，通过同乡会设立奖学金，每年拨出资金，资助当地家境贫困的优秀学生。

通过香港的舅舅，父母了解到大儿子钱培琛的近况，为他大学毕业、经济独立并成家立业而欣慰。听说钱培琛业余酷爱绘画，便嘱咐钱培琛的胞弟在台北、香港以及日本等地的书店，寻找购买各种西方现代主义画册，由香港亲戚中转，再寄到内地的上海。

彼时，这些画册对于钱培琛以及他的画友而言，真可谓稀世珍宝！

当年，内地美术界受意识形态的影响，一味强调绘画为政治服务，为工农兵服务，报纸上、广播里，铺天盖地的是"美术样板戏"或"大批判绘画"。但上海是西方现代主义传入中国的前沿阵地，即便"文革"运动完全将西方现代派绘画打成了"大毒草"，这些"大毒草"也没有真正灭绝过。恰恰这个时期，钱培琛断断续续收到了从香港邮寄或托人带来的外文版或繁体字版画册。那时从香港寄到内地的包裹，是受到严格审查的，有几次，钱培琛望眼欲穿等待着书信里提及的画册，最终收到的却是海关寄来的专函，大意是：

> 由于你亲友从境外寄给你的书籍里有不健康的内容：毕加索的立体派画册，按有关规定，予以没收。希望你通知境外亲友，不要再邮寄类似的出版物。

虽然屡屡遭遇海关没收，还是有"漏网之鱼"，辗转寄到了他的手上。

印象派、后印象派、表现派、野兽派、立体派等等，各种流派的画册应有尽有。

多么珍贵的资料！过去，在沈天万家看到的一些非写实绘画，原来全部出自这些老祖宗：梵高、塞尚、毕沙罗、马蒂斯、毕加索……钱培琛眼界大开，知道了"山外有山"。

这样的画册，也成为钱培琛招待画友们的精神大餐。他自己定下了一条规矩：看画册之前，谁都得先将手"汰汰清爽"，洗手，成为看境外画册之前一道庄严又快乐的仪式。

徐思基是钱培琛的好哥们儿，一有新画册来，钱培琛就通知他。

画友们如饥似渴地翻阅着，也常常对稀奇古怪的画法争论不休！

在林林总总的西方现代派画家里，钱培琛偏爱着保罗·塞尚（Paul Cézanne）。

钱培琛打心眼里崇拜这位长得有点儿像列宁、被誉为"现代绘画之父"的法国老头。塞尚非常注重表现物象的质感，却完全摒弃线性透视法，而运用色彩块面去表现出来，他说过："色彩丰富到一定程度，形也就成了。"单单凭着这句前无古人的创造性经典之语，钱培琛认为塞尚就足以稳稳地站在了世界绘画之巅。

通过一遍又一遍反复阅读、分析塞尚画册，他还隐隐感觉到，塞尚绘画里有着出众的优雅调性，是没有办法模仿的。它基于艺术家身体基因里的天赋直觉，与后天修养无关。

当然，钱培琛还非常钟情于比塞尚的胡子更密更长、有一股仙人气的卡米耶·毕沙罗（Camille Pissarro）。这位以乡村风景为主要创作题材的画家，是印象画派的真正领袖，连塞尚、高更都毕恭毕敬地尊称其为"老师"，其实他们年岁相差并不算大。毕沙罗笔下的乡村风景，让观者仿佛能嗅到乡村的清新气息，他笔触灵动，色彩欢畅，善于发掘常人见所未见的潜在之美。他运用色彩之和谐，给了钱培琛深刻的启发。

钱培琛的绘画趣味，使他很早就对说教意味较重的苏俄写实主义有着抵触，甚至隐然为敌，而对欧洲印象派、后印象派绘画，他天然有一股亲近感。这一点，与他早期接触沈天万，以及观摩了大量从香港邮寄来的现代主义画册密切相关。但他对苏俄写实主义并非完全无动于衷，凡是他认为好的画法，他都拼命吸收营养。所以他在书店看到介绍俄国杰出的写生画家伊萨克·伊里奇·列维坦（Isaac Ilyich Levitan）的画册，也曾爱不释手，对这位39岁英年早逝的风景画家钦慕不已，后者所画的树林、牧场、小木屋等，用笔洗练，却透着孤寂和哀愁，令人一见难忘。钱培琛曾经花了不少时间，将列维坦狠狠地钻研了一番。

狂徒串联

大约在这个时期，钱培琛结识了夏葆元、陈丹青、林旭东、韩辛等人。

钱培琛家的一面墙壁上，至今悬挂着夏葆元当年为他画的炭笔肖像。

激情飞扬的青春年代，跟钱培琛年纪相仿的绘画狂徒，在上海可谓"星罗棋布"。或许政治运动让人生厌，暗暗学习绘画的年轻人并不少见。当时，他们还热衷串联，一听到有人说，哪个单位、哪条路上有一个画画的，便毫无顾忌地去登门拜访，互相结识。

钱培琛认识的绘画狂徒里面，包括后来影响不小的陈丹青。彼时，"弄堂小青年"陈丹青响应领袖号召，奔赴江西的"广阔天地"去战天斗地，后来得了肝炎，才回上海休养。钱培琛记忆中的早年陈丹青，喜欢戴军帽，穿黑包裤，寥寥数笔，能画出极其生动的速写。

还有一个白白净净、书生模样的小伙子，叫林旭东，鼻梁上架着一副老派的眼镜。他的父母是留法归国的知识分子，在淮海中路沿街一幢西式建筑里拥有宽敞的住房，而二楼有一间宽敞的房间归他独用，家里的布置，看起来有一种法国面包的奶油氛围，一推开窗户，就是繁茂的梧桐树。钱培琛记得，这个出生在国外、幼时随父母回国的小伙子，在"文革"时期的上海绘画圈里一度名声大噪，他的审美眼光十分独到，看画时常常一语中的，钱培琛喜欢给他看自己的画。林旭东还有个癖好：他认识的画友，他几乎都会请人家做他的模特，画完了又舍不得送。钱培琛曾被邀请坐在他家，让林旭东画过一幅肖像，很精神。陈丹青得知后，鼓动钱培琛向林旭东索取，钱培琛面皮薄，怎么也开不了口，"实在不好意思讨"。

青年画家互相画素描、画肖像，在那个时候十分普遍。

钱培琛印象更深的，是一个名叫韩辛的青年，他也是20世纪70年代上海绘画江湖里"武艺高强"的人物之一，那时候，韩辛在画家圈里年纪最小，才气十足，口气也大，嘴巴从不饶人，对任何人的作品敢于评头论足，毫不留情。或许祸从口出，那时上海掀起批"黑画家"运动，满脸稚气的韩辛居然也被打成"黑画家"，才17岁，身上就被烙下了令人躲之不及的"政治标记"。韩辛身上有一股旁人少有的傲气和狂妄，钱培琛却喜欢听他叽叽呱呱谈论绘画。高谈阔论的言语间流露的艺术虔诚深深打动了钱培琛，令他对韩辛刮目相看。

上世纪六七十年代的上海，画友们频繁走动，活跃斗画，钱培琛掐指一算，他去过的画友家，以及来过他家的画友，数不胜数。这个群体里，人人狂热，至危险边缘也不顾。

典型的事件，莫过于聚众画女裸体了。

女人，是相对于男人的异性，而女人体，不带性别色彩，是艺术。

这是钱培琛的观念，也是他的画友们的共识。一度，他多次邀请或组织沈天万、赵渭凉、徐思基等，去北京东路728号自家的阁楼上一起画女裸体。在社会观念依旧相对封闭的当年，这是需要极大勇气的，因为一些现在看起来毫无问题的做法，过去年代则被视作"大问题"，甚至要坐班房。钱培琛组织众人画人体，就属于别人眼睛里吃了豹子胆的"流氓行为"。

上海的画友们渴望画人体，认为是艺术家特有的权利。一到暑假，钱培琛、赵渭凉等就蠢蠢欲动，商议筹划这件"大事"。需要解决的问题很多：有的画友悄悄地去游说女生充当模特儿，若不是受过西方文明熏陶的新女性，谁愿意在一帮血气方刚的男人面前脱尽衣服被画？模特儿找到了，去哪里画呢？派出所警察知道了一定要来抓的呀，弄不好就被列为"严打"对象。种种忧虑浮上心头，却终究敌不过对艺术的虔诚和执着。

于是，钱培琛挺身而出，提供场地：北京东路自己家的三层阁楼。

众画家一阵欢呼。

时值酷夏，那时尚未流行安装家用空调。为了严防警察或其他闲人突然闯入，一伙狂热的绘画分子只好忍受闷热，将屋里门窗关好，窗帘拉紧，全靠电风扇换气。

爱一个人，就是理解他的一切。许秋月就是这样的贤惠，她了解丈夫钱培琛，他们画女裸体，绝对不是出于龌龊念头，而是狂热地钻研艺术。当画家们挥汗如雨在屋里画人体，她心甘情愿坐在一楼望风，随时防备陌生人来访，若有风吹草动，立即向三楼通风报信。

一次次画人体写生，像一次次偷渡禁区，令钱培琛和画友们深感刺激且快乐。

十二人画展

蠢蠢欲动

出国前，钱培琛在中国美术史上留下的唯一印记是"文革"后的一次画展。

1979 年，由沈天万、徐思基、钱培琛、陈钧德、孔柏基等人发起的一次画展曾在中国美术界产生了重要影响，参与画展的有十二名画家，史称上海"十二人画展"。

一位当年亲身看过展览的人告诉我："侬晓得，当年主流美术界展出的'红光亮'作品土极了，就像大街上人们流行穿的蓝中山装以及军装，带有革命批判色彩的所谓宣传画更是面目可憎，而'十二人画展'呢，冲破了思想禁锢，让阿拉看到上海骨子里的'洋气'，尤其钱培琛，白相的是欧洲现代派，迪些辰光显得老时髦、老前卫额……"

的确，当欧美国家的现代艺术堡垒趋于崩溃时，已经有人提出"架上绘画结束了，艺术史应当终结了"；而在中国内地，刚刚告别"文革"，内地主流美术界受到"左"的惯性推动，却依旧泥古不化，所创作的作品还是"高大全"、"红光亮"。对于蛰伏在工厂、商店、学校、美术设计公司等五花八门单位里的业余画家们，体制内组织的画展也根本"瞧不上"，常常施以打压，动辄在报刊上组织批判。资料显示，20岁出头的工人画家陈巨源、陈巨洪，曾经满怀热情分别创作了反映工农兵精神的主题作品《技术革新》和《打夯》，每幅达2米×2米。他们兴致勃勃地把作品送往美术馆报名参展，谁料，被主办方断然拒绝，理由是：《技术革新》里的主角背对观众，对"革命群众"不尊重；而《打夯》采用了逆光画法，乌云密布，有攻击社会主义之嫌。业余画家们的主题性绘画在"政治正确"的指挥棒下常常四处碰壁，被主流美术展览坚拒门外，更何况，他们中还有一些人，思想更加脱轨，一边上班维持生计，一边大胆追随西方现代主义，绘画题材、手法远远背离主流美术，表现出极端的自由个性。

反抗的情绪在反复打压之下慢慢积蓄着。他们渴望着有一天能"自我展示"！

好几个参与"十二人画展"的画家坦率地告诉我：我们冒出来，并不是当年的画艺多么高超，而是内心积蓄的反抗能量随时可能像火山爆发，冲破长期以来受到的禁锢和歧视。

新时代呼唤着人性化、个性化的艺术。恰恰在这个时候，身处主流美术界之外的"边缘人"坐不住了，他们嗅觉灵敏，闻出了中国政治松动的气息，因而浑身焦躁，蠢蠢欲动。

最初，钱培琛与徐思基，两个绘画激进分子刚刚参加了虹口公园的一个群展，觉得不过瘾，想干一场更大的。他们意识到，"左"的东西趋向熄灭，社会各方面明显宽松了，群展上一些貌似"资产阶级绘画"的作品也没有受到阻拦，于是摩拳擦掌，打算自筹经费，搞规模更大、动静也更大的展览。他俩一起跑到"老法师"沈天万家里，跟沈天万商量。沈天万一听也很兴奋，拍着大腿说："好！我沈天万画了那么多画，一直没见天日，我们自己办展！"

不久，沈天万与陈巨源喝老酒时，又跟陈巨源聊起办展的动议，陈巨源满脸喜悦，热情高涨，他们随即又联系其他画友，纷纷得到积极响应，几股力量很快汇集到了沈天万的家里。

一天，山东路沈天万的家里，沈天万、钱培琛、陈巨源、徐思基聚首开始"秘密策划"。大伙儿越谈越起劲，对于官方所办美术展览的陈腐与狭隘，纷纷提出尖锐批判。

"阿拉自己搞展览，千万勿能烂糊三鲜汤（上海方言：鱼龙混杂的意思），参加的人要有一定水平，要好好挑选，勿要搞出来让人笑话。"沈天万此言一出，大家都会心大笑起来。

就这样，他们准备甩开膀子大干，来一次集体性的"自我亮相"。

从资料上了解到，肄业于上海美专的沈天万，是上世纪六七十年代"地下绘画"的先锋，他从上海美专的留洋归国前辈身上学到了表现派、野兽派技法，更继承了他们的独立意识和自由精神，由此铸成了他自己的思想脊梁。当1950年美专放弃西方现代派，而"一面倒"地推崇苏俄写实教学模式时，沈天万毅然决然退出了艺术院校；当在"文革"中得知虹桥万国公墓里的大理石像碑被一群红卫兵砸毁，又是他趁着夜色，大胆地骑着黄鱼车将残像断碑载回；在砸烂一切"封资修"的特殊年代，他顽强地抛却政治命题，坚持激进思考，继续画着红红的烟蒂、夸张的烟雾、红蓝两色的游鱼、细长尖锐的水果刀、长发披肩的女人以及流露忧郁的眼睛，他的绘画作品与当年的主流美术完全背离，但他不惮被人视作另类。

而十二人中的陈巨源，也是资本家的后代，早期创作热衷于后印象派和表现派，他的一幅《花房》，将透过玻璃天窗的阳光以及花草描绘得生机盎然，又全然不是根据对象描摹，带有鲜明的主观色彩。当年的钱培琛、徐思基，作品也洋溢着前卫意识，他们借鉴了西方现代主义，又表现出天生的粗野和奔放，作品透露出狂野之徒的激情和率性。

几位策划人对于自己办展跃跃欲试，反复讨论场地等问题。

美术馆、博物馆等大雅之堂是轮不到他们去办展的，他们考虑场地时首先想到的是公园、文化馆、工人俱乐部等。但公园好吗？是不是显得太随便了点？文化馆、工人俱乐部行不行？噢，那里办展也是要上级批准的。看来只能委屈一点，先在公园上动动脑筋。

没过几天，钱培琛和徐思基联系了坐落在控江路、周家嘴路口的和平公园。他俩跟那里的美工是好朋友。大伙儿约好去现场考察考察。他们在公园里逛了一大圈，笼子里老虎啊、狗熊啊颇有玩趣，但大伙儿的心思都在举办美术展览的场地上，转来转去，几个人都意兴阑珊，因为和平公园里面实在没有像样的展览场所，何况地点离市中心太远。

在继续寻找办展场地的过程中，参展的阵容不断扩大，韩柏友、黄阿忠、郭润林等纷纷加入。沈天万老谋深算，想到搞这样的自由化展览，最好也有一两个既有公职身份、最好还是党员的画家参加，但这样的体制内画家不能热衷于主题创作，否则荒腔走板，整个调性就全变了。他提出孔柏基最合适，大家一听，连连叫好。高高大大的孔柏基，当年在绘画的江湖上颇有名气，他敢于创新，在宣纸上进行油画棒创作，让许多人眼前一亮。孔柏基时任上海戏剧学院舞美系党总支书记，又曾经是上海美协党组成员，真正合适呀。一行人找到孔柏基，孔柏基一口答应，还热情推荐了他们学院一位很有实力的青年画家陈钧德。

陈巨源有个画友，叫罗步臻，是黄浦区少年宫美术老师。陈巨源邀请罗步臻参展并希望他说服少年宫党支部书记支持他们办展，罗步臻很快给了回音：场地搞定，书记同意。他还推荐了好友王健尔——山水名家陆俨少的弟子。场地消息传来后，大家欢欣雀跃，几个主要倡议人内心也暗暗钦佩少年宫的支部书记：毕竟，他们商议拿出的展品在当年的语境下完全属于"资产阶级艺术"，是被美术家协会排斥在门外的。

此时，进入画展策划者视野的画家越来越多，上海藏龙卧虎，确实还有不少跟他们一路的狂热画家。但最后大家商议决定,人数就控制在十二个人。这十二个人齐聚一起,也就是在沈天万家。对于取什么展名,大伙儿借鉴"库尔贝落选画展"、"俄罗斯巡回画展"等,也七嘴八舌,提出了不少名字,争论热烈。最终,有人提出:就叫"十二人画展"吧,简约大气。众人一听,交口称赞。他们甚至对展厅格局也进行了充分而具体的讨论,结果是:在少年宫宽敞的大厅里置放一个硕大的 X 型隔板,这样,八个展面可以悬挂八位画家的作品,剩下的四位画家,都是画油画的,有的尺幅也比较大,更适合安排在几面墙壁上。大伙儿民主地协商好布展方案,然后又就海报设计、请柬印发、画展前言畅所欲言。

身材矮矮、壮实的郭润林,彼时是上海无线电四厂美工,他擅长画水彩,也懂得玩照相制作、丝网印刷等;在五金厂工作的陈巨源也是印刷方面的内行,他俩配合非常默契,而其他一些画家也一起帮忙,人人动手,运用颜料和白胶印制了一批海报。一连几个夜晚,他们卷起海报,拎着糨糊桶,趁着夜色分头骑自行车外出,将海报张贴在繁华路段的公告栏或墙面上。 他们一边贴一边自嘲:"怎么跟地下党贴革命标语一样。"不知谁神通广大,居然在《文汇报》上刊出了一则画展消息,这一来,影响更大了!

冲破禁锢

1979 年 1 月 27 日,大年三十。正是大批在外地工作的上海籍人士潮水般返沪团聚的日子。上海中国画院也利用这一时机举办了一年一度的"迎春画展"。无意间,官方主办的画展与民间自办的画展形成了擂台,一边是观者寥寥,另一边则门庭若市、人头攒动。被禁锢已久的现代主义艺术作品被配上崭新的画框,悬挂于四壁。或许是海报宣传和《文汇报》刊载的消息起了作用，观众奔走相告，又从四面八方涌到黄浦区少年宫一睹为快。自掏腰包买票进场的人们，一边听着柴可夫斯基钢琴协奏曲的背景音乐，一边看着诗一般的前言。

这不就是一场"精神解放"的绘画展吗？众人无不被前言感染着——

　　严酷的冰封正在消融 / 艺术之春开始降临大地 / 战胜了死亡的威胁 / 百花终于齐放

　　从密封固锁中解脱出来 / 沐浴在灿烂的阳光下 / 呼吸着清新的空气 / 我们的艺术生命复活了 / 每一个艺术家有权选择 / 艺术创作的表现形式 / 有权表现 / 自己深深眷恋的题材内容 / 把灵魂融化进去 / 使艺术之树常青 / 旧时代过去了 / 新时代已在召唤 / 我们将努力创作 / 为中国文学艺术的全面繁荣 / 做出我们应有的贡献

发自这一群边缘画家的"肺腑之声"，与他们大胆探索、不畏争鸣的绘画，像一道道雷电刺破了美术界沉闷的天空。展出的150余幅作品，有中国画、油画、水彩画、水粉画、油画棒画等画种，内容包括山水、花卉、风景、静物、古代仕女、戏曲人物等。最让人激动的是，作品里表现的几乎都是一个清晰的"我"，真实的、个人的趣味和审美，而不是人们早已厌烦的"高产田"、"大炼钢"等主题的绘画。这群人的题材和画法，对那些熟悉西方现代艺术的观摩者而言，睽违太久，让人充满了久别重逢的喜悦；但更多年轻观众从小到大根本不知道世界上还有如此色彩斑斓、直抵人心的绘画，他们大梦初醒：原来绘画可以畅快淋漓地表现"自我"，可以与宏大主题无关。他们的目光、心灵，被一种自我解放的精神牢牢地俘获了。其实，这是长期压制"个人绘画"的社会情绪的爆发。

展厅现场，孔柏基、沈天万、钱培琛等像是"英雄"，身边围聚的大量男女老少，不断地向他们问这问那。而画家们热情地、不厌其烦地给一批又一批观众讲述他们的艺术观念和创作心得。陈钧德、陈巨源、陈巨洪等静静地躲在一边，津津有味地观察观众脸上的表情变化。

此次"十二人画展"，陈钧德没有拿出他在现代主义风格里走得很远的极端作品，只是展出较温和的印象派作品《没有普希金铜像的街》，却赢得了许多人的强烈共鸣。钱培琛的《不夜城》和《女人体》，也是舆论关注的焦点之一，《不夜城》有野兽派、抽象派意味，将苏州河夜景的光与影描绘得神秘、怪异，纯粹是个人的"经验之梦"；而《女人体》大胆地、赤裸裸地表现了原始魅力，似乎有一股桀骜不驯的意味，未见识过裸体画的观众看呆了！

陈巨洪的《托普的水墨画》、韩柏友的毛笔白描、孔柏基的宣纸油画棒作品……参展画家的各种新奇手法，完全以"个人的声音"，征服了观众。

辗转湖北

周韶华，前辈画家，湖北美协主席，也是个充满激情、勇于创新改革的老干部。他那年春节路过上海，闻讯也去看了展览，结果被深深感染了。很快，湖北美协向画家们发出邀请，希望"十二人画展"在上海结束后移师武汉，继续巡展。

时任北京美协主席的刘迅，也恰巧来上海，去现场看了展览后，无比激动，立即召集在场的几位画家，热情地邀请大家赴北京办展。

"文革"余烬未尽之时，上海"十二人画展"冲破了思想禁锢，创造了历史！

画展举办十天，参观的人潮日久不衰，在预定的闭幕日简直是人山人海。几大本留言簿上，观众写满了热情洋溢的留言，并强烈呼吁"延展"。大伙儿一商量，决定延展一星期。

"十二人画展"准备移师武汉的时候，限于经费，大伙儿再次民主协商，选派了孔柏基、钱培琛、罗步臻、陈巨源四个人去。出发的那天，"十二人画展"的成员悉数到达十六铺码头，无论出征还是留守，所有人都预感到，一个伟大的时代正徐徐展开。

钱培琛和其他三位画家，乘坐"东方红"号客轮从上海去武汉。长江航行约需几十个小时。他们兴奋地伫立在客轮甲板上，凭栏眺望水面波涛闪烁的暮色，热烈地聊着上海展览上的趣闻，他们对武汉巡展将再一次赢得欢呼，毫不怀疑，信心满满。

一路上，他们有着说不完的话题，喝不完的酒，笑声撒满了长江沿途。

果不其然，在武汉中山公园，"十二人画展"再次引发万人空巷。蜂拥而至的观众，几乎将展厅挤得水泄不通。四位画家在现场滔滔不绝，为川流不息的观众讲解自己的创作。当地的报纸热情洋溢给予图文报道，而当年全国唯一的美术专业杂志《美术》，也派了编辑栗宪庭全程跟踪采访。栗宪庭十分敬业，抓紧每一个空隙采访上海来的画家，每次都聊得细致而深入。后来在《美术》杂志上，栗宪庭这样评论：

> "十二人画展"使中国早期现代主义的实验运动，由社会的潜流变成了显流。这个展览成为"文革"后对现代主义艺术探索的出发点。

趁着办展期间的空隙，钱培琛与陈巨源相约乘船逆流而上，从武汉去了重庆万县。

沿着蜿蜒伸展的长江，他俩览尽了美妙的三峡，也尽情交流了绘画心得。兴之所至，两个绘画疯子尽显风流本色：陈巨源在甲板上，一手拿着酒瓶，一手拿着画笔，边喝老酒边画水彩。钱培琛呢，拿手的是画水粉风景，一样面对风景，他画起来比陈巨源更快。

围聚在他俩身后的乘客目睹了他们的才情勃发，啧啧称赞不已！

抵达万县，他们尽情地感受那里的淳朴民风。不期然还遇到了上海戏剧学院的画家李山，他们围绕着现代主义艺术热烈切磋，彼此惺惺相惜。那一次邂逅，李山给钱培琛留下了极深的印象：这个东北来的画家，粗中有细，想法奇特而刺激，艺术能量不可估量。

万县之行，深深地刻印在了钱培琛的记忆里。

悲欢离合

出国，出国

从武汉载誉回沪，钱培琛处于高度的亢奋中。

绘画，绘画，绘画，他满脑子想的都是这些，渴望画出更多更棒的作品。

对于学校的教学任务，他越来越显得意兴阑珊。

人生似乎走到了十字路口：要么继续做数学老师，业余画画；要么干脆辞职，专注于画画。正当他犹豫不决的时候，有一天，从未敢想的机遇从天而降。

他收到一封香港亲戚的来信。信中问钱培琛：你愿意出国深造吗？

原来，尽管台湾海峡两岸三十年不通邮、不通航，然而父母和钱培琛无时无刻不在思念着对方。钱培琛的妈妈将备受煎熬的相思之苦无意间倾吐给了闺蜜，不料，从台湾移居美国、定居在与纽约一河之隔的新泽西的闺蜜，主动对钱培琛的妈妈说，你认了我的孩子做"干儿子"，你的儿子钱培琛不也是我的"干儿子"？我愿意做经济担保，帮他联系美国的语言学校读书；钱培琛从上海飞往美国之前，先在香港逗留几天，这样你们母子俩不就能了却相思之苦了？

钱妈妈一听，连连为这个主意叫好，还赶紧通知香港亲戚，并来信与钱培琛商量。

钱培琛收阅来信，顿时悲喜交加。自己阔别父母三十年，多少次自己默默地泪洒枕巾，而今，年逾不惑了，不仅能与父母、兄弟在香港团聚，而且还能去美国开始全新的生活。

扪心自问，他突然意识到，是老天引导自己告别教职，去追寻绘画梦想。

美国，美国是怎样的国度？它有怎样的博物馆、美术馆，自己能找到自由呼吸的环境开始艺术旅程吗？说实在的，彼时的钱培琛，对美国毫不了解！

20世纪80年代初，内地刚刚告别"文革"和闭关自守。

人人渴望摆脱桎梏，像风一样自由，像鸟一般飞翔，但对于普通的中学教师钱培琛而言，美国、英国、法国、日本，仅仅是停留在新闻报道里的字眼。他对美国的印象，来自抗美援朝时期中国人民志愿军的对立面：身穿美式制服的军人、麦克阿瑟将军、美式降落伞，以及1972年尼克松飞越重洋与周恩来总理亲切握手、在上海锦江饭店签订了《中美联合公报》的新闻。再细致一点，似乎"可口可乐"，或者旧上海别克牌轿车，也代表着美国。至于美国的当代艺术，在世界上玩得震天动地的杜尚啊、波洛克啊、安迪·沃霍尔啊，他一概不知！

彼时，随着中国恢复了向美国公派留学生，美国高校开始向中国留学生提供奖学金，一时间，想出国的人如决堤的海水，形成了出国风潮，"出国深造"，突然变得充满吸引力。但那时真正能去成的，是少之又少的高校学霸，以及家庭有海外关系的青年人。几十年来带有贬义的"海外关系"，一夜间也成了众人艳羡的香饽饽。有的人为了从茫茫人海里捕捞一点儿海外关系，天天混迹涉外酒店的大堂或咖啡馆，一边装模作样地坐在那里看报，一边用眼角的余光搜寻着"钓鱼"目标；有的人则经常流连在外滩江堤，一看到身边路过的高鼻子蓝眼睛，便热情主动地凑上去帮人拍照，用生硬的洋泾浜英语攀谈。那时不少出国留学的人，他们的海外"经济担保人"便是通过千奇百怪的"邂逅"和"搭讪"攀上的。

此时的中年钱培琛，日子过得平平淡淡，不好不坏。

他每月工资为 65 元，妻子的是 53 元，全家四口人，相比其他人家，生活水平属于中等，一家人住在北京东路 728 号的三层阁楼上，相比现在远远称不上宽敞，但在当年也算条件不错，算是住在"上只角"了。从他家步行五六分钟，穿过两个红绿灯路口，便踏入了闻名全国的"中华第一商业街"南京东路了，而走到外滩海关钟楼、船来船往的外滩长堤，也不过十几分钟。生活相当稳定。但自从接到香港来信，他还是毫不犹豫决定"出去看看"！

去香港与父母团聚，毫无疑问是他的第一愿望。

去"外面的世界"闯荡，也点燃了他对未来全新生活的渴望。

尽管对海外生存法一无所知，他却从来不缺冒险精神。在内心点燃的两个欲念，经过社会大环境的炙烤，很快蔓延开来。"我也要出去闯！"——这在他的内心变成了烈焰，天天主宰了他的全部思绪。他给香港亲戚回信，让亲戚转告妈妈：

> 我无时无刻不想着跟您见面。赴美读书是一条路，再难我也愿意去闯一闯。

顺理成章，妈妈很快与新泽西的阿姨商量好了一切。

阿姨替钱培琛从纽约语言学校拿来一张"I-20"表。钱培琛收到后，连忙请人帮助翻译、填写、拍摄照片等。钱培琛虽然是全日制大学本科毕业，能回到母校开具念书期间的成绩单，但他没考过托福，这样的情况，需要更多的"经济担保费"，这也没难倒妈妈，她很快给新泽西的阿姨汇去了担保所缺的余额。一年多后，看似比登天还难的烦琐手续，包括签证，都一一办妥。钱培琛终于可以走出国门，去看看世界了！

阔别重逢

那一阵子，钱培琛的兴奋劲儿甭提有多高了。

有一天，画友们聚集在钱培琛家写生，钱培琛按捺不住喜悦，高兴地宣布：

"各位，这是我最后一次跟大家画画了。我马上就要出国了！"

"天哪，去美国？"画友们眼睛都睁大了，每个人的心理反应都显示在他们的脸上。有的心生羡慕：这家伙四十出头了，居然等来了出国的好运。也有的暗暗嘀咕，瞧他得意的模样，行将投奔"敌国"——资本主义国家纸醉金迷，谁去了都会变色，会腐朽。

每个人眼里的美国，都不一样，但羡慕嫉妒恨，是差不多的！

随着预定的出国日期越来越近，父母思念儿子越来越迫切，不断来信嘱咐这，嘱咐那。

漫长的三十多年里，父母无数次梦见自己的大儿子，记忆里的钱培琛，还是他们当年离开舟山那一刻的小小少年模样，还是海岛上无忧无虑、少不更事的男孩。

钱培琛呢，去商店买了两只最大号、看起来土里土气的"蛇皮袋"，天天在家里挥汗如雨，整理着行李。自己这一去，会在美国住很久，需要携带的东西太多太多！

更让他恋恋不舍的，是家，一个其乐融融的家。自从与妻子结婚，他就发誓不再与家人分离，绝不再让自己小时候那种骨肉分离的痛苦一幕重演，谁料，命运弄人，他第一次将与妻子长久分别，也将与12岁的大女儿皓皓和9岁的小女儿恩丹长久分别。

他时常目不转睛地凝望着妻子和女儿，眼神里流露出心情的复杂。

妻子一眼看懂了钱培琛的复杂心思。她也不想一家人天各一方，但她也是大户人家出身，对钱培琛闯荡世界，她非常支持，也理解钱培琛这一去，对他、对全家，意味着什么。

再不确定的未来，也不得不去面对。当年的中国，谁都想出国，哪怕是玻利维亚、巴西、阿根廷，也义无反顾。因为太想改变了，改变封闭而压抑的生活。

1981年10月，钱培琛铭记着这个时间：第一次坐飞机，第一次出境。

街面和弄堂里，随处可见阳光下的"万国旗"飘飘扬扬，以及"实行计划生育是我国的一项基本国策"、"控制人口数量、提高人口素质"等宣传标语。钱培琛告别上海时的印象，就定格在这样一幅日常的图景里。日后他身处纽约、思念故乡之时，这幅图景便反复出现在他的脑海中！

越过罗湖桥

钱培琛身穿浅咖啡色西服，白衬衫上系着深灰色的真丝领带，喜气洋洋。

从虹桥机场乘飞机去往广州，妻子、女儿以及好朋友徐思基等都到机场送行。

而到了广州，舅舅的女儿，也就是钱培琛的表妹，专程从香港赶到白云机场迎接，然后陪钱培琛一起从广州乘火车去深圳。当他们一路颠簸，到达了罗湖桥后，表妹意味深长地对他说："阿哥，侬等一歇就过海关了，这下一脚踏进英国殖民地，就是资本主义社会了！"

英国殖民地？资本主义社会？只是在教科书上读到过的熟悉又陌生的词汇，马上要亲眼见到了，他顿时因好奇而激动，迫不及待想办妥过关手续，见到阔别已久的父母！

谁料，在罗湖桥过关，手续"非常烦琐"。当时的香港海关，对所有从香港过境的"内地人"，抱以很大的偏见，以为他们都想非法滞留。钱培琛与内地客流经过关卡时，很快被引进一间闷热的屋子，里面密密麻麻坐满了等候"谈话"的人。

天哪，要等多久才能轮到我呢？他无法预料，觉得度日如年，十分难熬。

一等就等了十多个小时，腿脚和脖颈变麻木了，才轮到了钱培琛。

主问者操着带浓重香港口音的普通话，问了一堆"五花八门"的问题：

你从事什么职业？ /是中共党员吗？ /你结婚了吗？有几个孩子？ /你怎么看待鲁迅？ /你印象中最近一次"发大水"是什么时候？什么地方？你怎么看？ /你做过军人吗？对参军有什么看法？ /你每月的收入多少？通常有哪些开支？ /你为何要入境香港？准备待几天？

有些问题与自己过境香港有关，但更多的问题简直"莫名其妙"！

问的人很有耐心，东扯西扯，什么都问。钱培琛实在吃不准对方"葫芦里卖的什么药"，但也不敢发作。毕竟，自己能不能很快与父母相聚，决定权在这帮人手里。他从香港人的表情上、口气里，切身感受到港人对内地去的人不信任、不欢迎。

等所有问题聊完走出小屋，外面的天色早已黑了。

早已等得无比心焦的表妹，连忙带着钱培琛坐上出租车，归心似箭。

一路上，钱培琛却睁大了眼睛拼命朝窗外看，觉得不可思议。原来，资本主义香港是这样的灯红酒绿！当年的上海，是中国内地最繁华的都市了，所有高楼只是南京西路上的国际饭店、外白渡桥边的上海大厦、外滩沿线的万国建筑等，而一到晚上八九点，街上就暗簇簇了，但这一年钱培琛初次看到的香港，摩天高楼森林般矗立，一路上车水马龙，两边的建筑灯光以及商店霓虹灯照得他几乎睁不开眼睛……上海与香港，真是完全不同的两个世界啊！

进了表妹家，钱培琛一眼就认出了母亲。

母亲两鬓灰白，岁月在她的额头、眼角刻下了深深的皱纹。

"姆妈——"钱培琛与母亲终于相聚，彼此积攒了三十年的渴念、委屈、痛苦等，瞬间全都化为决堤的泪水。钱培琛张开双臂紧紧拥抱母亲的身体，怎么也抑制不住，号啕大哭。哭啊哭啊哭啊，那一刻，什么语言都不足以表达自己的情感，只有尽情地哭，才能释放自己的久已积聚的复杂感受。见此情景，舅舅、舅妈、表妹等站在一旁，也个个泪雨如注。

一阵大哭过后，母子俩内心的万丈浪涛才得以渐渐平复。

当天夜里，母子二人有着说不完的话，尤其母亲，对于自己与丈夫远赴台湾后，钱培琛和奶奶如何度过艰难的日子，又如何寄居上海姑妈家，从初中、高中、大学，一路踏上社会，包括结婚、生育，她事无巨细，样样问得非常仔细。显然，暌违三十年，彼此情感的空缺犹如巨大的深坑，即便不睡觉，几天几夜也填不平这个深坑，诉说不完彼此的心声。

母亲当即吩咐表妹，第二天就去出入境管理中心为钱培琛申办延期逗留手续。

好不容易来到香港，钱培琛与后来赶到的父亲、弟弟又相逢了。

一样是泣不成声的拥抱，内心的起伏显然平缓了许多。

弟弟检查了钱培琛准备带到美国的行李，一看是两只简单土气的"蛇皮袋"，感到非常可笑，却不好意思直接说出，从"蛇皮袋"上，他看出哥哥在上海的日子想必颇为艰辛。其实，细心的父母早就考虑到这些，在香港为钱培琛购置了两只崭新的航空大旅行箱，往里面塞了满满一箱子、足够春夏秋冬置换的衣物，还有台湾制造的"大同牌"电饭煲、烹制红烧肉的食用调料等，凡是能够想到的东西，都替他一一备好了。

骨肉再不舍，在相聚九天后，也不得不再次挥手道别。

在启德机场，当钱培琛与父母、弟弟、舅舅、舅妈、表妹等一行拥抱作别，他情不自禁又哭成了泪人。登上从香港飞往纽约的波音飞机，他瞬间觉得，整个人"完全空了"！

机舱里，乘客寥寥，显得空空荡荡，而钱培琛的内心更感到空虚。

飞机在茫茫云海里穿行，钱培琛微闭眼睛想睡一会儿，却怎么也睡不着，心里也茫茫然。

望着左邻右舍的高鼻子蓝眼睛，或黑皮肤黑卷发，望着来来往往穿行的空嫂空少，他无法跟任何人交流。他是不折不扣的"英语盲"，学校里学过的英语单词全忘了，牢牢记得的是教科书里的一句英语口号："Long long live Chairman Mao（毛主席万岁）！"

飞机上如此窘迫，下了飞机不也一样？

念及此，他的心悬在万米高空，深深担忧着"明天"！

第九章 | **花花世界**

举目无亲

飞机接近肯尼迪国际机场、还在纽约上空盘旋的那一刻，舷窗边的钱培琛睁大了眼睛。

万里晴空下，鸟瞰机下这座国际大都市，纵横交错的道路、星罗棋布的湖泊、密密麻麻的建筑以及川流不息的车流，构成了一幅充满动感的立体画，颠覆了他之前苍白的想象。

一踏入航站楼，初来乍到的钱培琛感叹，简直太宏大了，比当年虹桥机场的规模要大好几倍。庞大的现代化机场里，人来人往，熙熙攘攘，映衬着他内心的孤独。

小时候的课本里，他开始接触且印象极深、对英美国家的评价词语之一，是"万恶的资本主义"，眼前的情景，把他的旧有印象洗刷一新。

依次排队过海关，去转盘处拿行李，钱培琛忍不住打量四周的"纽约客"，他们肤色各异，有黑有白，有黄有褐；他们的衣着自由随意，很少穿正装、系领带，但个个充满自信，甚至显出趾高气扬、目中无人的高冷模样，再看看自己的装扮，他忽然有点自惭形秽！

我是谁？我是谁？我是谁？

他有一种"找不到北"的惶惑。

置身陌生的国度，语言、人种、贫富、文化等差异一下子显露无遗。

他想到，小时候在街上遇见外国人，孩子们总是充满好奇地追随在他们身后，今天，自己居然成了纽约人眼里的"老外"。不过，纽约人见怪不怪，到处都是来自世界各个旮旯的异乡人，无论你衣冠楚楚，还是脏了吧唧，没有人在意你，或者说，它很包容，像无边无际的海洋，富人穷人，白人有色人，谁对谁也不会多看一眼，人人脚步匆匆。

他还将心比心，举目无亲的中国留学生，如果第一次踏入这样的人流，是多么渴望遇到熟悉的面孔，得到指点或帮助啊。幸亏，母亲联系安排了新泽西阿姨和她的儿子接机。

人生地不熟，加上语言陌生，做什么都如履薄冰。

由于阿姨和她儿子晚到了几分钟，当一个非洲裔青年径直朝着钱培琛走来，叽里咕噜表达着帮助推行李时，钱培琛心里不禁害怕，头一次与非洲裔男人近距离打交道，他担心行李可能会被拐走，又担心有其他意外，结果没走多远就赶紧叫停，立即塞给人家 5 美元。

非洲裔青年惊讶地接过小费，却并没有马上离开的意思。

钱培琛想问："不够吗？"但仅有的几个英语单词卡在喉咙口。

慌乱和尴尬之际，幸亏阿姨和她的儿子出现了。

钱培琛很快坐进了阿姨家的私车。

20 世纪 80 年代初，上海还没有什么私家车，所以钱培琛感到很新鲜。

汽车在纽约道路飞奔的时候，阿姨家的儿子有意往纽约城里绕了一下，让钱培琛看看纽约的繁华街道。一驶进纽约城，他顿时感觉纽约比当年的上海更洋气。车窗外，一幢幢摩天大楼完全超越了外滩万国建筑，钢铁与玻璃构成的现代感，上海还没有！沿途还看到一座座连接河两岸的桥梁，道路上潮水般的汽车，街边的栏杆和电话亭等，都是钢铁时代的产物，"纽约真是聚宝盆啊！"他心里默默想着。

"待会儿经过曼哈顿南端的唐人街，你可以下车看看。"阿姨突然说。

唐人街？汽车七拐八弯，穿过一条条街道后，停在了满眼店铺都是中文招牌的街道，钱培琛下车后环顾四下，心里不免一惊，禁不住问："这是美国吗？""唐人街这么陈旧、肮脏？"

阿姨笑了："美国很先进，但不是样样好得不得了，慢慢你就知道了。"

"噢！"钱培琛头一天即感受到美国的贫富两极，不由若有所思。

阿姨在唐人街的亚洲超市买好东西，趁着汽车还在往新泽西飞奔的途中，继续刚才的话题。她告诉钱培琛，纽约有三处唐人街，最老的是曼哈顿南端这个，以广东、香港来的移民为主。这里的"官方汉语"是粤语，当地华人称之为"唐语"，唐人不说唐语，在他们看来简直是"外星人"，很难立足。还有一个唐人街叫法拉盛，地处纽约的北段，以台湾移民居多，相对曼哈顿唐人街，那里的建筑、道路等设施略新，每到周末人来人往，熙熙攘攘。此外，第三个唐人街坐落在布鲁克林的第八大道，以内地福建一带移民居多，相对前两个，布鲁克林的华人社会更加复杂，治安更差一些……聊着聊着，阿姨家到了。

噢，新泽西郊区，花园洋房，四周围绕着树林和草坪，看起来蛮高级。

听说，美国中产家庭喜欢住在郊区的 Single House（独栋房屋），原来是这样的！

钱培琛觉得，Single House 的确很美，他记牢了这个英语词语。

钱培琛暂时先在阿姨家住下了。给他准备的房间收拾得干干净净，有席梦思床，有沙发和落地台灯。

他原本早就困了，眼皮沉重，可能是时差的缘故，一时难以入睡。

等到阿姨一家休息了，钱培琛却倚靠窗前，仰望着深邃夜空里的满天繁星。

四周多么静谧啊，一点儿市嚣声也没有，隐约传来虫鸣蛙叫。

这里是郊区，却没有田野，而是一栋栋洋房，和一片片草坪、花园。

他想起中国，想起上海，地球的这一半距离那一半，多么遥远！这里的白天是那里的黑夜，完全两个世界。人的命运真是难以捉摸，自己孩提时代在舟山群岛，怎么也不会想到会去上海，而在上海住了那么久，从来没想到有朝一日会来到美国，在闻所未闻的新泽西郊外住下。自由到底是什么？未来生活将会怎样？他思绪万千。

自己孤身一人，靠什么立足呢？横在他面前的障碍物首先是语言，对，语言！

有朋友说过："在美国，对华人而言，英语水平高低，决定了事业空间的大小。"说得对啊。上床后，他就暗暗下定决心，从明天起发愤学英语，学《英语900句》。

第二天早上，他自动就醒了。热心的阿姨亲自下厨，替他准备了丰盛的早餐。

他心头一热。异国他乡，有这样一个温暖的开始，算不算幸福呢？

事后，在纽约接触了更多的华人留学生，钱培琛才恍然，自己多么幸运！

原来，当时中国留学生赴美，通常随身携带不过50美元。50美元什么概念？一个留学生飞抵纽约机场后，乘出租车去任何旅馆，大致需要花掉20美元左右；在纽约廉价旅馆歇歇脚住一晚，也要花费20美元。20世纪80年代初，从内地去美国的一代留学生，幸与不幸都与"穷"捆绑着，国家积贫积弱，折射在他们身上，从登陆异国他乡的第一天起，像电视剧《北京人在纽约》里的王启明那样，在简陋的地下室扔下行李，就要想方设法找个饭店洗碗什么的。

置身于拮据中的那种无助和惶惑，今天的留学生们无法想象。

在机场，那些没人接的留学生更是一肚子心酸，囊中羞涩，语言也不利索，自己费劲地寻找指示牌，依靠蹩脚的英语和双手比画，好不容易摸索到 TAXI（出租车）停靠站，但一坐上出租车，计价器上数字"噜噜噜"往上蹿的车价显示屏，让他们心跳加快，而再便宜的旅馆费，也会让他们跌入绝望。穷到极点，以前意识里所有的道德准则都会动摇。有个上海赴美的留学生，在一家旅馆住下后，翻来覆去不敢睡着，第二天天未亮，趁着旅店老板还在熟睡，就收拾好行李箱开溜了。当年留学生因为拮据而经历的"黑历史"，听得钱培琛一愣一愣！

钱培琛要再次感激母亲。从香港转道飞往纽约时，母亲悄悄塞给了他一个信封，里面装着 1000 美元，还安排新泽西的阿姨接机，使得他避免了别人经历的种种曲折。

住在新泽西的日子里，他天天享受着阿姨的精心照顾。

等到阿姨和她儿子出门上班，他便自觉地开始做自己的"功课"：拿出卡式盒带录音机和几盒《新概念英语》磁带，放一段，听一段。那时连复读机也没有，只能采取最笨的办法，跟着录音机里的英语磁带，反复地快进或倒后，自己跟着模拟发音。

人过了四十，对语言的理解力比小时候强，记忆力却衰退了。单词啊，句子啊，语法含义很快能理解，可是怎么也记不牢，半天或一天刚过，想记的东西又忘了。还有，独自埋头学语言，没有一个生活场景，枯燥感、瞌睡虫很快接踵而至。为了抵抗枯燥感和困意，他每次都给自己泡一杯浓茶，然后坐到桌子前，继续反复听，大声念，跟傻子一样。

他突然觉得，一把年纪了还学新语言，很可怜。就像西西弗斯，不断推着石头上山，石头又不断地滚落下来，周而复始，劳而无功。

一想到这些，他有点儿绝望。在阿姨家，他每天学学、停停，与自己对话。他还体会到，美国的天很蓝，环境很美，生活节奏很慢，很寂寞，很寂寞，无边的寂寞！

人生地不熟，钱培琛想起了陈逸飞。

早在 20 世纪 70 年代，钱培琛就通过赵渭凉认识了二十出头一举成名的陈逸飞。

他对陈逸飞早年与人合作的水粉宣传画《金训华》印象极深。宣传画的主角是一个因跳进洪水抢救国有财产不幸牺牲的插队知青，作品发表在《红旗》杂志后，又被印成了海报被数以万计的工厂、公社、学校、医院、机关、部队张贴，一时间，署名"逸中"的两个青年画家陈逸飞、徐纯中名噪全国。不久陈逸飞入了党，还走上了上海油画雕塑创作室的领导岗位。1972 年，陈逸飞创作了《黄河组画》中的一幅"黄河颂"，在全军美展展出后更受瞩目，报纸杂志上的报道、评论等宣传文章铺天盖地。而后，陈逸飞又创作了双连画《红旗》，在 1977 年与魏景山合作创作了《占领总统府》，在 1979 年独自创作了《踱步》。对于这些，钱培琛耳熟能详。陈逸飞将个人融入历史，对民族精神和人文思想的自觉追求，使得他在全国油画界脱颖而出，相比同出师门、注重技艺表现、也沉湎音乐世界的魏景山，以及有着"才子中的才子"之誉的夏葆元，他更受到组织上的器重。

正当陈逸飞越来越红的时候，谁也没有料到，他突然宣布——自费赴美深造，成为内地画家在粉碎"四人帮"后出国留学的"第一人"。熟悉他的人无不叹服于他的天赋以及能力。

事实上，陈逸飞只比钱培琛早几个月到纽约。但毕竟他各方面"路道"更粗，人脉丰富，而且为人热情，待人大方，所以钱培琛在新泽西拨出的第一个电话，是给陈逸飞的。

"喂，陈逸飞吗？我是钱培琛！"钱培琛听到陈逸飞的声音，格外兴奋。

"噢，侬好、侬好！侬到美国了吗？"陈逸飞一如既往地热情。

"是呀！"钱培琛说，他向陈逸飞讨教了纽约的情况。那时通话都靠电话座机，远不如今天使用移动手机方便，而且通话质量不是很好，总伴随着一些杂音，但听到陈逸飞介绍了一些情况，还安慰他"慢慢来，一切都会好起来的"，钱培琛心里便感到不那么孤独了。

语言学校

一个月很快过去了，转眼到了语言学校的开学日。

钱培琛从新泽西阿姨家，搬到了纽约皇后区"语言培训学校"附近。

新家租在第92街地铁站附近，是白人区，联排别墅。房东是一个中国人，自己一家住一楼，二楼有四间卧室和两间卫生间，四间卧室分别住着四个单身汉：钱培琛租了一间，另外三个分别是小珠宝商、贸易中介和餐馆打杂工，每个人屋里都很简陋，活像个"男人宿舍"。新泽西的阿姨将钱培琛送到新家，客客气气地就告辞了。

从此，一个人生活！钱培琛斜躺在床上发呆。屋里死一般寂静，远处马路上传来汽车驶过的声音，听起来更增添惆怅。他大约三四个小时一动不动，只是盯着天花板。他想到了"漂游"一词。从上海辗转到香港，又从香港飞到纽约，一路上不断跨越不同的地域，跨越不同的制度和文化。此刻，他与当年初次赴美的许多内地画家、作家、作曲家一样，即便带着一身才情，也不得不领受"漂游"的滋味，感到自己轻如风中的羽毛。

谁不是这样呢？早已在中国出名的人，一踏进人流滚滚的纽约，都是"路人甲"，甚至都如同盲流，一点儿没错——盲流，那时他们太穷太穷，穷得跟"瘪三"差不多。

搬家后的第二天，闹钟一响，钱培琛一骨碌就爬起来了。

在电热杯里烧了一点儿开水，啃了两片面包，他便早早出门，根据事先准备好的"示意图"，找到了"语言培训学校"，办理了注册手续。校方先是给他做了简单的语言测试，或许《英语 900 句》学了管用，测试成绩居然不错，钱培琛被插班安排在第三级的班级。

注册日没有课，钱培琛想到了大都会艺术博物馆，便独自一人边走边问，连说带比画，直奔目标而去。一路上，他反复念叨着一个英语生词："Museum"、"Museum"。

很快，气势恢宏的"Museum"——大都会博物馆，到了！

钱培琛的心荡漾起来。这可是世界一流，与大英博物馆、卢浮宫、艾尔米塔什并列为"四大艺术殿堂"的博物馆啊。庄严的台阶，挺拔的罗马柱，熙熙攘攘的人流，悠然飞翔的和平鸽，如梦如幻的见闻，让愣头愣脑的他热血沸腾。

拾阶而上，步入堂皇的建筑，他感到有点儿晕了，仿佛在梦游。

馆藏的中外古代艺术品，实在太丰富了，从古埃及、两河流域的考古文化遗存，到古希腊、罗马文明，还有中国、日本、韩国、印度的艺术品，琳琅满目，令人眼花缭乱。这些异国的文物，究竟应该归属它们的祖国还是"掠夺者"，真让人心情复杂。特别是埃及文物，如果早年都留在埃及的话，人类还能在今天看到它们的完整模样吗？我看得到吗？他暗暗地想。

钱培琛直奔自己心仪的目的地——印象派绘画馆。

一进馆内，记忆里"躺"在画册里的经典作品，此时此刻大都"竖立"在面前，它们个个被配上镀金的画框，在辉煌的展壁上，朝着过往人群温和地注视着。

钱培琛无比兴奋，瞪大了眼睛，与莫奈、梵高、雷诺阿等一一"打招呼"。

早期的欧洲艺术，与宗教题材形影相随，古典主义绘画也大多表现基督教故事，钱培琛成长在唯物史观的教育下，觉得宗教题材的作品太深奥，深奥得让人却步，他怀着朝圣般的心态端详，却看得飞快。转而走进现代主义展馆，他的步子才慢了下来。

他走到莫奈的油画《教堂》跟前，驻足凝视，他分明记得，原先看廉价印刷品时一直以为，作品里的许多色面是一笔一笔细描出来的，如今拜见了原作才发现，原来莫奈采用了类似中国狂草书法的笔触，是饱蘸着激情刷刷刷地"写"出来的。作品的光影也表达得异常生动，不同日照下的色彩，表现得质感十足。他是发自肺腑地膜拜莫奈，细细地琢磨着他为何采用这样的笔触或色彩，想表达什么情绪，看着看着，简直忘记了时间！

当然，他也流连于有着故乡文物的中国古代艺术馆。古代石像、敦煌壁画、青花瓷器、铜镜玉佩，远观近看，匠心盎然。他感到有点儿悲伤，老祖宗创造的瑰宝，如果一直留在国内，会不会被可恶的太监、贪官、古董贩子糟蹋了？！

历史无法假设，看到自己国家的文物被精心保管于此，他略有尴尬，也有欣慰。

让他最感讶异的，是美国的当代艺术。在纽约大都会博物馆初次撞见抽象表现主义、波普艺术、极简艺术以及装置艺术等的代表作品，他嘴张得合不拢，内心惊骇。他反复地自问——

艺术可以这样玩？！艺术可以这样玩？！

是啊，在纽约，在美国，当代艺术就是这样玩的！

开放和自由，在当代艺术上，在思想观念上，表现得如此淋漓尽致。

庄重而辉煌的艺术殿堂里，什么标新立异的艺术都有一席之地，奇奇怪怪，让他大呼"见识了"！

20世纪80年代初期，国内哪里看得到这些"荒诞不羁"的艺术？这里呢，没有最离奇，只有更离奇，使得他领略了国内见所未见、闻所未闻的前沿艺术，受到了暴风雨般的观念冲击。

"值了！值了！"当钱培琛在闭馆前依依不舍地道别，他感慨：单单冲着纽约有大都会博物馆、有现代艺术博物馆，自己不远万里来到这儿学习，吃再多的苦也值了。

自那以后，他一有空就往大都会博物馆、现代艺术博物馆跑。他喜欢一个人去，或静静观察、细致琢磨大师原作，或伫立现场忘情地临摹。博物馆、美术馆好比是一片片艺术社区，哪一堵墙住着莫奈，哪一堵墙住着梵高，甚至每一层厕所的方位在哪儿，他都如数家珍，因为每个角落都去了无数遍，也为朋友做过多次免费导游！

最初的语言学习，可谓平淡无奇。

学校坐落在大名鼎鼎的联合国大厦附近，建筑有点旧，但教室窗明几净。从住处去学校，不算太远，钱培琛每天早上坐地铁去，也就几站路程。

语言班也是小小"联合国"，同学来自各个国家，肤色五花八门，都很年轻。

钱培琛深知，语言，是立足异国的首要工具。如果无法与人沟通，无异于聋子哑巴。

为此，他制订了明确的学习计划，全部身心扑在语言学习上。他渴望能尽快听懂老外的"唧唧歪歪"，打算每天背熟50个单词。班级的教学进度飞快，每天的单词量大得惊人，黑板上的一行行句子如天书一般无法理解，即便如此，他也拼着老命去啃。

要说有什么波折，还是发生在人与人之间。有人的地方，冲突就难免！

他所租住的"男人宿舍"，起初风平浪静。白天，人人忙着学习和生计，在外奔波，屋里静悄悄的；傍晚，倦鸟归巢，个个回来了，抬头不见低头见，彼此倒也客客气气。

但由于文化背景不同，生活观念存在差异，"男人宿舍"不久就发生了冲突。

原来，从台湾来的租客，在公用的卫生间放了一只竹篓子，其他人都知道，是用来洗澡后放替换下的衣物的。钱培琛不懂，以为是扔垃圾的，于是将自己房间的废弃饮料罐啊、废报纸啊，一股脑儿都丢了进去，等到晚上台湾房客回来，他就哇啦哇啦大叫起来："谁这么恶毒？！一点儿也不讲道德，居然把垃圾扔进我的衣服篓子？"

"衣服篓子？"钱培琛很意外。他走出自己的卧室，大大方方承认："是我扔的垃圾，我以为公共卫生间里放着这个篓子，是用来扔垃圾的！抱歉抱歉！"

"哼。"看到钱培琛坦然认错，台湾房客不好意思再发作，但随即向房东告状，指责大陆人"真不懂事"！经过房东一番安慰，台湾房客总算消停，还将篓子拿进了自己的房间。

从此大家形同陌路。过了好久，彼此才渐渐弥合嫌隙，重新打起了招呼。

苦读语言的日子里，钱培琛真心感到累。他还在师范学院念书的时候，英语成绩倒也不错，毕业后的十七年里却几乎没碰。所以即便从第三级开始补习，也时常感觉艰涩。

他一个劲儿地扑在英语补习上，恨不能一口吃成个胖子，无奈语言属于需要积累、注重应用的学科，恶补根本无济于事，这让他心情异常沉重，日子变得十分阴郁。

他试图深入美国人的生活，去白人的店铺逛逛，去人多的咖啡馆竖起耳朵多听听，几乎没啥成效，自己也显得傻乎乎的，恶劣的情绪，只有回到画布前，才得以融化和舒缓。

渐渐地，他对英语补习兴味趋弱，越来越感到，有一位老画家的话是对的。老画家说：

> 一个华人画家在纽约，不必将全部精力花在英语上。语言只是交流的工具，更重要的事情还是拿起画笔不断地画，这样才不会迷失自己。画家的存在感和价值，只在于绘画。

是啊。钱培琛认为老画家说得很实在，他也打算"妥协"了，掉转方向，将主要精力用于绘画，那才是真正的自己——我是画家，理应绘画第一，学英语第二！

这么一想开了，仿佛阴霾被驱散，生活很快恢复了斑斓的色彩。

一个人过日子，做饭、洗衣、叠被、整理房间，一切一切，越简单越好。更多的时间，他忘我地投入到绘画活动中，或画画，或读画册，或去博物馆，日子紧张而充实。

转学"联盟"

钱培琛赴美，曾帮助上海一个熟人捎带东西到纽约。

纽约姓陈的朋友来取件时，告诉钱培琛，自己是个雕塑家，为了获得一个合法身份在纽约待下去，便在"纽约艺术学生联盟"继续深造。

"纽约艺术学生联盟"是什么组织？钱培琛闻所未闻。一攀谈，方知这是一所艺术学府。小陈得知钱培琛是个画家，便竭力主张钱培琛从语言学校转入他正在学习的"纽约艺术学生联盟"，一来，学校也能像语言学校给中国学生发放"I-20"表，使得钱培琛有个合法留在纽约的身份，二来专业进修也一举解决了，毕竟学绘画才是钱培琛的志趣所在。

钱培琛一听，感激不已。也由衷感叹，一个人做好事（给人捎带东西），并没有抱着任何功利目的，纯粹给上海的老熟人帮点儿忙，不经意间，却得到了生活转轨的指点。

在新朋友指引下，钱培琛带着自己的几幅绘画作品去"纽约艺术学生联盟"申请入学，老天开眼，来纽约不足半年，他便在偌大的人海里，找到了自己的"组织"！

"纽约艺术学生联盟"，英文全称为 Art Students League of New York，坐落在纽约曼哈顿第七大道第 57 街。它是个历史悠久的老牌名校。美国现代艺术的祖母级实力派偶像乔治娅·奥基弗（Georgia O'Keeffe）就毕业于此。按照中国人的办学观念，或许这所学校属于民办的"野路子"，因为它没有严格的学期规制，也没有年龄限制等，学费低廉，注册成功就能获得 F1 留学生签证。你若愿意学，学制一年还是十年，悉听尊便，只要你有一颗爱艺术的心。学习期间，你可以根据"联盟"老师的教学特色，自主选择课程和班级，出勤满四年可以拿到毕业证书，但这所学校的毕业证书没有学分记录和学位证明。恰恰，这正是学校的奇特价值所在。

它最初是从"古董型"的传统美术学院分离出来的，原本完全可以走向日常的学历制，但人家不稀罕常规道路，转而高举独立、自由的旗帜，探索创办一种完全弹性化的、符合艺术学生特点的现代教育模式。它从 20 世纪 50 年代开始，激进得更加纯粹，新思想、新人物层出不穷，成为当代艺术的大本营，或者说是"黄埔军校"。它是罕有的"怪学校"，上至校长下到校工，人人是画家或艺术粉丝；地处昂贵地段的维多利亚式白色建筑里，充盈着艺术自由的气息。

这所"怪学校",培养出了完全摆脱"欧洲艺术标准"、属于美国自己的新一代绘画大师,譬如,杰克逊·波洛克、马克·罗斯柯、威廉姆·德·库宁、安迪·沃霍尔等。我查阅到,当年,闻一多在哥伦比亚大学深造期间,也曾流连于这所学校,研习绘画艺术。

上世纪八九十年代,众多中国画家不约而同地选择这所"怪学校",作为自己登陆美利坚的桥头堡。陈丹青、木心、钱培琛、陈逸鸣、张宏图、瞿谷量、顾月华等,先后来到这里,呼吸着美国艺术教育的空气。

北美大叔

国家积贫积弱,还是积富积强,从走出国门的学子身上可以窥见一斑。相比当下中国留学生的阔绰,20世纪80年代留学生的财务状况是非常窘迫的:房租每月150美元左右,生活费约150美元,乘坐地铁、巴士等的通勤费,以及绘画材料费,至少200美元。不管你多节省,在纽约"活着"的刚性成本至少是每月五六百美元。除了极少数人,那时的绝大多数留学生,不得不花大量的时间在课余打工。

钱培琛的情况和大多数留学生类似。幸运的是,他被学校看中,安排他担任一个学习班的"班长",每天帮老师做考勤、收发作业等,这样,全年学费就免了,省下一笔开支。此外,他还在"纽约艺术学生联盟"谋到一份活计:每天上午在校舍里搞清洁卫生,工作4小时,每小时5美元。

兼职搞卫生,也有个"顶头上司",是个波多黎各人。他皮肤黝黑,个头中等,身材很壮,行动矫健,乍一看像个足球运动员,能讲一口带口音的英语和西班牙语。

钱培琛与这位北美大叔碰面后,聊了几回,得知波多黎各地处加勒比海群岛,联想到自己的出生地也在群岛的岛屿上,便有了莫名的亲近感。这位大叔对钱培琛态度蛮和蔼,用很慢的英语嘱咐钱培琛要做的各项工作,内容无非是将各个教室打扫干净,把学生擦拭油画笔的废纸啊、饮料罐啊统统扫除,将散乱的画架靠墙边整齐地排列好,此外,还要清扫楼梯,用半湿的抹布将楼梯扶手擦得一尘不染。事情琐碎,但体力上完全能胜任。

钱培琛与另一个姓张的"联盟"学生每天"对班翻",这样,每月打工挣三四百美元,租房和糊口基本没问题了。那时,钱培琛认识的留学生多数是去餐馆刷盘子或送外卖、去汽车美容铺冲洗汽车,有的留学生在国内已经担任重要乐团的交响乐指挥,到纽约深造时为生计去街头拉小提琴。不管做什么工作,没有人会歧视你,有过农村插队落户经历的留学生,自我调侃道:来美国是"洋插队"。纽约社会,至少表面上,尊重每一个自食其力者。

钱培琛认同,自食其力养活自己,干什么都一样。但内心深处,他也感慨:在国内从来没有干过苦力活的教书匠,在这里却不得不干最底层的活儿。即便如此,他有个顽强的信念,无论端什么饭碗谋生,目标要明确——服务于自己的绘画理想和艺术情怀。

即便每天充当一名清洁工,他骨子里有一种坚守:认定自己是艺术家。有了这样的心态,每天的日子还是蓝色的、清新的。事实上,"联盟"里上至校长、下至普通校工,看待他也带着平等眼光;其他行政管理、财会人员,白天上班各司其职,一到下班时分,立即转而与学生打成一片,在教室里乐呵呵地挥洒着颜料,尽情享受创作的快感。

当校工站到画布前,也能以"画家的心智",表达各自的想法,绝少千篇一律。

难怪,"联盟"里常常出现这样的情景,学生将作品画到一半,会主动邀请正在扫地的钱培琛或其他校工进屋看看自己的习作,真诚地问:"你觉得,我画得怎样?"

蹉跎街头

钱培琛的"联盟"打工生涯，持续了蛮长一段时间，最终却被他毅然放弃了。

因为自由更可贵。而"联盟"的弹性教学，为学生们奔向自由提供了极大便利。

"联盟"里的中国学生，每天到教室门口签到后，或继续待在学校画画，或找个地方抽烟聊天，或干脆外出去街头画肖像。尽管语言不通，生活拮据，有的窘迫如乞丐，但人人像挣脱了羁绊的野马，精神上自由自在。

钱培琛是个"老实头"，他起初安于在波多黎各大叔手下干活，生活蛮有规律。

但渐渐地，他不满足了。毕竟每天要花费不少时间。有一次，他去超市买食品，看到一处角落堆着几摞免费的中文报纸，就带回一份。回家吃晚饭，他就摊开报纸，找到里面密密麻麻的分类广告，查看是否有薪水更高的招工机会。看了半天，都是厨师、水电工、冰箱维修之类的工作，没有适合他的。后来与"联盟"的同学聊起此事，同学指点他：你会画画，去格林尼治村那里画肖像呀，每画一幅黑白肖像赚20美元，画成彩色的再加10美元，碰到运气好的时候，一晚上挣三四百呢！钱培琛一听，一晚可能挣三四百，动心了。

第二天下午，他带着纽约市地图，一个人独自摸索着去格林尼治，想实地看看，白人画家们究竟在怎样的环境下画肖像，这份活计是不是比自己在"联盟"里搞卫生更强。

格林尼治，坐落在纽约市中心的东边。那一带远远望去，就显得繁华喧闹，很像上海四川北路、山阴路的街景。走近了看，酒吧、咖啡馆、剧院、书店、成人用品商店、面包房等布满了街道两边。也有一些酒吧、书店挂着彩虹旗，亚文化气氛非常浓厚，看来是同性恋者神出鬼没的聚集点。钱培琛找到"华盛顿广场"附近的篮球场，发现提供肖像服务的街头画家，既有白人，也有亚裔。趋前仔细观察，他们的绘画水平跟自己不相上下。

一到傍晚时分，可能是下班了，汇集到这里的人越来越多，街市更加热闹了，到了八九点钟，简直是人来人往，川流不息。打听下来，这样的喧闹，常常持续到深夜两三点钟，只要酒吧、咖啡馆、剧院不打烊，街头画肖像的摊前总有络绎不绝的顾客。

钱培琛觉得这活儿自己也能够胜任，回家就开始准备画箱凳子等。

第二天吃完午饭，他早早地赶去，找了个看起来蛮不错的位置，撑开了自己的画架。

怎么也没想到，找他画肖像的顾客真还不少，头一天画肖像，他居然挣了一百多美元，这让他欢喜雀跃："我可以靠绘画养活自己了！"是啊，以前在国内零星卖过作品，但多少有一点碰运气，并没有稳定的绘画收入。如今，靠画肖像赚钱，比在"联盟"搞卫生强多了。

他毅然决定辞去"联盟"的兼职，开始街头画画的生涯。

生活节奏随之改变：每天上午雷打不动，去学校的工作室画画，午饭后则转移"战场"，赶到格林尼治西四街，优哉游哉，做一个专门给路人画肖像的"马路天使"。

不试不知道，试了才知道，有一幅个人肖像画，是人潜在的精神需求，世界各地的人们，内心都想在画纸上看到另一个"自己"，看到艺术家为自己捕捉和提炼的某种气质。他很享受这样的自由：撑开一个画板便能招徕足以糊口的活计，多么自由！

当然，看天吃饭的活计，遇到细雨绵绵或寒冬腊月，便不得不收工。

我查阅到一幅摄自 20 世纪 80 年代的黑白图片。身穿紧身衬衫和牛仔裤的钱培琛，与一群同样是黑头发、黄皮肤的中国画家，坐在街边的折叠椅上，像垂钓客一样，等待着顾客"愿者上钩"。他们全部的"家什"是画箱，里面装着画板夹、铅笔或彩色笔、橡皮等，而在每个画家的身边，都支起了一副画架，上面用文具夹子固定、陈列着大小不一的肖像"样品"。

　　多么有意思的摄影，它浓缩了一段真实的历史！

　　格林尼治西四街，游客多，人气旺，形成了声名远播的肖像绘画特色街。这里原本是白人画家的地盘，随着中国画家越来越多，加上画技好，收费低，黑白的每幅十五美元，彩色的每幅二三十美元，如此价廉画美，很快把白人画家挤走了。

　　街头画肖像，有的人生意好，一个接一个忙不过来，有的则门可罗雀，一天也等不到几个顾客。有个也是从上海去的画家叫李同欣，钱培琛在上海就认识他，他的肖像画最受欢迎，据说靠街头画肖像，他一共买了两栋独立的 House。他的财富故事对中国画家是巨大的鼓舞。

　　陈丹青、夏葆元等都在那里画过。通过琢磨李同欣的速写风格，钱培琛懂得了：肖像画要受欢迎，得揣摩顾客的心思——谁都希望在画纸上有"明星般气质"，所以画家手里的笔，要适当地美化顾客。钱培琛掌握了这个门道，他的生意也越来越好。

　　街头画家里还有邓康以及喋血街头的"坏小子"林琳。这都是后话了。

　　街头画肖像，就像皮鞋厂或服装工厂生产，只要你每天带着画具去，多多少少会有顾客上门。每天赚取二三百美元，给了钱培琛生活很大的保障。然而时间一久，钱培琛自然感到"不满足"了。一天一

128

天累积的"不满足",一点点吞噬了他的心，他越来越意识到，时间像大河东流，一去而不复返，他应该腾出更多的时间，多搞创作。他坚定地认为：

我不是为了画肖像而活着的！

有一天夜晚，他思绪万千，突然被这个念头所俘获。他立刻跳下床，穿着裤衩就跑到一堆作品中翻找，挑出几张自认为满意的，决定第二天暂时停止一次街头肖像劳动，去纽约现代美术馆门口卖自己的作品。何以选择"饭店门口摆粥摊"呢？他猜想，那里的艺术知音会比较多。

翌日上午，他一个人用细绳子收拾了几幅作品，就乘地铁去了现代艺术博物馆。

他刚刚沿着人行道一字型摆出作品，竟然就遇到了"联盟"里一个日本籍同学也来卖画，两人彼此微笑着点点头，井水不犯河水，各自静静地等待自己的买主。

但日本籍同学的到来，给了钱培琛很大的鼓励，因为他知道，这个同学并非经济拮据，他吃饭穿衣等一向显得阔绰的，到街头卖画，只是他观念中觉得"应该这么做"。

这么一想，钱培琛更不觉得有什么"拉不下脸"的，他也平静地，甚至快乐地看着来来往往、形形色色的面孔，他从来也没有体验到，街头观察到的"世界面孔"是最生动、最丰富的。当然，遇到有人驻足看画，他也微笑着看看人家，并不推销。

结果，等到收摊的时候，他卖掉了两幅风景画。尽管收入远不及画肖像来得多，钱培琛却觉得这样的尝试很值得，他内心暗暗决定，要让自己的作品打开局面，而不仅仅是在街头画肖像。

第十章 | # 无尽的迷惘

触摸"当代"

有了街头画肖像的营生，他的生活拮据问题一举解决了。

但艺术上的"贫瘠"，依然困扰着他。

出国前，上海"十二人画展"所展出的现代主义绘画，被媒体赞誉为"先锋"、"前卫"，画家个个受到了"英雄"般的拥戴，但到了纽约，钱培琛一下子"手足无措"了！

在纽约，天上掉下一块砖头，要么砸到银行家，要么砸到艺术家。纽约吸引了全美乃至全世界的艺术家，而自己出国前热衷玩的印象派、野兽派完全落伍了，在这座新崛起的世界艺术之都，现代派艺术被戴上一顶"老艺术"帽子。"新艺术"是什么？——当代艺术！

何为"当代艺术"？钱培琛起初一头雾水。

他在纽约的博物馆里，看到与欧洲印象派大师分享殿堂的美国杰出艺术家，也是从"纽约艺术学生联盟"毕业的波洛克，他的"滴彩画"被奉为当代艺术的高峰。还有安迪·沃霍尔，美国波普艺术教父，他直接将美钞、食品罐头、名人照片等搞成系列丝网印刷，像极了商业招贴，貌似一点儿技术含量也没有，为什么这样的东西也登上了大雅之堂？更离谱的是杜尚，影响力不逊色于毕加索，在一家博物馆陈列了一只成品男用小便池，标题为《泉》。

"纽约艺术学生联盟"里，有个叫达特（Richard Pousette-Dart）的艺术大师，他倡导的自由、独立、标新立异的创作思想，深深地影响了一批又一批学生，也启发和激励了钱培琛。

达特，天生一副北欧人的骨骼，个头高大，白发银髯，两只灰绿的眼珠炯炯有神。他八十岁了，却腰板挺直，看起来特别精神。他每每出现在"联盟"里，总受到艳羡目光的追逐，人们知道他亲身经历了上世纪四五十年代抽象表现主义的风起云涌，与波洛克、罗斯柯、德·库宁等一样闻名，是当年美国仍旧在世的最年轻的大师级艺术家。

钱培琛很自豪地说，他至今保存着达特赠送给他的一幅照片，照片里，意气风发的达特与波洛克、罗斯柯、德·库宁等几位大师亲密合影。

在"联盟"的课堂上，达特生动地向学生介绍，第二次世界大战以后，纽约一批年轻的艺术家寻求着新艺术的方向。他们看到战争导致的满目疮痍，抱着"世界变得疯狂了，变得比战前更为可怕"的想法，试图寻找到"独一无二"、"绝对与过去不同"的表达。他们不愿意再运用什么印象派、表现派、野兽派的手法，去表现轰炸机、原子弹、收音机、谍报机等，他们的绘画思想，本质上是反对战争、呼吁和平的。

听了达特这么一说，钱培琛意识到：原来当代艺术强调艺术态度。

钱培琛迷茫又清醒。自己过去热衷于印象派、野兽派，无意中体现了对"文革"时代"一面倒"推崇主题绘画的反抗，站在了引领中国内地思想解放、冲破思想禁锢的位置，而美国的抽象表现主义、波普运动，是对"一战"、"二战"反思的产物，代表了新一代艺术家的追求。

"那么，美国到底有没有自己的印象派、表现派大师？"

"波洛克、安迪·沃霍尔的绘画，他们的绘画高度在哪里？"

钱培琛曾经抓住机会，向达特抛出一连串问题，而达特两眼盯了钱培琛好一会儿，没有流露任何鄙夷或不耐烦，他欣赏东方学生的认真，耐心告诉他一个看问题的视角或方法。

达特说："梵高、塞尚、莫奈、德加等都画得很棒，是不是？我也认为他们牛，画得很好。他们的绘画，他们的绘画所代表的流派，只是世界艺术领域的风格之一。你喜欢他们，在他们的流派基础上继续研究和创作，反映了你从前接受的美术教育所形成的艺术判断。但是，我建议你也突破以前的审美经验，尝试研究一下波洛克、罗斯柯，或者安迪·沃霍尔，看看他们与欧洲现代主义截然不同的画法、意境，是不是也很有意思。"

达特意味深长地说："中国人有句老话，叫'坐井观天'。中国的文化博大深厚，但时代在发展，不必总是在已经存在很久的老的美术观念里打转转，只看到头上、井口的一小片天空。"他甚至直截了当地指出：

> Mr. Qian，你的印象派风格作品画得很好，好比你在这个房间的席梦思床上睡得很舒服。如果你不想挪一个窝，去别的房间看看，你永远不能体验绘画的另一种可能，另一种景象。

达特的一番话，触及了钱培琛的思想深处！

它如同头脑里的闪电，促使钱培琛看待绘画的眼光渐渐地"不一样了"。

他学会了思考：当代绘画，究竟还有哪些可能性？拿老祖宗讲的"看山是山，看山不是山，看山还是山"来观照当代艺术，他似乎也悟出了什么。

当代艺术，就这样在他的心底埋下了种子。

华人社群

如今上海被称作魔都，在钱培琛看来，当年纽约才是有魔性的大都会。

纽约的魔性体现在哪里？体现在博物馆、美术馆、图书馆、百货商场、专卖店、小店铺、学校、医院、银行等，处处都有让人惊奇的地方，处处是新思想、新观念的舞台。

身为世界首屈一指的国际大都市，纽约在人种构成方面也是极具魅力，欧裔、亚裔、非洲裔、美洲裔，世界上每一个种族的绝对人口在这里都不是小数目。再做细分的话，东欧西欧、东亚西亚、南非北非、南美北美等，还能区分出不同文化、不同历史的民族，林林总总的移民，犬牙交错地活跃于这座繁华城市，其实每个民族又像一座座无形岛屿，相互间存在某种边界。钱培琛的体会是，同为黄皮肤、黑眼睛的台湾人与大陆人，彼此能从对方身上嗅到一种"气味"，在纷杂的人群里自觉聚拢，形成一个华裔社群。

而在华裔社群里，台湾画家与大陆画家情感相依，过从更密。

台湾画家，大多是上世纪六七十年代赴美留学的，这段时期，恰恰是1949年中国大陆与美国停止交往后，大陆赴美留学的断裂期。等到粉碎"四人帮"后，大陆画家登陆纽约，台湾画家早已在纽约站稳了脚跟，经济状况比初来乍到的大陆生要好许多。经济上的悬殊，并没有影响"血浓于水"的华人画家的族群联系，台湾画家每每遇到大陆画家，大多热情好客，主动请大陆画家喝茶吃饭，交流艺术，有着说不完的"共同语言"。

在纽约，钱培琛很快认识了一个台湾画家，叫姚庆章，人称老姚。

老姚瘦瘦高高，脸型像极了袁世凯，圆圆的脸上有一对八字胡。天气凉快的时候，他喜欢戴一顶皮帽子，夏天不戴帽子的时候，他就光着脑袋，让人一眼就记住了。

　　老姚是旅美台湾画家圈里的活跃人物，对大陆画家非常友好，谁碰到什么生活问题，作为"过来人"，他总是热情给予指点。他还多次邀请钱培琛去他的工作室玩。

　　老姚的工作室位于纽约的 SOHO 区，那一带过去是连片的工厂区，制造业关停并转后，废弃的高大厂房受到艺术家们青睐，他们有的开绘画工作室、设计工作室、珠宝店、画廊，有的开咖啡馆、茶馆、饭店。姚庆章和他的太太一人占了一样：老公在四楼开辟了自己的画室，老婆在一楼开一家叫"奥好索"（音译）的日本料理餐厅，早晚同进同出，亲密无间。

　　钱培琛说，第一次去老姚的画室，他被画室的面积之大惊呆了。那是一个巨大的车间改建的，配有升降机，以便他创作大尺幅的油画。那时的老姚，画风还没有转到抽象领域，他的油画极端写实，纤毫毕现，描摹精致入微，简直比照相还真实。他的超写实派作品，题材多是城市街道、摩天大楼和生活场景，钱培琛对他笔下的奇特街景惊叹不已，那些巨幅作品，完全是运用最细小的"零号"笔，一笔一笔精细绘制的，所以绘画进度异常之慢，靠这样的"慢活儿"打磨出来的艺术品，令观者很震撼，却也没有给老姚带来"大卖"。

　　幸亏姚太太精明能干，开了"奥好索"日本料理餐厅，生意兴隆。

　　有一次，钱培琛和陈丹青应邀去姚庆章工作室玩，之后就在"奥好索"打牙祭。

　　那天去老姚的画室，陈丹青烟瘾很大，一坐下就问："可以抽烟吗？"

　　"我能说不可以吗？"姚庆章以调侃的语气回敬。

　　大伙儿哈哈笑起来。姚庆章、钱培琛都不抽，只能忍受陈丹青吞云吐雾。

那天，聊了很多。欧洲的梵高、塞尚、德加、马蒂斯、毕加索，俄罗斯的列宾、苏里科夫，中国大陆的李叔同、徐悲鸿、林风眠、丰子恺、刘海粟，以及中国台湾的陈登波、廖继春、李仲生等。这些画家，钱培琛有的熟悉，有的陌生，对于陌生的，他更心生好奇。

无意中谈到波洛克，姚庆章说："波洛克是个'大坏蛋'，他的滴彩法完全打破了传统画法的局限，玩奇特，玩抽象，一开始谁也看不懂，没人理他，他也屡屡遭受展览拒绝。后来碰巧遇到一个理论家，此人正好也想玩别人没玩过的，两人一拍即合，理论和绘画互为证明，结果，一个划时代的画派在美国诞生了。"一说起这个话题，三人对当代艺术大谈特谈，连姚庆章的太太也忍不住加入了讨论，一直谈到人人饥肠辘辘、肚子提出抗议为止。

晚上8点多钟，终于开饭了，姚庆章在"奥好索"备了一桌丰盛的晚宴。

钱培琛第一次听到劳森伯格——美国波普艺术之父，也是从老姚的嘴里。

老姚告诉钱培琛，美国波普艺术的兴起，是因为形成了一种风气，认为传统的视觉性绘画已经无力反映时代，传统绘画与现实生活之间存在着一道鸿沟，要想弥补这道鸿沟，只能从生活本身去发掘素材，而波普艺术倡导的所谓"生活即艺术"，就有这样的背景。

咦，这个说法与"联盟"里的达特教授不约而同。让钱培琛对老姚刮目相看的，不是他的超写实作品，正是这些"理论见识"。20世纪80年代，中国内地报刊仍旧热衷于刊登日本画家东山魁夷、美国画家安德鲁·怀斯等人的风景作品，老姚自己也在画写实作品，却在思想上走到了更前沿，他痛快地批评道：中国大陆闭关自守太长久了，审美趣味还停留在农耕社会，对表现"宁静"啊、"诗意"啊，不遗余力。实际上，在纽约、伦敦、巴黎、柏林等，艺术趣味早就转向了。

这些话题，钱培琛与老姚之间有过无数次争论。

但了解归了解，喜不喜欢是另一回事。

劳森伯格早在 20 世纪 50 年代就开始使用照相、印刷、装置等手法直接表现日常用品和社会事件，看似荒诞、偶然、通俗，却将观众的审美趣味引向了"思考"，颠覆了抽象表现主义。

对此，钱培琛觉得蛮新鲜，一度也跟着达特看了波普艺术，但他内心还是不太愿意像他们那样完全放弃"手艺活儿"，去搞工厂流水线式的复制版绘画。

但后来，当钱培琛对波普艺术深入了解后，他借鉴安迪·沃霍尔的手法，也尝试绘制了二十多幅为一组的系列作品《蒙娜丽莎》、《可口可乐》等。老派的钱培琛说：

> 我喜欢安迪·沃霍尔的趣味，但欣赏不了他生活的放纵！像他那样聚众吸毒、群交等，我们那一代人是完全排斥，无法接受的。

钱培琛在纽约认识的台湾画家中，还有个叫薄英萍的女画家。

薄英萍是个美术教师，祖籍山东，性格直爽，在纽约以教授绘画为生，可谓桃李芬芳。她也经常与钱培琛和陈丹青聚会吃饭、交流绘画、组织办展。薄英萍还热心介绍了一个闺蜜的丈夫——也是台湾人——业余免费教钱培琛和陈丹青说英语，令他俩感动。

市场在哪儿

在格林尼治的街头画肖像虽能养活自己，那里却不是钱培琛渴望的市场。

钱培琛在宿舍里创作的风景画，日积月累，有了一定数量，他就想着举办展览。对于艺术市场，除了办展，他也没有其他经验。因为在他赴美深造之前，他的家乡处于蒙昧年代，什么画廊啊、艺博会啊、拍卖行啊，等等，诸多体制外的事物，一概没有。

　　那么，去哪儿办展呢？谁会帮助他这样的"外国画家"？

　　美国的画廊多如牛毛，但东西方文化之间的隔膜很深，唯我独尊的白人画廊，对亚裔艺术家极少青睐，可谓非常冷漠。也难怪！那个时候，美国的抽象艺术、观念艺术如火如荼，涌现了一批大师，藏家的趣味也随之转移，而20世纪80年代出国留学的大陆画家们，既不了解当代艺术潮流，也不了解市场运作方式，陈逸飞、陈丹青、木心、钱培琛等，所了解或迷恋的还是19世纪末、20世纪初盛行于苏俄的写实派或欧洲的印象派、后印象派、野兽派、表现主义、立体派，等等。这是整个一代人的失意和尴尬。

　　即便如此，画家们也要活下去啊，怎么办呢？

　　有一天，钱培琛在纽约的繁华街头漫无目的地游逛，有一家画廊吸引了他。

　　从落地窗玻璃朝里望，洁白的墙面，高级的射灯，锃亮的地板，角落里隐约还播放着钢琴曲。噢，原来这就是"Gallery"！这是他在纽约才见识到的画廊！

　　推门走进的一刻，他心里多少有点儿惴惴不安。因为人是经验的动物，对见识过、经历过的东西，能昂首挺胸去面对，对于全然陌生的环境，就难免怯生。所以，他在弹性十足的木质地板上小心翼翼地移动着脚步，静静地打量着墙壁上悬挂的一幅幅油画。

　　他多么想与画廊的职员攀谈攀谈，却羞怯于自己的蹩脚英语，到了嘴边的话又咽回去了，他什么也没说，飞快地转了一圈就离开了。

　　好不容易发现附近有一家华人经营的画廊，他勇敢地闯进去，跟人家打了招呼。

人家得知钱培琛是个画家，劈脸就问："你能画云南画派的作品吗？"

钱培琛摇摇头。他在出国前见过报刊介绍，这类画是装饰性很强的现代重彩画，发端于云南，主力画家是丁绍光、蒋铁峰等，题材大多反映云南边陲的自然风光、民族风情和历史文化。画派主要代表丁绍光 1979 年为北京人民大会堂创作了大型壁画《美丽、丰富、神奇的西双版纳》，一举成名。就个人趣味而言，接触了大量欧洲现代艺术的钱培琛，骨子里根本不屑与这类画派为伍，认为这些画"不够野、不洋气"。而他又不得不感叹，丁绍光、蒋铁峰等人旅居美国，让这个带有东方情调的绘画风格在美国市场卷起了不小的旋风，在美国的华裔藏家纷纷以求得一幅"云南画派"作品为尚。

告别画廊，钱培琛不禁嘀咕：趣味也太差了！ 他才不想画"云南画派"那种画呢。

他打算自己组织一场群展，基于"现代派"趣味，起名"中国现代画展"。

这个动议，赢得纽约第 14 街的东方画廊老板的支持，在这位老板的张罗下，1982 年，钱培琛参与了赴美后第一个绘画群展，参展的画家有丁雄泉、陈丹青、钱培琛、姚庆章、瞿谷量、张宏图等，基本都是来自台湾和上海的画家。其中，丁雄泉是他们中最为知名的旅美画家，早年毕业于上海美专，与木心也算是学兄学弟了。1958 年，丁雄泉从巴黎转赴纽约，在深度浸染抽象表现主义、波普艺术等运动后，他在形象与非形象之间提炼自己的语言，以鲜艳的荧光性亚克力彩，开创了高明亮、高对比的风格。丁雄泉答应参展，给了画家们极大的鼓舞，大家纷纷拿出自己来美国后探索创作的作品。钱培琛拿出的作品是一系列风景画，那是他最擅长的，印象派带野兽派风格，洋溢着天赋的直觉力！

开幕式上，嘉宾云集。说不上轰动，但在纽约华人圈算是一件艺术盛事。

当年，纽约的华侨商人对于这批画家的作品走向市场功不可没。他们的热心资助，以及对作品的收藏，使得旅美画家们得以继续探索。在任何一个社会，艺术家、商人、收藏家、媒体、评论家——每个角色都不可缺失，否则艺术走不出画家的工作室，只能自生自灭。

啊，女神

在身为画家的钱培琛看来，有着魔鬼身材、拥有遗世独立气质与艺术才华的女性，堪称女神。

钱培琛轻易不夸熟人圈里谁是女神，却与我大谈特谈过一个名叫颜正安的女人。

那是在纽约，暑假里的一天，学生们作鸟兽散去各地消暑玩乐去了，"联盟"大楼里静悄悄的。奇怪了，在太阳火辣辣炙烤大地的酷暑难耐里，一段奇缘突然降临了。

他记得清清楚楚，那天他在"联盟"大楼的走廊里搞卫生，一个人百无聊赖，埋头干着擦楼梯、扫地等活儿。抬眼间，忽然看见一位身材窈窕的亚裔女性朝自己款款走来。

凭着直觉，他一下子猜想她可能是中国人，更可能出自江南一带，因为她衣着优雅，脸妆极淡。她用哆而不腻的普通话开口问道："请问，暑期这里有没有人教画画啊？"他听了立刻断定自己的猜测一点儿没错——她也是上海人！果然如此，有意思的缘分！

颜正安说她也来自黄浦江畔。她从上海戏剧学院表演系毕业后，来到纽约大学导演系攻读研究生，还是导演李安在纽约大学的师妹呢。她一边在纽约大学攻读电影专业，一边打算在"艺术学生联盟"研习绘画，不料第一次去"联盟"打探，竟然与钱培琛邂逅了！

寂寞中遇到来自家乡的漂亮姑娘，钱培琛自然精神一振，他和颜悦色，耐心地告诉她："学校放暑假了，师生大都回家或外出度假了，学校已经停课十多天了。"

老乡见老乡，他俩用家乡话热络地交谈，一口气聊了蛮多。

临到道别，钱培琛意犹未尽，依依不舍，送她走到校门口，目送着她的窈窕背影，一个人呆呆地站了许久。后来，一来二往，他俩便成了趣味相近、无话不谈的知己。

有一次，颜正安与钱培琛聊天，提出想去第42街时报广场（Times Square）附近看看，看什么呢？她欲言又止，终于还是坦率地说出来了：去看看"3X"电影。

噢，所谓"3X"电影，就是国人讲的"三级片"。家乡的电影不分级，而且将"性"视同洪水猛兽，导致那时的国人一到了纽约的花花世界，多少都显露出见识短浅的"乡土气"，其实，美国的电影早就实现分级，对于艺术作品里性的表达，也很自然。性，不过是成年人生活的组成部分，无论异性恋还是同性恋，搞得神神秘秘反显猥琐。

在这样的背景下，对"腐朽没落的三级片"抱有好奇的国人很多。不过，纽约放映这类电影的场所麇集在光怪陆离的闹市区，那里性用品商店、表演秀、小众碟片租赁店、特色书店等鳞次栉比，貌似妓女和"黑道人员"也经常出没，普通女孩很少独自去。颜正安想"开开眼"，钱培琛爽快地答应："好的，哪天大家都方便，我陪你去！"

约好去的那天，颜正安精心做了一番乔装扮扮，她头戴宽檐帽，白衬衫牛仔裤，一身中性装扮，远远一看，甚至看不出她是女性，而是帅小伙儿。钱培琛暗暗欣赏她的风情万种。

他俩像似一对哥们儿，肩并肩，昂首挺胸走进了影院。

电影院里弥漫着爆米花的奶油香气，可口可乐、七喜、芬达等饮料琳琅满目，他俩踩着绵软的地毯走进放映室，仿佛闯进了一个"秘境"。钱培琛每每回忆起，与他一起身临秘境看"毛片"的是个傲娇伶俐的女神级女孩，一种奇妙的感觉就让他回味无穷。钱培琛闹不清自己那会儿想到什么，更闹不清颜正安的心理，他双眼盯着银幕，心里却惦记着身边的异性，却又不敢转头看看她脸上的反应。大约看了半小时光景，颜正安忽然兴味索然，对钱培琛说："也就这样了，没啥意思，走吧！"一前一后，两人利索地走出了黑魆魆的影院。

彼时的钱培琛，正是与家人天各一方，独自过得非常寂寞。

他有时会像哲学家那样，思考有关男人与女人的终极问题：男女之间互相究竟意味着什么？

作为数学老师出身的画家，他发觉两性问题貌似简单，却又深奥得像一潭幽泉。

精致妍丽、性格直率的颜正安，仿佛雾霾重重的灰暗天空中突然云开日出、冒出的一道绚丽彩虹，令他浮想联翩。钱培琛坦率地表达了他的女性观，却揶揄道："女人的价值常常停留在曼妙的曲线和身体，但女神级的异性带给我的意识超越了这些，令我的心情和思想豁然开朗。"他说，我与颜正安相识相知，始终止于朋友性质的交往，一点非分念头也没有过。

在共同看了"毛片"的插曲过后，他俩频频来往期间，谈论更多的还是绘画。

颜正安有个在美国外交部任职的男友，高大的外交官追她追了很久，终成眷属。他俩结婚时，钱培琛应邀出席了隆重婚礼。他还送过颜正安一幅作品，是用水彩颜料画的一幅颜正安肖像，色彩与线条间完全寄寓了他对"女神"的友情，颜正安很喜欢，珍藏至今！

有资料显示，身为导演和画家的颜正安，曾有过这样一段对钱培琛及其作品的评价：

钱培琛的作品就如他的为人：真诚、平和、敦实。他的画已远远超出对事物的描述，而是一种超然、从容和与世无争的生活态度。

遭遇抢劫

纽约的魔性，也体现在光怪陆离下躲无可躲的阴影。

20世纪80年代，住在纽约而没有遇到过劫匪打劫的留学生，可谓极其罕见。我在采访中，只要聊起纽约的治安，十有八九旅美华裔学生会谈起"抢劫"。

钱培琛也有着多次被抢的经历。他早就得到过朋友提醒，但防不胜防。

纽约许多公寓的门厅，大多设有两道门，第一道门是不上锁的，以方便邮递员往门厅里的邮箱投放信函或报刊；第二道门是上锁的，只有住户用钥匙或摁密码才能解锁进门。纽约的宵小之徒瞅准了两道门之间有机可乘，便经常先躲在第一扇进门的隐蔽处，一旦发现作案的目标，就紧跟着闪进第二道门，一个箭步上去夹住受害者的头颅，暴力扒掉受害者的长裤，或拉到角落里暴打一顿，这样，实施抢劫而逃离后，受害者不方便追出。

有一阵子，钱培琛租住在人称"劫匪窝"的哥伦比亚大学校园附近，这一带多为老建筑，穷人居多，房租相对便宜。一同住在公寓里的华人，有女画家，也有正在深造的博士生。因为大家都知道治安混乱，所以互相提醒：白天人多，单独外出问题不大，但到了夜晚，就尽量减少出门次数，即便要出门，最好也要约好几个人互相做伴。

一天夜晚，钱培琛在"联盟"画画忘了时间，很晚才想到回家，乘地铁的时候，看到四周都是奇装异服、眼神古怪的黑人青年，他就暗自害怕。到站后往出口走，走到空寂处，便迎面看见几个倚靠着楼梯扶杆像在等候什么的黑黢黢青年的身影。一看情势不对，钱培琛马上想退回地铁站站台，等候下一班出站的人流。但一个黑影子"刷"地一下迅速窜到他的面前，恶声恶气地叫喊着什么，他听不清黑影子说什么，只听懂一句"Go on!"他什么也不顾，掉头飞快地跑回站厅，等到下一波乘客蜂拥而出，他才壮胆随同人群，离开了地铁站口。

第二次，是在大雨如注的夜晚。地铁上整节车厢空空荡荡，只有钱培琛和一个黑人青年。他没敢坐下，而是手拿一柄黑伞，靠门站立，高度戒备地用余光留意着不远处的黑人青年，随时准备逃离。果然不出所料，当他以为什么也不会发生的瞬间，黑人青年三步并作两步逼近了他，拿出一个手枪般的硬玩意儿顶着他的胸口，厉声命令："Hand over the purse（交出钱包）！"

钱培琛一脸惊愕，结结巴巴地说："我给你钱，包还我，行吗？"

歹徒一口回绝，叽里咕噜地说了一堆话，意思是：别啰唆，快给钱包！

紧急时刻，地铁进站了，刹车的时候，黑人歹徒脚底往后一滑，自己摔倒了。钱培琛大步跨出车门，撒腿就跑，一路飞也似的，直到进了公寓才惊魂稍定。要是劫匪持枪射击，岂不喋血纽约车站？想想就害怕。当年，留学生中的画家林琳，便是遭遇枪袭而丢命的。

最离奇的一次，是一天午后，钱培琛拖着画具箱和折叠凳准备去格林尼治街头"上班"，走到公寓楼底才想起有东西忘了拿，便将旅行箱放在墙边的拖车上，自己飞快上楼取东西，等他回到楼下，才过了几分钟，箱子已被拆散，画具箱里的东西散了一地。

尽管没有一次被真正抢劫走什么，但由此产生的阴影始终笼罩着那一段日子。

他说，如果用色彩形容自己的"纽约时期"，那就是黑白相间的对比色！

第十一章 | # 寻找自己

超越旧我

自从结识了"联盟"里的抽象表现主义大师达特，钱培琛对"当代艺术究竟为何物"，很快有了新的认识。信仰古典艺术、迷恋现代艺术的他，一开始认为欧美盛行的"当代艺术"是胡闹，愚弄世界。什么杜尚的男用小便池、曼佐尼的"艺术家之屎"、博伊斯的油脂和毡布……只有疯子才会这么乱搞！但，在纽约待久了，接触"怪艺术"多了，他的心态变得开放了、宽广了，也不得不承认、不得不顺应，纽约把对艺术观念的颠覆玩到了极致。或许这种走火入魔的玩法"过了"，但钱培琛也认可：艺术的定义并非一成不变。

"二战"后，艺术世界洗牌了，以前世界艺术之都在欧洲，在巴黎或伦敦，美国的绘画只是欧洲的"跟屁虫"，但"二战"后，崛起的美国刷新了艺术定义，用抽象表现啊、波普艺术啊、装置啊、影像啊，改变了世人的观念，推动了艺术史的发展！

面对欧美强势的艺术权柄，谁也不愿意"老"，不愿意被时代抛弃!

钱培琛也思考着自己何去何从!甚至,主动去琢磨美国人为何热衷玩"当代"。

有一段时间,他去图书馆的频率超过了去美术馆、博物馆。

通过大量阅读,他渐渐捋清了美国的建国历史、帝国意识与艺术发展的关系。

美国是新兴帝国,没有悠久传统,没有艺术经典,美术史上的古希腊艺术啊、"文艺复兴"艺术啊、现代主义艺术啊,统统是"别人的"。但新兴帝国不甘心充当边缘角色,在第一次世界大战前后,当欧洲掀起了现代主义运动,美国也不乏响应者,名叫施蒂格里茨的摄影家在自己工作室举办了分离派摄影展,这个展览后来把绘画与雕塑作品也囊括进来,史称"291画室"。它大量引进、展出欧洲现代派艺术家作品,直接推动了不久之后军械库展览会的举办,成为美国现代派艺术诞生的重要事件。这个时期,美国艺术也热情拥抱了欧洲现代艺术,立体派和抽象派绘画也在美国的大地上纷纷破土而出。但"一战"后,美国的绘画主流有两大阵营,一个是地域主义绘画(Regionalist),艺术家们热衷于运用现代派手法,描绘乡村生活情景;另一个是社会写实主义(Social Realism),也是使用印象派、后印象派等现代派手法,描绘大萧条时期的工厂生活和城市街景。这些艺术,没有让美国觉得扬眉吐气。

那时,纽约的一批先锋派艺术家,经常聚集在一个名叫西达酒吧的地方,一边喝酒,一边围绕"什么是新艺术"慷慨陈词,争辩不休,无数次的思想冲撞,磨砺着他们誓与欧洲艺术"真正决裂"的雄心壮志。他们意识到,具象绘画的道路被前辈走遍了,而"抽象"领域,存在着未知的新大陆。就这样,美国的先锋派画家沿着欧洲早期出现的抒情抽象派画家瓦西里·康定斯基(Wassily Kandinsky)、几何抽象派画家彼埃·蒙德里安(Piet Mondrian)以及卡西米尔·塞文洛维奇·马列维奇（Kasimier Severinovich Malevich）、库波卡（F. Kupka）、保罗·克利（Paul Klee）等人的方向，奋力开拓自己的疆土。渐渐地，一批桀骜不驯的美国画家冒了出来，他们以"怀疑"、"颠覆"、"创新"精神，玩出了形形色色的抽象表现作品，这类作品诞生之初也不被待见，备受冷嘲热讽，后来由弱到强，加上体制、传媒、资本等齐心协力地助推，美国式的"当代艺术"便横空出世，在艺术史上建立了自己的"山头"。

从过往的历史中，钱培琛读懂了当代艺术。他感慨道：

> 传统绘画积淀深厚的"老欧洲"、"老亚洲"对美国式新艺术难免会嗤之以鼻，但艺术史发展浩浩荡荡，不以"老人们"的意志而停留，而会一直朝着未来飞奔。

置身纽约画家圈，钱培琛时常感到两股力量的搏斗。

他没有站到非此即彼的对立面，他内心尊崇西方现代主义，真心认为众多大师及其经典作品犹如夜空里闪耀的星星。他对美国式的"当代艺术"抱以审慎态度，不完全接受那些充满恶搞、类似巫术的"日用品"、"大便"类艺术，却对抽象表现主义、波普艺术，对波洛克、罗斯柯、德·库宁、马瑟韦尔等大师的作品，还是怀着尊重，甚至有所迷恋。

在他看来，20世纪80年代初期，赴美深造的大陆画家们普遍是迷失的，他们不得不超越以往的审美经验，重新寻找定位和目标。但，这样的再出发，何其艰难！

出国前擅长宏大主题叙事创作的陈逸飞，赴美后发挥自己的人物画表现力，探索和深掘古典人物、音乐人物、江南水乡题材，非凡的绘画功力和社交能力，使得他赢得哈默画廊的青睐与合作。丁绍光以重彩表现民族风情，也一时风头十足，声名大震。但，幸运儿极其个别，更多的画家们，仿佛误入纽约花花之都"艺术派对"的陌生客，面对舞池中央摇头晃脑的主角们，他们受够了坐冷板凳的寂寞。这是一代留学生画家的集体命运。

"侬很色嘛"

领略了新艺术的叛逆、恶搞，钱培琛也想试水"当代艺术"。

但这个过程，多么无奈、痛苦，又多么兴奋、刺激！

人的创作逻辑和审美习惯，无不受到成长过程中的教育影响。钱培琛从小学到大学，所接受的绘画教育，"一边倒"全部倾向于具象，这种牢固的"认知"，决定了他成年的视觉经验、审美经验。然而此时，置身纽约，他受到了疾风暴雨般的观念侵袭，对非具象的各种探索性表现，由抗拒、疑惑，渐渐地走向理解和尝试，他说，千篇一律的"机械化"、"一致性"审美，对于人类而言是个悲剧。这令他想起自己成长的岁月，尤其"文革"前后，中国美术界出现"一边倒"的局面，导致艺术完全丧失了审美意义，变成了斗争工具，变得面目可憎。基于这样的思想历程，他愿意自我挑战，从"具象"一步跳到"非具象"。

但从哪儿入手呢？他跟老师达特讨论过。

他也在图书馆翻阅资料，在纽约现代博物馆观摩中，他受到了几个欧美艺术家作品的启发。他们的实验触动了他的欲望按钮，挠得他心里痒痒的，促使他渴望着动手玩"抽象拼贴"。

为什么选择"抽象拼贴"？

"因为那时我看了太多太多抽象表现主义的作品，我从那些大色块组合的画面上认识到，原来'感觉'比'景象'更重要，'感觉'就是天赋直觉，是自己多年来积累形成的、没有特定对象的情绪和意识。我发现，一些被奉为大师的抽象艺术家，其绘画语言像拼贴的魔方，有的干脆直接使用碎纸或碎布、麻绳或铅丝，任意拼接，表现情绪和心理。"

钱培琛思考和探索"自我革命"的创新，最关键的一点，是他敢于放弃"旧我"，放弃早已熟练使用的画材，譬如画布、笔；他也放弃了自己以往的绘画手段和书写性的描摹；甚至，他放弃自己擅长的颜料运用，彻底打破"一切经验"，重新建构自己。

他埋头于工作室，不再以简单铺陈颜料为乐事，而常常痴痴地发呆，酝酿着一批颠覆自我的新艺术。他使用碎纸片进行拼贴，有点情绪，也有控制，貌似很"当代"。我从图片中发现，钱培琛试水玩出的第一批"当代艺术"，尽管是拼贴，却仍有鲜明的质感、力度，色彩格外绚烂，他的艺术再新再潮，东方的情趣和哲学意识始终都在，这是他想丢也丢不掉的。

他拿着这一类的作品给画廊看，人家表示"不懂"、"不理解"。

钱培琛并不气馁，继续找画廊沟通。结果，一家叫 Ken Gallery 的画廊的王姓老板，对钱培琛的实验性拼贴艺术大感兴趣。王老板从来没有与钱培琛合作过，但对一些"无法理解的艺术家"，他能理解。他觉得钱培琛的新艺术不是"通俗"意义上的绘画，很潮也很美。

"我为你举办一次个展！"王老板爽快地许下了诺言。

钱培琛听了，心花怒放。来纽约一段时间了，自己参加过几次群展，但个人艺术展，而且全部展品是半抽象作品，这对他如大姑娘上轿——"第一次"。太令人兴奋了！

回家的路上，他感到脚步从未有过的轻松，像踩在云朵上。

钱培琛精心挑选的三四十幅作品，采用的都是综合材料，是把碎纸或废纸层层叠叠拼贴后，再用色彩在上面涂抹。他还将好消息告诉"联盟"里的同窗好友木心，请他为作品起名。

木心仔细地看了他的作品，跟他开玩笑："侬的小囡我起名，啥人是父亲啊？"

说笑归说笑，木心还是替他的一组抽象作品起了这样的名字——《云的残骸》。

木心起的画名儿就是不一样，有诗意也有深意，钱培琛非常高兴，真诚谢过！

有好几幅作品，因为与这个画名儿意境贴合，钱培琛便替它们标注上《云的残骸之＃1》《云的残骸之＃2》《云的残骸之＃3》《云的残骸之＃4》……

一位朋友帮钱培琛设计了请柬，他特地选取了一幅题为《Touch》的抽象作品印制在请柬上，并跟钱培琛说："这幅画一定最快卖掉！"

"是吗？"钱培琛不解。

Ken Gallery，坐落于纽约第三大道34街附近。

开幕展那天，高朋满座，王老板邀请了许多外国收藏家、艺术家前来助阵观摩。而钱培琛自己的诸多朋友，包括木心和陈丹青，收到请柬都欣然到来。他们在展厅细细观看了一幅幅作品，向钱培琛表示祝贺。这时候，木心又以他的幽默口吻对钱培琛说："培琛啊，如果你的这些作品早十年出现，你就不是今天的钱培琛了，我们都得向你脱帽了。"

钱培琛笑着答道："十年前，'四人帮'还没有粉碎，啥人懂得白相这个！"

请柬上刊登的那幅《Touch》，悬挂在展厅的一角。观众根据请柬纷纷来寻找它，驻足凝望。这幅作品完全是黑白色调，白的是油画布，黑的是大大小小的手掌，有的模糊，有的清晰，有的保留着墨汁流淌的痕迹，含义很多。

"钱培琛，侬来——"有上海来的老朋友喊着。

钱培琛闻声而去，大伙儿起哄着问："你画这么多手，取名

《Touch》，表达啥？"

"你应该懂啊，Touch，英文中有接触、抚摸、触动等等意思。"钱培琛意味深长地启发道："你根据自己的经验，想想看，这些手在黑暗中摸啥人，摸啥部位……"

有人趁机高声地说："培琛，侬很色嘛！"

四周顿时响起一阵善意的哄笑。

外国观众在展览里转了一圈，纷纷找钱培琛合影，不吝赞美之词："Hi, Mr. Qian, your art is very good！"熟悉的中国朋友则纷纷道贺，钱培琛像是再次做了新郎，满面春光。

请柬上印制的《Touch》第一批被出售。

购藏者中有一个是人高马大的白人律师，非常热爱艺术，他在学艺术专业的美丽太太的陪同下，选购了展品中的一幅，并热情邀请钱培琛过些日子到他们家做客。

个展圆满结束后，钱培琛应约去了律师家，一进客厅，他惊呆了。原来在律师家宽敞的客厅里，并列悬挂了三幅作品，左边是马蒂斯的作品，右面是毕加索的作品，中间端端正正悬挂着钱培琛的抽象作品。看到自己的作品与欧洲现代派大师的作品肩并肩挂着，钱培琛有点受宠若惊，但站在一排作品前细细品味，他不得不佩服律师夫妇的眼光。

三幅作品的并列悬挂，无形中营造出有点诙谐、有点深刻的意味，好像东西方艺术家都穿越了，穿越了时空和国界，将美国律师家的客厅变成了一个舞台。

艺术真奇妙，往往给人意想不到的观感。钱培琛从律师家出来，独自走在街上，思考着自己的抽象表达，差一点笑出了声。

数天后，钱培琛在路上与陈逸飞不期而遇。

钱培琛没有料到，陈逸飞已经知道了自己举办个展的事情，他询问个展作品售卖的情况，还开玩笑说："培琛，看看侬蛮老实，作品很色情嘛!"

钱培琛听了咧嘴一笑:"见笑见笑,生活里不敢造次,作品里无所顾忌!"

两人哈哈一笑,分手时相约:"有空再聚!"

自我充电

在纽约住久了,钱培琛不知不觉成了"纽约通"。

从国内陆陆续续有朋友来,找他问这问那,他总不嫌其烦,知无不言。

其实,他对纽约最耳熟能详的,是美术馆和图书馆。这些地方也是他最有"感觉"的所在。

偌大的纽约城,从来不缺奇形怪状的场所,它像一只盛满了多元文化的巨大容器,有无数个地方可供激情和欲望挥霍:各种文化趣味的剧院、书店;满足不同性取向的酒吧;以及诸多想也想不到的刺激玩处。但钱培琛这一代人早期所受的教育,注定了他们的传统和保守,对亚文化领域的事物有一种本能的抗拒和排斥,只在自己认为"正确的边界"里生活,所以,无奇不有的大都会里,只有美术馆、图书馆令他百去不厌,是不要门票的文化公园。

对于美术馆的熟悉,自不在话下了。钱培琛去了无数回。那些"住"在博物馆、美术馆墙上的作品,像他的精神亲戚,他对它们的位置早已烂熟于心了。

而图书馆呢,那是他了解世界的入口,也是他灵感的"出处"。那里丰富的中文图书,让他有种宾至如归的亲切感。他习惯了在英文的画册世界里"散步"。尽管他的英语能力如同瘸腿,完全无法帮助他清晰地了解画册里的无尽奥妙,但奇妙的是,图像语言、色彩语言都是国际通用的，一群山脉，一片森林，一组房屋，一些人，或者一堆没有具象特征的抽象线条或符号，即便完全不理会旁边的文字注释，也能让他享受到纯粹视觉的无穷魅力，他经常在翻阅画册的过程中冒出许多稀奇古怪的念头，他以东方画家的眼光去打探西方画家的世界：静穆的交流，不受任何干扰的自由联想，常常让他感到快乐和充实。

他经常去的图书馆，一个叫"纽约公共图书馆"（The New York Public Library），地处曼哈顿中心区域的第五大道，是从40街到42街之间的建筑群，向西紧靠布莱恩公园。在这组新古典风格的建筑群里，灯光设计似乎故意不那么明亮，以此暗示人们，你来到了这里，便是进入了人类文明的神奇洞穴。里面的阅览室，大多有着开放式书架、古色古香的窗户，以及各种造型优美的吊灯。钱培琛喜欢坐在长形阅览桌前，在古铜色台灯下，自由自在地徜徉在图书和画册的海洋。其中的专题画廊（Gallery Collections）简直是个富矿，艺术与文学、城市与建筑、文化与社会、历史与地理、工业与技术、自然与科学、印刷与图像，等等，每个人都能找到自己需要的书籍、手稿、照片、地图，甚至明信片、乐谱等。

另一个叫"皇后区公共图书馆"（The Queens Borough Public Library），历史也很悠久，1858年诞生在法拉盛。它号称是"任何读者与任何信息之间的桥梁"，也是美国"捐助集资图书馆"的典型之一，无数热心公共文化事业的各界人士将自家的藏书贡献给这座图书馆，与公众分享，早期的捐助者中就有大名鼎鼎的卡内基，这位钢铁大王留在这里的居然是浓浓的"图书馆情结"，目前捐书的传统仍被保留。这个图书馆也是免费开放的，纽约居民，包括暂时居住的留学生，谁都可以自由出入，在办理正式读者证之后，就可以借25册图书回家。

钱培琛每次去图书馆，都深深感到一种无法抗拒的力量，历史的、文化的、艺术的，也包括精神的自由和平等。高度资本化的美国，绝不是人人平等的，但最平等的地方，莫过于公共图书馆了，不需要入场券，不需要会员证，志愿者热心地为各种肤色的读者指点方向，堪称每一个人的心灵栖息地。很多次，他在远离喧嚣的阅览室里翻阅画册，无意中注意到"左邻右舍"，有的貌似富豪，有的像是教授或公司白领，也有他这样的穷学生。据说，许多著名的历史学家、作家、导演等也常来常往于此，这里永远那么寂静，没有人喧哗，只听见翻书的沙沙声，像是美妙的音乐，这里让钱培琛心平气和，消磨了许多时光。

钱培琛在图书馆看得最多的，是各种精美的画册。他很得意，许多画册好像是他第一个启封的；在这里办卡后，每次能外借一堆画册回家，"太幸福了，我常常拖着旅行箱去"。

第十二章 | **亦师亦友**

"老大哥" 陈逸飞

一度频繁交往的大咖级人物，在钱培琛的纽约生涯里留下了浓墨重彩。

第一个说说陈逸飞，他是 20 世纪 80 年代留学生画家群里的"老大哥"。钱培琛有个高中女同学，也在纽约发展。在她的陪同下，钱培琛多次去陈逸飞家里玩，不期然遇到过地位显赫的靳尚谊，还遇见过中国红色家族的二代、三代，以及纽约商界有头有脸的人物，从偶然目及的这些社交对象推测，陈逸飞的"背景"也是非同寻常的，究竟怎样，钱培琛闪烁其词。

但，有一件事情，钱培琛滔滔不绝，说得十分详尽。

有一天，陈逸飞打电话来，请钱培琛去他家坐坐。有什么事情吗？钱培琛暗暗想，却没有细问，只是在约定的日期，他准时地摁响了陈逸飞家的门铃。

果然，这次陈逸飞没有谈及绘画，而是一脸认真地跟钱培琛商量一桩事情。

原来，陈逸飞出面联系邀请了沈柔坚、孟光来美国访问。沈柔坚

154

是当年上海的美术家协会主席，帮助过许多画家申请加入美协，以及参与画展等，与陈逸飞私交笃深；而孟光，是陈逸飞在上海美专念书时的老师，孟光极为欣赏陈逸飞，也给他悉心指导，师生感情很好。

"培琛，我这次邀请两位老师来美国，但我实在事体多忙不过来，是否侬帮我陪两位老师去华盛顿、波士顿转转？看看美术馆啊，博物馆啊，一切费用我出，实报实销。"

看到陈逸飞如此信任自己，钱培琛没有二话，当即表示"可以"。

于是，钱培琛安排好"联盟"的请假事宜，代表陈逸飞，带引沈柔坚、孟光去华盛顿、波士顿等地参观。去波士顿的那阵子，正逢雷诺阿回顾展举办。门票非常紧俏，好不容易通过熟人弄到了三张入场券，他们都感到幸运。钱培琛陪着两位老画家，在展厅里转了很长一段时间，对于雷诺阿表现舞女的色彩、光影，以及细腻的笔法，他们看得非常仔细。

回到纽约，陈逸飞发觉两位老先生心满意足，真心感谢钱培琛精心安排。再一看账单，钱培琛记录的消费明细清清爽爽，陈逸飞感到满意，又请钱培琛吃了顿意大利大餐。

当年的陈逸飞，常常表现出大哥般的豪情。大凡熟悉的留学生初到美国，聚会吃饭、看大都会博物馆等，陈逸飞会悄悄替大伙儿埋单。他经常关切地问钱培琛："生活中遇到什么困难吗？""有什么事情需要帮助吗？"每每听到这些话，钱培琛感到心底一阵暖意。

关于陈逸飞与哈默画廊（Hammer Galleries）的交往，留学生中有各种"道听途说"的版本，钱培琛认为，即便有"看不见的力量"在帮助陈逸飞，但本质上，陈逸飞画功出众，是毫无争议的。1983年，陈逸飞在哈默画廊举办个人绘画展，钱培琛应邀参加了开幕式。对那次的展览，他记忆犹新。他清晰地意识到，陈逸飞在积极地"摆脱过去"，他的绘画明显告别了以往的宏大主题叙事，而转向了古典人物和古老水乡，手法上也融合了写实主义和浪漫主义，作品流露的浓郁怀旧气息，传递着时光流逝但诗意永恒的意蕴。

"暖兄"木心

时下的木心，名字如雷贯耳，戴着礼帽的黑白照片，随着他的书以及纪念馆越来越火，成为时尚文化的符号之一。而在20世纪80年代，钱培琛眼睛里的木心，是个诗性勃发的画友，一个做了八年同窗的兄长。钱培琛对木心的文化功力，有过这样的评价：深厚得令人敬畏！

早在出国前，"十二人画展"里有个画家告诉钱培琛："阿拉最佩服的上海画家里，孙木心算是一个。"孙木心？钱培琛第一次听说，他很想见识，却忙着办理出国手续。他不知道，彼时的木心与他做着一样的事情，也在为赴美留学而奔忙。

是缘分总会来。钱培琛抵达"纽约艺术学生联盟"数月后，班里来了一位新同学。

"你叫我孙木心好了。"木心遇见钱培琛，用一口南方普通话说。

"噢，你就是孙木心啊！"钱培琛差点叫起来。

眼前的木心，个头跟自己差不多，神态温和，谈吐文雅，穿一件酱红色滑雪衫，两眼炯炯放光。钱培琛留意到他的发型，前额有着微微卷曲的刘海，透着一股诗人的阴柔气质。

钱培琛热情地给木心介绍"联盟"的情况，他俩很快成了"哥们儿"。

自1982年到1990年，他俩起初都在素描班，后来同时进入了版画班。

所谓学习，一本正经的上课是很少的，更多的时间是画画，众人在一个教室里，围绕着老师安排的男女模特儿或其他什么对象，天天

156

不停地画啊画啊。

课间休息时，他和木心在教室外面的茶歇区坐一坐，歇一歇，开着无轨电车"嘎山胡"。木心住处是高尚住宅区，紧靠林肯艺术中心。房东姓王，是个著名收藏家。木心住的房间，美国人称之为"Studio"，吃饭、睡觉、画画都在里面。白天去，看不到有床，木心在那儿看书、画画，到了晚上睡觉时，他才打开床被铺盖，就睡在地板上。

那时，木心生活非常节俭，午餐永远是几片面包加一杯茶，他吃的白面包是超市里买的，切成一片一片的，最便宜的那种；袋装茶叶也是他自己带来的，每天带来一小包。即便如此，他的穿衣打扮，细看都很考究，衣服的细节处总有些"与众不同"。他自己会设计、剪裁、修改服装，每天的衣着，显得精致而得体。因为生活极端困顿，即便遇到"体力活儿"，木心也会高高兴兴地参与，"体力劳动可以锻炼人的筋骨，蛮好嘛！"木心说。

一次，有个姓陈的老板，想将四层高的办公楼重新装修，需要把旧的设备全部拆除。这是工人干的重体力活儿，但木心、陈丹青、钱培琛、张宏图、周智诚等几个看似文弱的知识分子，毫不犹疑地揽下了，因为大伙儿都缺钱，更吸引他们的是，陈老板承诺，等到大楼腾清和粉刷后，他们可以在里面举办一次绘画展。这下，画家们干劲儿更足了。

经过几天"浴血奋战"，办公楼空间焕然一新。

不久，他们联手在这里举办了影响颇大的"中国现代绘画群展"。

与木心同窗的日子里，受益最多的是"聊天"！

木心涵养好，学问深，他不讲话时，嘴唇紧抿，像只安静的老猫，神情优雅专注。一旦随口聊什么，遣词造句则诗意而又幽默，还富有哲理。

木心的聊天兴趣点在美术、音乐、文学、服饰等几个维度，一聊到他的兴奋点，他就像鸟儿唱歌，叽叽呱呱说个不停，时常还会蹦出逼人脑子急转弯的笑话。

譬如，木心讲到某某去参加音乐会，其间频频脱帽，为何？因为"遇见老朋友"了。粗粗一听，以为木心讲的事情到此为止了，但彼时，木心诡异的微笑又教人猜猜猜，他谈及的"遇到老朋友"，有着另一层意思——音乐会抄袭了某某熟悉的别人的作品。

他聊起古典音乐时，说起海顿、莫扎特、贝多芬等头头是道，如数家珍，激动起来微闭双目，两手在空中做弹琴状，美妙的旋律则从他的薄薄嘴唇里奔泻而出。

钱培琛也喜欢开玩笑，说："木心，侬勿像音乐家，却像一个有名的思想家、哲学家！"

"像啥宁啊？"木心问。

"像伏尔泰，你们俩不开口的神情，尤其嘴巴，活脱脱地像！"

木心一听，乐了："噢，伏尔泰，我喜欢。小时候就读过他的《哲学通信》。"

钱培琛曾问木心："你的旧学底子，哪个学校教的？美专吗？"

木心习惯性地两手交叉，放在胸前，说："上海美专、杭州美专，哪有这样的教育啊？我的旧学底子，是小时候在私塾念书时，被先生一个字一个字'敲打'出来的。"

木心的父亲孙德润，是个资本家，坐落在广东路口的"上海工人文化宫"大楼，据说是孙德润出资建造的。小时候，木心念的是私塾，在乌镇。私塾里不用什么统一教材，读什么，不读什么，先生说了算。先生的权威不容怀疑，谁也不得干涉！在乌镇老家，学堂啊，亲戚家啊，木心接触了古今中外不少读物，木心说，"我的'自救'，全靠喜欢读书"。他还频频去茅盾的家里借阅藏书，茅盾家有一屋子欧美文学经典。"我狼吞虎咽，得了'文学胃炎'症。"

木心言语温和，很少激愤。即便聊到灰暗的六七十年代，木心也是慢条斯理。

从木心断断续续的片言只语中，也从事后别人的议论里，钱培琛了解到，木心曾被打成"坏分子"，在石门二路上的"上海创新工艺品一厂"里，倒马桶（当年弄堂工厂没有正规厕所）、通阴沟、清理车间水泥地上的机油老垢等。木心所说的"我的一切都是错"，有着隐秘的、痛苦的记忆——早年被市侩气十足的老师傅讥笑是"不正常男人"，档案里也充斥着不堪入目的揭发材料。木心在最痛苦的年代学会了抽烟，抽当年最廉价、八分钱一包的"生产牌"烟。但他从中外典籍里洞悉了人生苦难。他表示，一个人活在世上，各有各的苦难……上帝故意给不同的人设置了不同的路障，看他自己如何去跨越、去努力。

随着了解增多，钱培琛对木心越发尊敬。他认识的画友，大多是纯粹的画家，或造型能力强，或色彩直觉棒，而木心是个异数，他不是纯粹的画家，他是跨界的，是诗人、散文家，又是画家、设计家。钱培琛有一段时间，心血来潮去翻阅文学、历史著作，也是因为听了木心有一搭没一搭的闲聊，他说出来的东西有一种诗意的画面感，激发了钱培琛的兴趣。

深重的苦难，逼迫木心养成了沉思与反思的习惯，也造就了他乐观、幽默的性格。

他曾经对着钱培琛，念过自己的一首诗：

年轻时候，那光景／我们人生模仿艺术／不是艺术模仿人生／窗外二次大战刚过／窗内十九世纪至尊／音乐是我的命／爱情是我的病／贝多芬是我的神／肖邦是我的心／谁美貌，谁就是我的死魂灵

钱培琛听罢，问木心，"谁美貌，谁就是我的死魂灵"，不懂，能否解释一下？

木心头一昂，瞥他一眼，不答。

木心常常这样对待钱培琛，有时详尽细说，有时好卖关子。

凭木心的文艺修养和绘画水准，绝不需要在"联盟"耗费八年时间的。

但他心甘情愿，像等待戈多一样，心平气和地消磨时光，为了一直持有学生身份带来的留美签证，以及有朝一日获得绿卡。他的等待，表现得格外淡定，从来没有为自己屈尊做个"学生"而显得难过，依然去适应和享受"联盟"里自由自在的艺术空气。那里没有刻板的课程，却有宽敞的工作室，他与钱培琛一同玩版画的时候，每天在腰间系一件旧围裙，活像个工人，他在那里绘制了逾百幅抽象版画，让钱培琛感到服气的，既是技艺，更是眼光和趣味。

木心对钱培琛直言不讳地说过，拉斐尔的绘画是一流的，库尔贝是二流的。

身边谁敢这样自负地对西方大师评头论足？只有木心！

木心不仅直截了当地表明态度，还能不紧不慢讲个一二三，令钱培琛不得不服气。

对于木心"贬低"库尔贝，钱培琛从来不做反驳或争辩，却非常在意木心对梵高、塞尚的态度，因为梵高啊，塞尚啊，才是钱培琛真正迷恋、不容他人非议的画圣。

木心呢，对于梵高、塞尚的熟络，丝毫不亚于钱培琛，还给钱培琛讲述了梵高、塞尚的很多往事。木心说过，梵高、塞尚比前辈艺术家更牛，牛在他们的前辈多是为王公贵族画画的御用画家，而梵高、塞尚是为内心而画，"做事体"与"画内心"，完全不一样。

有关"艺术"和"事体"，木心分析得一语中的，说得钱培琛心花怒放。因为钱培琛从骨子里注重个人情感和绘画直觉，讨厌各种指挥棒或条条框框。钱培琛牢牢记住木心讲的，艺术风格上，有人喜欢男高音，有人喜欢男低音，但有一点，很重要：

待人必须宽厚，待艺术必须势利，四平八稳的绘画是不可能成为艺术的！

木心好玩的事儿一大堆。他亲口告诉钱培琛，自己刚来美国的时候，带了不少壮阳滋补品，谁料，到了美国一点派不上用场。遇到身体有了欲求，不得不靠凉水将欲念打压下去。

他也不无惆怅、忧伤地说过：我膝下无儿无女，真正到了七老八十，能怎么办？

他俩平淡如水的交往里，木心不自觉地表现出一种"俏皮的绅士"、"寂寞的天才"范儿。他俩多次散漫地走在纽约的街上，木心常常自言自语，看见地铁站厅的出口处有一张旧报纸随风飘着，钱培琛根本没觉得什么，木心则随口说："哦，喧闹的人潮里，一张旧报纸寂寞地，在风中……"他俩一起乘上公交车，从上车到下车，不过十几分钟，木心竟然靠着腹稿创作出俳句，脱口念出给钱培琛听。感伤悲怀，随时随地会在木心身上发生。

有时候，看见窗台上放着一只搪瓷杯，木心也会凝望着它出神。

钱培琛跟他开玩笑：又想到了什么诗句？

木心的才思，像汩汩直冒的泉水，无时无刻不在喷涌。钱培琛有时是安静的听众，细细琢磨他的诗意，有时不免嫌烦，打趣般直白相告："侬的诗歌，阿拉听勿懂！"

木心一听生气了。他那时正在台湾人办的中文《中报》开专栏。有一次，钱培琛又说"侬的诗歌朦胧，我看不懂"，木心顶真起来，回家就写了篇文章，很快在《中报》刊发了，将"一个朋友看不懂我的诗"的情节写入了专栏文章。钱培琛闻之，哭笑不得。

还有一次，木心遇到钱培琛，明显地面露不悦。

怎么了？钱培琛追问。原来，木心听说，钱培琛花 20 美元买了一幅新加坡画家的版画，他不无责怪地对钱培琛说："侬花钞票买别人的版画，为啥不买我的，难道我画得差？"

"侬的画，我还用得着买吗？"钱培琛反唇相讥。

木心一听，不响了！此后不久，木心还真的赠送了钱培琛一幅版画，这幅版画与木心故居纪念馆里展出的一模一样，属于木心同一批的创作，钱培琛珍藏至今。

木心对朋友很"记情"。

有一天，台湾《艺术家》杂志的陈英德采访钱培琛，希望了解钱培琛的绘画追求，以及来自中国大陆的画家们在纽约的生活。钱培琛觉得自己没啥准备，又不想让陈英德失望，便向他竭力推荐木心："你去采访木心吧，他是一位很棒的诗人和画家。"他还陪着陈英德一路步行，找到木心的住处。木心了解了陈英德的意图后，显得十分淡定，他从柜子里拿出几包没有启封、从上海带来的作品，当着他俩的面，小心翼翼地打开了。

哇，黑山黑水，气质特异，却又成熟。钱培琛和陈英德深感"眼前一亮"。

太特别了！这批作品看似具象又带点儿抽象，意识前卫，却又带着江南温润的气息。一些小画，尺幅如32开书本，画的山水细致入微，传递着浓浓的个人情绪，气息静谧，意境古典。有意思的是，这些在上海韬光养晦、苦心孤诣的创作，木心从上海打包带到美国，从来没有机会向人展示过。他向陈英德、钱培琛展开这些画卷时，正尝试纯抽象艺术。

看出了陈英德、钱培琛的兴奋，木心也两眼放光，笑得意又狡黠。

之后不久，大约是1983年秋天，陈英德在《艺术家》杂志发表了《看木心的超自然风景画》，这是木心赴美留学后收获的第一篇绘画评论，他的声名鹊起，与钱培琛的"推荐"不无关系。陈英德撰写稿件的时候，曾请求木心帮忙提供一点儿书面资料，陈英德看了木心的手稿，惊异于他的超凡文笔，他们夫妇又专程拜访过木心，劝他恢复写作。

通过陈英德夫妇向《联合报》副刊主编竭力推荐，木心的文学作品开始在《联合报》副刊频频见报，紧跟着，台湾一主流时报的"人间副刊"也开始发表木心的作品。木心一出手，立即成为台湾最牛两大报的副刊"主角"，赢得无数文学青年的芳心，名声大噪。

木心留在世上最著名的照片，是一组他头戴西式礼帽、身穿黑色大衣、里面或是领带或是羊毛围巾的照片，这组照片，是他们认识的第七个年头，一个姓柯的摄影家拍的。

钱培琛记得，有一次，在去唐人街的路上，偶然地再遇木心。老朋友、老同学重逢，分外亲热。木心握着钱培琛的手，真挚地说："培琛，我还欠你一篇文章呢。"

原来，木心对钱培琛牵线搭桥认识陈英德，一直铭感于心，表示过自己要写篇艺术评介，介绍钱培琛的艺术。钱培琛倒也没有挂念此事，他就是这样的人，有人夸他，他当然高兴；没人夸他，他也无所谓，随遇而安，不刻意寻求回报。他发现名声大噪后的木心，身上穿的绛红色滑雪衫，依旧是八年前他俩初次相遇时穿的那件，脖子上的围巾也显得很旧。木心还说，正忙碌着筹划一个个人展览，钱培琛预祝他成功。道别后，钱培琛忍不住回头再看一眼木心的背影。那也是钱培琛对木心的最后记忆：初冬，夕阳斜照的逆光下，木心穿着红色滑雪衫的背影，好像剪影一样。

"愤青"陈丹青

陈丹青，一个桀骜不驯的人文艺术家，也是钱培琛心目中的邻家兄弟。

他们相识于上海，邂逅在纽约，各自奔波在行色匆匆的岁月，已很长时间没有来往，但钱培琛相信，只要再度碰面，还会无话不谈，还会亲如手足！他记忆里的陈丹青，永远是高高瘦瘦，酷黑装扮，镜片后的两只眼睛，放射出看似锐利如刀、却也善解人意的光芒。

钱培琛与陈丹青的相识，可以追溯到 20 世纪 70 年代。彼时的陈丹青是一名知青，通过画友介绍，两人开始来往。陈丹青去过钱培琛在北京东路的家，钱培琛也去过陈丹青在瑞金二路的家。二人不约而同到了纽约，先后都进入了"纽约艺术学生联盟"。

"联盟"，也是铁打的老师，流水的学生，老师相对比较稳定，学生却像流水。素描班常年保持三四十个学生，大陆画家陈丹青、瞿谷量、陈逸鸣等都曾在这个班级待过。由于陈丹青出国之前，写生早已练出超人功力，且以在中央美院读研究生期间的毕业创作《西藏组曲》一举成名，所以奔赴纽约深造。"第一站"在"联盟"，他学习是轻松的，心态是纠结的，自认是个"坏学生"，每天上午来了签个到，便溜到三楼的茶歇处"吞云吐雾"去了。

那时，三楼茶歇处有个奇怪的女人，几乎每天雷打不动出现，打扮得像百老汇歌舞演员，头戴一顶斜插紫色羽毛的旧式女帽，浑身透着经年累月的寂寞和高傲，眼不看任何事物，茫然又坚定地坐在那里，似乎在等待谁。"联盟"里流传着她的传说：1950 年野兽派大师马蒂斯造访纽约时曾选她当模特儿，让她体会到艺术的荣耀，她天天在那里回味"邂逅马蒂斯"。

"联盟"里，对于这类奇奇怪怪的人，人们不以为奇。搞艺术嘛，你爱干什么干什么，至于疯还是不疯，谁都差不多。钱培琛说，我们每个人都是绘画疯子，都沉浸在自我为中心的艺术狂热中。我自己是绘画色彩疯子，颜料是我的兴奋剂，只要手头有色彩，自己就能手舞足蹈；木心是诗疯子，他满脑子的绘画都是缅怀"从前慢"，活在一个人的白日梦里；而丹青呢，比我的色彩更理性，比木心的诗意更尖锐，是思想疯子，动笔之前，思想早已万马奔腾。

"坏学生"陈丹青是不屑与素描班的菜鸟们一起练习写生的，即便美国老师精心安排了献身艺术的肌肉男、长发女，摆出各种 Pose（造型）诱惑着学生的激情，陈丹青还是冷冷地离场，宁愿待在茶歇区，做个寂寞的思想者，凶猛地抽烟，一根接一根，手指头也熏黄了。

当然，他也不是永远高冷，在写钱培琛的一篇小文章里，他记叙道：

> 1982 年初，我与培琛君在纽约再度相会，踏雪寻访美术馆，流连终日，或者吃碗方便面，然后进夜校学英文。初到异邦，两人踟蹰曼哈顿街头，没完没了发各种感慨，除了讨厌的乡愁，当然还包括鉴赏街头的异邦丽人。我们同住皇后区艾尔姆赫斯特区一条地铁干线的两端，犹记得春末黄昏，培琛君拨来电话：菜做好了，过来吧。我于是寻过去，远远看见他坐在门前台阶上等我，镜片反射着纽约的夕阳光。进门上楼，桌上两副碗筷，菜蔬中总有留学者常吃的便宜鸡腿，红烧、多油，热气腾腾……去国的失落，求道的热忱，上海退远了，话却是说不完，忽而忆及"文革"旧事，忽而是白天在美术馆的感兴，夜里常是他送我回寓，快到时，又是我送他回向地铁那一端，再走一程。

钱培琛记得，与陈丹青交往的日子里，感受最强的，是一代画家的困惑和迷惘。

刚来纽约的时候，他们都曾为"自由女神"脚下这片土地欣喜不已。他们无数次流连在纽约的各大博物馆、美术馆里，拼命地感受西方美术史上浩瀚经典中的大量原作，也深深地沉醉在人类艺术的辉煌里。但他们也感受到了后现代艺术、当代艺术带来的巨大冲击，彼时彼刻，钱培琛在上海"十二人画展"里迸发的激情，以及陈丹青在《西藏组曲》里追求的人性力量，在光怪陆离的纽约艺术生态里，似乎骤然变得——"过时而虚妄"。

米兰·昆德拉说过的生命中不可承受之轻，拿来形容他们一代漂泊纽约的失重感，似乎更为贴切。钱培琛深感自己是个"老青年"，要将在国内耽误的青春时光，在纽约这座城市里"追"回来。陈丹青则是继"土插队"之后，又开始了"洋插队"，于陌生的国度再度寻找"意义"。

他们共同度过了无数"一想起来就满心温暖"的时光。

大约是1982年，有个名叫"国际联盟"的机构，考虑到岁末人们有闲情逸致看画展，特地邀请从大陆来的画家钱培琛、陈丹青、张思明、顾月华联袂举办"四人画展"。那天夜晚，纽约风雨交加，气候恶劣，陈丹青冒着风雪，先带着参展作品到钱培琛的住处，然后与他一起赶去展馆，将一幅幅作品悬挂妥当。等到全部的画作都上了墙，他们才发觉缺了点儿什么。是啊，新年快到了，营造些迎春气氛吧，陈丹青决定写一副对联。桌子铺就好，他伏在那儿挥毫书写，字写得遒劲、漂亮，却速度很慢。

为了赶回家的地铁，钱培琛有点发急，不断催他："快一点儿，地铁要赶不上了。"

陈丹青认真起来，哪里顾得上这些，他按照自己的节奏，一个字一个字地写好，直到将对联写到满意为止。他绘画也是如此，画面透着一股一丝不苟的执拗劲儿！

陈丹青生于上海，在石库门弄堂里长大。父亲陈兆炽因为喜爱文天祥的"留取丹心照汗青"，为他起名"丹青"，暗暗希望他将来大有作为，载入史籍。而中国古代绘画常使用红、青两色，将绘画也称作"丹青"，冥冥之中，陈丹青的成长，一直受到艺术的引导。

童年的陈丹青，受益于父母的文艺熏陶，也受益于租界遗留的文化滋养，很小就临摹达·芬奇、米开朗基罗的素描，还去公园里、马路上写生。念初中那阵子，他跟着学校的美术老师画了一批工农兵像和毛主席像，训练出一手好技法，将人物造型画得准确而灵动！

据传，"文革"中有一批抄家物资流落到上海，少年丹青偶尔拿到一本世界美术史册，激动不已。运动最为登峰造极的时期，被留置审查的父亲，经常躲在单位的墙根背阴处，对儿子丹青画在纸上的"小画儿"进行分析。父亲点评他的习作，时常以"耳朵画得很像"或"鼻子可以画得更好"，引导他观察身边的普通人，从生活中获得感悟。

陈丹青属于中学"69届"，16岁，他初中毕业，不得不响应号召——"知识青年到农村去，接受贫下中农再教育，很有必要"，抱着"绝望"之心离开上海，去了赣南一个叫宁都的山村，白天垦田种菜、吃苦吃辣，夜晚则点着油灯看书读报、与三个男孩子同挤一张简易的土床。好几个夜晚，老鼠在屋子里蹿来蹿去，他无法入睡，便悄悄走出房屋，叼起一根烟，茫然地仰望夜空的繁星，脑子空落落的，隐约之间，依旧怀着画画的渴望。

在宁都插队的恶劣生活中，他坚持自习绘画，后来就凭着画画的名声，先被抽调参加连环画学习班，后又被调往省里参加油画创作班，随着一批作品入选"全国美展"、"全军美展"，他在全国渐渐成为有名的"知青画家"。1978年，他以同等学力被中央美术学院研究生班录取，两年后，25岁的他以《西藏组曲》一举引起全国轰动，被誉为对长期盛行并严重教条化的政治主题性创作模式的"颠覆"。《西藏组曲》的影响力，与上海"十二人画展"一样，成为1980年前后中国内地突破思想禁锢的"标志性事件"。

当两个"标志性事件"的当事人会合在纽约时，惺惺相惜的情愫油然而生。

钱培琛比陈丹青年长十多岁，却从年轻的丹青身上感受到一股勇于"颠覆"的精神，他鲜明地抗拒苏俄的那一套画法，极力推崇米勒、柯罗、库尔贝的朴素，注重于"画你眼睛看见的东西"。他身上，混合着民国遗留的人文情怀与桀骜不驯的"痞味儿"。

有一段时期，钱培琛与陈丹青都住在纽约皇后区第 92 街地铁站附近，一个住在地铁站东，一个住在地铁站西，互相串门，步行也顶多一刻钟。钱培琛喜欢与陈丹青用上海方言聊天，直来直去，快言快语。"丹青的嘴巴里时常会带出国骂，听起来十分煞根。"

这一点，当年好几个旅美画家都跟我谈及。

昔日租界泡大的陈丹青，经历了赣南和苏北插队，以及在西藏、北京的漂游，身上有着多地文化杂糅后的粗犷和率性。他曾经给白人妇女画过肖像，人家嫌他画得不够年轻，反反复复要求他修改，他忍无可忍，跟钱培琛发牢骚：美国老女人最难伺候！

纽约的"洋插队"，是陈丹青既深感自由、也备受煎熬的时期。

物质上，陈丹青与胞弟租住在简陋的房屋，日常生活简单至极。精神上，他身怀技艺，自傲于纯艺术的情怀，却"生不逢时"，在完全异质的美国文化环境，失去了创作《西藏组曲》的现实土壤，再画震撼人心的西藏题材分明就少了原始而野性的气息。那段时期，他对库尔贝式的写实风格相当着迷，创作了表现技巧更为娴熟、人性温暖明显强烈的《康巴汉子》。钱培琛表示，他在陈丹青的屋子里看到过这幅作品，深为赞赏。

钱培琛与陈丹青的情笃于纽约，正在于彼时两人的共同心境。

带着名人光环的人赴美，在纽约、波士顿、洛杉矶、旧金山等地，多多少少都迷失过。

钱培琛、陈丹青等也都如此，在国内的时候，赢得广泛的关注和热烈的好评，到了美国，光环褪尽，一切从零开始，非但不在主流圈关注之内，而且生存都是"第一问题"。

他俩多次结伴去唐人街。那里遍地食肆、鲜果行、小超市、书报亭以及专卖煎堆和馄饨粥面的小摊档，是老一代华侨们厮守的生活家园。钱培琛每次去，都会想起小时候熟悉的上海四川北路横浜桥一带。他记得有一次，陈丹青指着街边的一块门匾说："侬看，那幢建筑，一眼就看得出是中国式的帮会。有意思哦？漂泊海外，同乡就是纽带，山东同乡、宁波同乡、上海同乡、广东同乡都会抱团，最会抱团的是福建人，在世界各地抱团落根。"

是啊，在洋人主宰的世界，中国人开店做生意，不得不结帮结会，只有参与"组织"，缴纳了保护费，在地盘上才会获得相应的保护。否则独木难支，是很难混下去的。

陈丹青有亲戚住在那一带。钱培琛随他去多了，渐渐了解到，诸如唐人街、墨西哥街、意大利街乃至非洲人区域等，都是外来族裔或特定阶层抱团生存的选择。曼哈顿南面，那一片唐人街看起来房子老旧，环境脏乱差，可是发展到今天的规模，也属不易。原先，一街之隔就是意大利街，意大利人开的饭店啊，咖啡馆啊，面包房啊，服装店啊，几乎天天与唐人街打擂台，意大利街属于贫民区，黑帮多，黑手党多，晚上走过，心里总是提心吊胆。后来，华人势力逐渐壮大，意大利街渐渐衰落，唐人街地盘就越来越大了。

但钱培琛什么帮会也不想参加，陈丹青也不屑加入这会那会。他俩对"同乡会"的看法完全一致：与自己"勿搭界"，一门心思画画，哪怕道路异常艰难，也走自己的路。

走自己的路，谈何容易啊！

刚到纽约的时候，钱培琛曾想多多打工。有一次，找到一份在贸易公司的活儿，他跟台湾老板说了，自己是教师出身，干不了重活儿。老板说：好的，给你安排最轻松的。结果是，安排他负责装货打包。他生平第一次干体力活儿，从早到晚频频蹲着跪着操作，一整天忙下来，腰酸背痛，腰也挺不直了。太阳落山时分，当他沮丧地拖着沉重的身子，回到空荡荡的房间时，心里堵得难受至极，终于克制不住给陈丹青拨了电话。

拿起话筒，钱培琛就难过得眼泪迸出，带着哭腔说："丹青啊，今朝我去贸易公司上班了，从来没有格能吃力过，苦透苦透啊，难道纽约就过格能日脚，混到格能悲惨？"

电话那头，陈丹青先是沉默，后来似乎也哽咽了，说："我不也一样吗？来纽约磕磕碰碰，为了生计，不得不接订单画明星、圣像等等，碰到'疙瘩货'，只能一个人跑到公园大哭一场，还能怎样？"陈丹青在电话里安慰他：既然来了，就面对现实，不能退缩，侬实在做不动这份工作，可以想办法换成别的，最终，阿拉还是靠绘画……

听了陈丹青一番安慰，钱培琛心里好受了些，第二天咬紧牙关继续去贸易公司上班，打包装箱。在贸易公司坚持了一个月，钱培琛实在不堪承受体力活儿，才决定放弃。

挣扎在纽约，兄弟情义最为珍贵，尤其在节日到来的时候。

有一天，圣诞节前的一个下雪的夜晚，美国人都放假了，准备过节。

记忆中，钱培琛与陈丹青一起漫无目的地走在唐人街的街道上，尽管街道两边的商店鳞次栉比，各种优惠的招贴诱惑着路人，但他俩囊中羞涩，没敢去任何饭店，只是在途经一家小小便利店的时候，进去买了几包方便面，冒着鹅毛大雪，跑到中国城里陈丹青的亲戚家，用开水泡熟后大口大口地吃着，吃得汗流浃背……

生活里，友情啊，快乐啊，其实不是取决于物质，而是志趣相投。

这一代画家，在"文革"中都经历过一无所有——没有市场、没有藏家、没有粉丝，也没有钱，却肆无忌惮地追求绘画艺术。来到纽约后，一脚踏入"孤独的自由"，深陷于困苦、焦虑和挣扎，但他们是艺术信徒，心里有一盏灯，就不会因为绘画之外的艰辛而失落。

后来，大伙儿的经济情况渐渐都有了好转，陈丹青、钱培琛、木心也先后拿到了绿卡，人也更硬气了。"现在，我哪怕吃一碗五六块美元的汤面，也会在台面上'啪'地放下五块钱小费！"这个有趣细节，是陈丹青亲口对钱培琛说的，令钱培琛感同身受。

神交"三剑客"

醉鬼波洛克

在"联盟"的八年里，钱培琛一度非常纠结。

在尝试了"碎纸布贴"艺术后，他想继续探索自己的艺术可能。但这个艺术可能性在哪里呢？当他在街头画像，从傍晚画到凌晨三四点，拖着疲惫的身体回家，他就思考着，每天盯着眼皮底下的肖像画，又有什么出息呢？自己的创作究竟往哪里去？

达特教授曾经看过钱培琛的印象派、野兽派风格的绘画，却鼓励他暂时将这些绘画放一放，尝试进入另一个颠覆观念的绘画世界——抽象表现主义。

达特自己是玩波普艺术的，对抽象表现却深有研究。他似乎发现了钱培琛身上的某种抽象异质，像朋友闲聊般，头头是道地给钱培琛分析了抽象表现风格的观念、思路、方法，还陪他去看了举世公认的抽象表现主义代表杰克逊·波洛克、马克·罗斯柯以及威廉姆·德·库宁的作品。早已走向博物馆的"三剑客"，令钱培琛十分着迷。

当然，达特怎么也不会料到，钱培琛日后成为"伪画大师"，与自己无意中充当"引路人"也息息相关。当然，钱培琛起初只是抱着新奇的求知欲，走近三位抽象表现主义绘画大师，他也未曾想到日后有一天，自己绘画生涯里最痛苦、最兴奋的经历，会与他们发生关联。

他幽幽地对我说："与你有过神交的人或事，即便一度飘远，终有一天会以另一种方式回到你身边。"他与波洛克、罗斯柯、马瑟韦尔的交往，始于平淡，终于传奇。

杰克逊·波洛克，抽象表现主义先驱，20世纪最有影响力的艺术家之一，也是母校"纽约艺术学生联盟"的骄傲。

当钱培琛得知，波洛克的绘画道路也始于"联盟"，他的心里莫名地激动。

> 想着自己每天经过的走廊、停留的房间，是波洛克当年走过、停留过的，他感到奇妙。

钱培琛甚至推算过，1947年，自己是舟山海岛上一个顽皮的孩童，无忧无虑，而波洛克是纽约画坛顽皮的痞子，兴致勃勃地调戏传统，玩颠覆，放弃绷在木框上的画布，自顾自地将画布铺在地上，将颜料泼洒、滴溅到画布上，围绕着画布跳大神，在画布上玩耍出曲线、色斑、意象、诗意。自己与他完全生活在两个世界，冥冥中却有某种联系。

聊到这些，钱培琛将脑袋往后一仰，笑得很贼、很灿烂。

研究波洛克，给数学老师出身的钱培琛带来解方程式的乐趣。他画完自己的东西，需要换脑筋休息的时候，便随手翻阅波洛克那些鬼画符般的"抽象风景"。他甚至通过"数学运算"，寻找波洛克作品里，看似偶发实则却有规律的相似性和系统性。他得意扬扬地说，西方人的绘画逻辑里，根本上是科学和理性的，即便发展到现代主义的野兽派、立体派，也只是在具象领域的变形。只有混蛋波洛克，反经典、反具象，尽管他的作品也有《夏天》、《阿拉伯的样式》、《天堂鸟》《秋韵》《薰衣草雾气》等标题，看上去多情而温暖，似乎有主题，但若真奔着那些主题去琢磨，就完全上当了。波洛克滴彩作品的所有标签都是他即兴发挥的，无法寻迹。

譬如，纽约现代艺术博物馆收藏的油画《1948 年 1 号作品 A》，伦敦泰特美术馆珍藏的《1948 年 23 号作品》等创作于 20 世纪 40 年代，纯以数字编号为画名的作品；还有其他类似的很多作品，远看像乱草，近看似乱码，这类"超日常经验"的抽象东西，只能超越日常的经验，去揣摩、去感受。一千个人读《哈姆雷特》会有一千种理解，很正常！

钱培琛说，欣赏和感受波洛克作品的魅力，可以借助观赏中国传统书法、绘画的方式。书法是臆想的纯抽象风景，线条、韵律、留白等，需要观者调动二维和三维的想象；而传统的山水、花鸟、人物等绘画讲求"意象"，也是理解波洛克的路径。但钱培琛话锋一转，又说，无论借助什么"拐杖"，不可能真正到达波洛克的艺术彼岸。波洛克就是波洛克！他本质上就是个混蛋画家！

钱培琛研究波洛克，几乎涉及他的所有方面。

他说："我多次去揣摩波洛克的展览，也去过波洛克位于纽约长岛东汉普顿的故居，我尽力了解波洛克生平里的一切，包括他为何那么反叛、狂野、混蛋乃至伟大……"

波洛克是个放浪形骸、极度张扬的人，也是艺术秩序的"搅局者"和"创造者"，他如同画坛醉鬼，快乐的时候喝酒，忧伤的时候也喝酒，一旦喝高了，开始骂骂咧咧，下流字眼雨点般地蹦出，凭着一股醉后的奇思怪想，他的绘画表现得与众不同。

钱培琛对波洛克式的"怪"，从最初的惊呆渐渐发展到不以为怪；对波洛克的性格、气质、经历、画风等，他也几乎全摸透了，甚至对他的死，钱培琛认为是"不作死就不会死"。

波洛克，成长在美国怀俄明州，一个农场式的环境。他的父亲专门替人养马、干粗活，大部分时间住在外面，家里就靠母亲一手拉扯五个兄弟，日常主食是自家地里种的洋芋。

波洛克从小和哥哥们一样，得帮着家里干活，生活拮据而简单，思想自由而不羁。但他和大哥哥天生喜欢画画，小时候，将母亲看过的画刊、杂志等上面的图案，听凭兴趣剪贴下来，临摹或游戏。

波洛克40多岁的时候狂言要超越当时已70多岁、声名显赫的毕加索，对他不买账。而1956年8月，44岁的波洛克与妻子计划一同坐船去欧洲旅行，结果真正登船出行的只有他的妻子，他神使鬼差留了下来。一个星期五的夜晚，醉醺醺的他带着女友和她的朋友驾车出游，由于速度失控，在下坡时受撞而被摔出车外，他的头部撞上路边大树，当场死亡，另两人也一死一伤。

波洛克没有子女，他意外身故后，他的太太克莱丝娜与纽约现代艺术博物馆商定了收购与赠送的保密协议。于是，纽约现代艺术博物馆成为拥有波洛克作品最多的机构，它还将散落民间的波洛克文字、图片等做了尽可能完整的搜罗和整理，将"波洛克工作室"的景象做了一比一面积相似的还原，在博物馆内展出。钱培琛每次去，总是在波洛克作品面前逗留很久，似乎与波洛克在聊天，有着说不完的话。

"静谧的" 罗斯柯

钱培琛不止喜欢波洛克，马克·罗斯柯也是他迷恋的天才。

世界上原本没有什么"色域绘画"，是这个俄罗斯犹太裔的美国画家，从具象玩到抽象，从描摹自然走到拒绝模仿自然。他将绘画简化到无比生动的色域，通过单色绘画，以一种空间的深度和冥想的力量，完全颠覆了传统，创造了自我。钱培琛说：

每一次看罗斯柯的绘画，总感到罗斯柯设置的情景像个巨大的旋涡，不由得被它深深地卷入，体悟他的心灵和哲学。

对于罗斯柯，钱培琛不仅在展厅里、画册上了解，也在"联盟"里处处与他"神交"。

罗斯柯也曾在"纽约艺术学生联盟"学习，师从马克斯·韦伯，"联盟"的校史上，他也是显赫的一页。钱培琛钻研罗斯柯传记，非常崇拜他的"静谧"——是他，发现了绘画与宗教间的精神关联，是他，在绘画的鼎盛期里没使用一丁点儿具象因素，纯粹使用色彩变化，传递了"他就是一座教堂"的静穆力量。

如果从技艺上分析，波洛克是运用不同材质的颜料在画布上留下身体运动的姿态，那么罗斯柯则是先在未刷底漆的画布上涂一层薄薄的颜色，等颜料渗入画布，再在上面轻涂更薄的油彩。钱培琛很快就满怀好奇，试验着以罗斯柯的方法进行创作。他更好奇，一个画家笔下怎么会产生一股大教堂才有的力量，以致有的观众会在他的作品面前哭泣。

原来，1913年，10岁的罗斯柯就随家人成为美国的新移民。他起先考入的是赫赫有名的耶鲁大学，但后来一头扎进绘画领域，一发不可收拾，就转入"纽约艺术学生联盟"改学绘画。罗斯柯受超现实主义启蒙，从古典神话、圣经故事获得灵感，擅长表现神秘的主题。

他与一群在纳粹时期移居美国的犹太后裔是好哥们儿，组成"纽约派"，热烈讨论绘画的新表达。在"二战"后纽约现代艺术博物馆举行的"美国十五位艺术家展"上，他的作品让许多人感动，被评为最完美的"神学"艺术。罗斯柯作品中最让钱培琛倾倒的，是他的"色域艺术"看似简约，实则异常丰富：罗斯柯大多选择在巨幅的直式画布上，画上互相平行的色块，色层薄薄的，边缘则使用具有灵光的晕染，朦朦胧胧的色域，引人联想起宗教、大地、天空、田园等。他的绘画简约到极致，尺幅却堪称浩瀚，正因为如此，他独创的形象简化到只剩色彩和晕染，但宗教气息十分浓烈，是欧洲漫长艺术史上前所未有的。

钱培琛跟我聊起罗斯柯，满脸敬意，他说：一切抽象艺术并不是凭空产生的，也是从具象艺术一步步演变过来的，罗斯柯的创作灵感，很可能来自莫奈的晚期作品，以及马蒂斯和康定斯基的手法，表现的是生命的神秘，以及信仰的静穆，那是宗教信徒才有的体验和情感。

罗斯柯的"沉思默想"深刻影响了钱培琛，钱培琛有一本画册，书名起为《冥想》，也许在潜意识里就是在向罗斯柯致敬吧！

他一次次去了现代艺术博物馆，细心观看抽象表现主义绘画，也努力揣摩他们的创作方法。他发现，抽象表现主义作品大多数技法简单，而不像早期印象派、后印象派那么细腻敏锐，他们全然不受客观对象的约束，或者说他们根本没有绘画对象，而纯粹是精神的产物。有人说抽象表现主义是理性的，相对具象主义而言或许如此，但钱培琛琢磨的结果是，抽象表现主义也不是理性的，理性是表象，本质上呈现的是"白日梦"，是意识流，是瞬间的感受。

这些想法，导致钱培琛的写生创作越来越少，阅读越来越多。

他时常待在家里翻阅各种书，有画册，也有历史。

"骚动的"德·库宁

威廉姆·德·库宁，荷兰裔美国画家，被誉为抽象表现主义的"灵魂人物"，也是抽象表现主义"三剑客"里，被钱培琛认为"最亲近的人"！

德·库宁小时候出生于荷兰的鹿特丹市，少年时代在鹿特丹的一家艺术学校接受了专业的绘画训练，22岁的时候移居美国，落户在钱培琛一度落脚的新泽西州。

他最初找了一份日薪9美元的油漆工活儿，一边谋生，一边自己画画儿。后来结识了阿西尔·戈尔基，两人亲密地在一间画室作画，互相鼓励，彼此影响。受到当年绘画思潮的影响，他一改以往的写实手法，以颠覆的观念，探索立体主义、超现实主义与抽象表现主义的深入融合，他"无中生有"，以书写性的笔触，既保留造型中的几何构成，又通过色块和线条加以重构，渐渐形成了自己的抽象语言，进而在20世纪50年代，成为"新行动画派"的大师之一。

他的创作，主要集中于男人、女人和抽象三个系列。最早期是男人系列，有《站立的男人》、《装玻璃的男人》等。而令钱培琛深感震撼的，不是他的男人具象，而是他的系列女人作品，他真正的代表作——裹挟着躁动不宁情绪的女性肖像和裸体画，颠覆了男权欲望下的传统形象，描绘的也不只是肉体的欲望，还有爱恨交加的灵魂之爱！

我一站立在作品面前，就被唤起了潜伏在身体和意识深处的东西。

钱培琛说。

德·库宁早期的绘画代表作《粉红色天使》、《女人6号》、《女人与自行车》、《发掘》、《玛丽莲·梦露》、《两个女人体》等，大多陈列在纽约的大都会博物馆、现代艺术博物馆、惠特尼美术馆和古根汉姆美术馆里。他笔下的女人完全不靠线条勾勒，而是以夸张姿态和狂纵的色彩挥洒而出，他将绘画视同"舞蹈"，视同"弹奏"，隐喻性笔触纵横交错，不受约束，没有秩序，什么构图啊、透视啊、平衡啊，所有传统绘画讲求的技法和审美统统被他丢弃，他的绘画与其说"如同即兴演奏"，不如说是街头辣舞，大胆而出格。他笔下的"女人们"，乍一看龇牙咧嘴、面目狰狞、身体扭曲、表情怪异，但钱培琛透过纷乱的色彩，感受到画家心底对女性的复杂情感。"他走了前无古人的道路，他的色彩透露了他的情感秘密，使用了令人联想到荷兰某些暧昧街道的粉红、嫩白、亮黄等，似乎能让人窥探到他的内心。"钱培琛还大胆地提出：

> 德·库宁表示，画画力求排除秩序，他舍弃三度纵深感的绘画，对西方油画是颠覆，却早已存在于中国老祖宗的书画里。阿拉老家定海的民间艺术都有这样的影踪。

即便如此，钱培琛依旧高度认同德·库宁的绘画探索。

他也曾尝试德·库宁式的女性表达，尤其在性苦闷的时候，一边想象大自然的造化，一边在画纸、画布上自由地挥洒线条、色彩，描绘着意识流里的一切，最终得到的感悟是：德·库宁是个不折不扣的感性动物，他的诡异多变完全顺从于直觉，抽象具象只是手段。这样的体验性学习和琢磨，让钱培琛无意中碰触了德·库宁的密码，为日后仿制积累了经验。

1948 年，挚友戈尔基悬梁自尽，这对德·库宁是个极大刺激。他更加沉浸于自己的绘画，风格上更趋"桀骜不驯"，题材也变得多样化。晚期的德·库宁，画风突然转向，他的"人体"题材渐少，巨幅风景画渐多，他使用画刀刮、粗笔勾的大色块风景，隐隐约约还保留着日常所见的都市景观，却完全被他个性化的构图、线条和色彩所消解，他说过："内容不过是对某一事物的一瞥之间，就像遭遇闪电。"

德·库宁还坚持否认绘画需要"风格"，指责风格是"欺诈"。

钱培琛认同德·库宁的艺术主张和态度，他对所谓的"矛盾和骚动"满不在乎，他自己从来不刻意追求风格化，只是想表达真实的自我，表达特定时刻的审美情趣和真实感受。

他甚至意识到，自己与德·库宁"完全是一路人"！

漫长的苦闷

两地分居

孤独和苦闷，几乎是20世纪80年代留学生身上普遍存在的症候。

白天在校园读书，跟人种与肤色不同的教授、同学打交道，新鲜感和追求欲激发着脑细胞的活跃度，也掩盖了这些心绪。但，夜深人静，在宿舍独处的时候，人所具有的群居倾向、动物性欲望、对亲人和故土的思念，顿时如排山倒海，滚滚来袭。

沉湎于绘画的钱培琛，一度也空虚到不想碰画布颜料，极度寂寞的时候，他隐秘的自我放逐的地方是哪里？对象是哪一个？我不想，也不会片面地听钱培琛谈论。

因为对于那段时日"美漂"们的生活，我从别处了解得很多。身处孤独中的单身男女，三三两两自由组合过日子，是一种常态。聊起这些，钱培琛看问题的角度挺有意思，他说：搞文艺创作的，性会映射到作品里，有时画得灰暗、扭曲，有时画得风轻云淡。

钱培琛回忆分居的生活，描绘了这样的"社会场景"：

在没有互联网、没有手机的20世纪80年代，思念、幻想、同居、离婚，是留学生中见怪不怪的"常态"。彼时，异国间的亲人联系，要么打国际长途电话，要么靠书信往来。打国际长途电话，需要跑到电信局挂号，每分钟 3 美元，贵得吓人；写信呢，常规分量的一封国际邮件，每次 0.40 美元，这是留学生们完全能承受的。那时，每个人的课余生活里，写信都是主要内容之一，每个人都积累了一厚沓两地书，那是排遣烦扰的寄托和见证。

钱培琛夫妇便珍藏了他们分居八年里厚厚的"两地书"。

有幸得到钱培琛夫妇的信任，我翻阅了早已泛黄的那些信笺。我发现，钱培琛写信很有规律，一开始是每天写一封，后来是几天写一封，几乎每次都是满满三张纸，正反两页，字迹密密麻麻，将白天发生了什么，遇到哪些新奇的人和事，一件件、一桩桩，事无巨细地统统写下来，与远方的亲人分享。我问钱培琛："为什么写信从来不少于三页、也不超过三页？"钱培琛笑道："多写一张纸，信件分量会超重，就需要增加邮资；写少了，又觉得'辜负'了国际邮资。"书信，对于那个年代分处两地的夫妻而言，是多么珍贵而有力！

整整八年，钱培琛与妻女极度渴望着"结束分离"。

为此，钱培琛不厌其烦，先后六次帮太太申请赴美陪读，打听移民局最新政策，跑律师办公室进行咨询，填写各种英文表格，等等。个中的曲折和辛酸不足与外人道。无奈的是，天不遂人愿，每一次陪读申请，要么美方不给签证，要么中方不同意办理。

永远处于马拉松状态，几乎让人绝望。

1987 年前后，中国内地，忽然掀起了赴澳大利亚、日本、新西兰等学习语言和打工的热潮，钱培琛与许秋月互相思念心切，决意走曲线，争取团聚。商量的结果，是委托已经办妥赴澳留学的钱培琛胞弟帮助许秋月和大女儿钱皓申请赴墨尔本留学。

这一回，老天垂怜了她们，开天眼给开了绿灯。

很快，母女俩竟然双双收到了澳大利亚驻中国大使馆的签证。拿到从北京邮寄到上海的签证文件，母女俩一拆开信，读了几遍依然不相信自己的眼睛。

真的是签证被批准了？她们等得太久太久了！

钱培琛与妻女分别八年，始终不敢飞回上海探亲，因为当年考虑到他的身份以及中国的情况，一旦回上海很可能无法再次返回美国。他们等啊熬啊，终于可以在澳大利亚相聚了。

1988年暑假，钱培琛第一次趁着假期飞往墨尔本，在那里迎接妻女到来。

久别重逢的滋味，钱培琛再度尝受了。

人生如此曲折和艰难，早年与父母一别三十年，使得自己的青少年成长期缺失父母的照顾；而后，自己与妻女分离又是八年，在两个女儿最需要父亲陪伴的日子，自己也缺位。

他深深反思，生活里的种种荒谬，使得我们追求的结果，往往与初衷背道而驰：

　　为了寻求一种自由生活，或为了追求一个梦想，不得不忍受至亲间长期别离的痛苦和煎熬，这些，究竟值得还是不值得？

他无法解释。

只是，他心里有着难以释怀的歉疚，他非常珍惜与妻女团聚的日子。

在墨尔本与妻子、大女儿共同生活了三个月，钱培琛才依依不舍地重回纽约。

此后，许秋月带着女儿，每天上午9点到下午2点，在一个叫作"霍桑语言学院"的机构学习英语，一下课立即赶到一家食品厂上中班，在流水线车间包装饼干，直到深夜11点多。等她们带着劳累后的疲惫摇摇晃晃赶回家，常常已近零点时分了。

她们简单梳洗后倒头便睡，以便让身体迅速恢复体力，确保第二天早上一睁开眼睛，能精神抖擞地迎接新一天的学习和劳作。

蜂拥前往澳大利亚以及日本攻读语言的中国人，那时普遍的生活节奏都如此。

异国留学的艰辛一言难尽，但打工的收入，一天的报酬能抵上海一个月的薪酬，何况墨尔本田园森林般的城市环境，让母女俩苦中有乐。每到星期日休息的时候，她们一边享受户外野炊，一边阅读钱培琛寄自纽约的书信，一晃，三年很快流过了。

这段时间里，钱培琛仍旧是以 F1 学生签证留在纽约，渴望申领绿卡，但道路漫漫，目标如同海市蜃楼，看似在眼前，却远在天边，迟迟未拿到绿卡的日子，一家人只能天各一方。

难得的机缘出现在上世纪八十年代末。

突然间，美国政府宣布向中国留学生放宽发放绿卡的条件，钱培琛、木心、夏葆元等等一干画家们，恰巧都在优待获批长期居留美国的范围内。消息传来，华人奔走相告，钱培琛一家也无比兴奋，终于即将熬出头了，他们收到了四面八方的祝福！

就在办理绿卡签证的过程中，有个同样来自上海的画家，与钱培琛在纽约的一家体检诊所不期而遇。据他撰文回忆：当时他发现钱培琛的门牙都掉光了，他并不老啊，怎么会这样？是不是和他的生活焦虑和精神低落有关？而聊到这次邂逅，钱培琛认为"没他说的这回事儿"。不管如何，他俩的绿卡申请很快都获得了"通过"。

钱培琛一家，结束了长达八年的相思之苦，不久将在纽约团聚。

纽约"房奴"

妻子来纽约后，一天也闲不住，要去找工作。

"急啥？先休整休整，慢慢地寻！"钱培琛安慰妻子。

但许秋月不听。那年头，中国人到了纽约，哪个不是急急忙忙四处寻找工作啊，毕竟，不是"官二代"，不是"富二代"，谁也不愿意饿着肚皮晃来荡去。

许秋月专程去一家华人餐馆，拿了一份免费的《世界日报》，上面的分栏广告里，密密麻麻刊登着招工信息。有一则招聘启事很快吸引了她的目光：曼哈顿有一户家庭，需要一个会说中文、也懂一点英文的女管家。曼哈顿？管家？这几个字眼激起了她的好奇。

究竟是怎样的一户人家在招聘管家呢？

根据分栏广告里预留的电话，许秋月打了过去。

电话那头，女雇主的声音悦耳且有点儿熟，却吃不准是谁。

面试约在第二天傍晚，许秋月乘地铁准时找到东河附近的地址。

随着门铃响起，一个男人给她开了门，并引导她去客厅沙发上坐。很快，美丽的女主人出现了，许秋月一看，差点儿叫出她的名字——

啊，原来是靳羽西！那时，《看东方》电视节目风靡华人圈，谁不认识她呀！

靳羽西亲切而干练，与许秋月仅仅聊了一会儿，得知她在国内读过大学，又在澳大利亚学过语言，对她的能力和谈吐表示满意。靳羽西当场提议许秋月去厨房烧个菜看看。一看是大虾，许秋月觉得十分有把握，三下五除二，很利索地打开煤气灶，根据上海本帮菜的做法，将大虾烹制得香气四溢。靳羽西拿上筷子撺起一只品尝后，频频点头。

靳羽西吩咐说："侬明天就请上班吧。"许秋月听了，喜出望外。

这么快就找到了工作，薪酬也不错，工作有趣度也不低。她兴奋地飞快回家告诉钱培琛，还情不自禁聊起以前电影里看到的管家，想

184

象自己应该有的衣着和神态。

说不上是幸运还是落魄，生活需要一份职业，她顺从于命运安排。
她说：

这就是我的纽约生活！老天安排的生活！

从那以后，钱培琛每天专注于画画，在家"上班"。许秋月呢，
作息规律是朝九晚五，偶尔也需要加班，却不很多。她每天出门，穿
得像办公楼里的女白领，整洁优雅，驾着一辆本田汽车。晚上回家，
许秋月有时也会跟钱培琛聊起，靳羽西家来了哪个名流，哪个有趣的
人，都是她早就从电视上、杂志上熟悉的公众人物。靳羽西的邻居，
就是大名鼎鼎的建筑大师贝聿铭，两家的花园几乎连在一起。寻常生
活，竟然也变得像电影或话剧舞台。

管家工作，一做就是六七年，许秋月始终未想改变。

她至今难忘靳羽西家的社交派对的一幕：奢华的场面与西方电影
里差不多。从外面酒店雇请的一群帅气男孩，个个穿戴洁白衬衫，黑
色领结，手托着盛放美酒或点心的托盘，行云流水般穿行在济济一堂
的客人们中间，一、二、三层的三个楼面，近百位或站或立的来宾，
互相热烈交谈，笑声不断。而许秋月是吃喝总调度，保障长条桌上的
食物和酒水保持丰盛……

由于太太的工作，身为画家的钱培琛，也去过靳羽西的家。

钱培琛发现，坐落在曼哈顿繁华地段、紧靠东河的这一片高级别
墅区，无论形态还是色彩，非常入画。他希望有一天能画一画这一片
别墅区。

事有凑巧，圣诞快到了，靳羽西需要印制别出心裁的贺年卡，想
到了钱培琛。

她通过许秋月跟钱培琛商量，能否以她家的建筑外形以及门廊作

为题材，画几幅作品，原作由她出钱收藏，而画作就印制在贺年卡上，分别寄送亲朋好友。

钱培琛爽快答应，很快上门进行写生创作，为靳羽西的定制提供了满意的作品。

那段时期，是钱培琛赴美之后最感快乐的，夫妻团聚了，各自工作都很顺心。尤其是女儿钱皓，也很争气，凭着才貌双全，英语流利，去一家犹太人开的服装公司应聘，顺利地被录用并提拔为部门主管。有趣的是，与老爸钱培琛熟悉的一些画家叔叔为了生计，都在她的手下负责设计花布图案或服装款式。对这些画家叔叔伯伯们，钱皓始终牢记老爸的叮嘱，怀着尊敬和友好，理解和体贴他们的处境，想方设法为他们提供便利。

不久，钱皓与复旦大学毕业的高材生小刘恋爱并结婚，还生了孩子。

因为要照顾刚刚诞生的小外孙，许秋月依依不舍，主动辞去了"管家"工作。

一家人齐心协力在异国他乡打拼，经济状况明显改善。

依靠钱培琛卖画所得，以及妻子女儿先后在墨尔本、纽约打工的积蓄，加上在台北开厂的父母资助，七拼八凑，他们开始计划在纽约买房。纽约的房价，当年看来也是天价，但住房是刚性需求，老是住在租赁的房屋，"过客"的心态很难改变，他们渴望获得定居感！

这是钱培琛参与在美国买的唯一一套住房。

他们委托了中介机构。Agent（中介人）也是华裔，热情地为他们寻找合适的房源，也推介了好几处。全家出动，一起实地查看并多方面比较后，他们相中了坐落纽约皇后区、名叫 Woodhaven、以白人居民为主的社区，距地铁站才步行几分钟，屋前一方院落，有漂亮的松树、草坪，而四周一栋栋独立的 House 掩映在满目苍翠的花园中，视野惬意。

准备出售的三层独立 House，原先的主人是白人，室内装修维护较好，设备也全，搬进去就能住。一楼是起居室、客厅和厨房，二楼、三楼以及地下室，可以用做卧室的房间多至六七间，这让全家喜出望外。钱培琛早就渴望有个安安静静不受干扰的工作室，这下好了，房间这么多，三楼的三间屋可以全部用来做画室，二楼房间可以充当安顿所有家人的卧室，地下室有厨房也有窗户，可供临时出租。而建在花园里的双车库，是一栋紧挨大房子的独立小平房，也有近 30 平方米左右，拿它堆杂物、工具、画框等，也绰绰有余。

钱培琛一下子喜欢上了这个新家。院子开阔，房子宽敞，屋前的水门汀路面可以停放几辆汽车，这样的大 House，自己想怎么摊开就怎么摊开，还有什么好犹豫的？

很快，首付五成，贷款五成，一家人欢欢喜喜，从租赁屋搬进了自己的新家。

更让钱培琛满意的是，画家朋友孔柏基家、袁运生家就在同一街区，走动十分方便。

不久，次女恩丹也来美国留学了，不久嫁给了纽约大学毕业的"工科男"，一家人全部相聚于纽约，结束了天各一方的飘零时代。

陷入沼泽

邂逅"星探"

偶遇"小老板",是在 20 世纪 80 年代后期。

"小老板"这个诨号,还是木心给起的,木心见过他,印象如此。

小老板全名由 24 个字母组成,读起来太饶舌了,实在不利索,所以钱培琛直呼他——卡洛斯,亲切又朗朗上口!

最初,卡洛斯像一个星探,时不时出现在"纽约艺术学生联盟",既看美女,也猎鹰般寻找"艺术新星"。学艺术的女孩有一种由内而外的高贵气质,卡洛斯笑着说过;但他渔猎的目标显然不是美女,而是渴望成长为未来艺术大师的幼苗。他外表帅气,巧舌如簧,凭着他的一张嘴,能说得别人心花怒放,钱培琛第一次遇见卡洛斯,就心生好感。

那天,在"纽约艺术学生联盟"的走廊里,迎面碰上一个白人小伙子,一见面就直截了当地问他:"嘿,你是画画的?""是啊。"钱培琛大大方方地回答。

"给我看看你的作品?"小伙子态度热情,让人毫无戒备,也无法拒绝。

钱培琛爽快地带引他到教室里，打开自己的画作。

小伙子一张一张翻阅着，使用着美国式的夸张，赞叹钱培琛的绘画"Very very good"！他自我介绍说："我叫卡洛斯，开画廊的。"然后直接问钱培琛："我可以将你的作品放在我们画廊卖吗？"望着小伙子阳光、开朗的笑容，钱培琛求之不得，一口答应了。

卡洛斯的画廊名叫"King"，坐落在纽约第十五大道19街，也算是繁华的地段。

那是一栋商业大厦的二楼，门面四开间，周正而体面，沿街拾级而上，就能直抵二楼。一进画廊，视野十分开阔，屋内陈设独特，将画廊的展示空间布置得像有钱人家的宽敞客厅，靠着墙壁点缀性地摆着沙发、钢琴、矮柜等，画作挂在其间，很容易引起顾客的联想：这幅画或那幅画，如果挂在自己家的客厅，是不是也会这么养眼和舒心？

显然，卡洛斯和他的女友很懂得站在顾客的立场设置情境，精心布局。

钱培琛在画廊转了一圈，心里不免暗暗惊叹，画廊实力非同寻常，居然悬挂着莫奈、毕加索的作品，还有费尔南德、安迪·沃霍尔的，档次这么高贵，出乎他的预料。

卡洛斯不愧是商业奇才，仿佛一眼看出了钱培琛此时此刻的心思，他热情地对钱培琛说："您是艺术天才，如果愿意，您的作品将与这些欧美大师并肩而立。"

卡洛斯只用了三言两语，顿时说得钱培琛热血沸腾，自己的作品与世界大师级画家的大作挂在一起，哪来的这门子鸿福？哪个中国画家会拒绝这样的诱惑和荣誉呢？

钱培琛当即答应了卡洛斯，由他做自己的艺术经纪人。

一来二去，卡洛斯与钱培琛非常熟了。钱培琛也了解了卡洛斯的移民往事。

卡洛斯，千千万万移民到美国的"外乡人"之一，身世扑朔迷离。

有人说，他是典型的西班牙白人，生在西班牙，长大了才去墨西哥做"冒险家"，在那里结识了漂亮动人的女友，然后与女友一起移居美国。但我从资料上分析，他更可能是生在墨西哥的西班牙人后代，因为墨西哥的前身是西班牙殖民地，一度被纳入西班牙帝国的版图，至今有许多地方居住着西班牙移民的后裔，他们操着一口纯正的西班牙方言。

所以单从语言来断定卡洛斯"是西班牙人，而不是墨西哥人"，有失片面。

我在美国听许多朋友谈论过，操西班牙语的美国南部人与墨西哥人，被许多华人统称"阿米古"（Amigo）。"阿米古"里有好人也有坏人，但偷鸡摸狗的恶名不逊于某些少数族裔。

钱培琛从来没有与"阿米古"打交道的经验，也不会想到防范生意上的猫腻，他一厢情愿地认为，以绘画换取报酬，每幅几百或上千美元，这样的按劳取酬，与小提琴家、流行歌星以及其他乐手在酒吧驻唱或街头表演，本质上毫无差别。因此，钱培琛至今对卡洛斯掀起的"伪画风暴"感到不可思议。他时常露出孩子般惊奇的表情，说：拿我的作品去卖到一两千万美元，天呐，我实在想也不敢想，他们怎么做到的？那是一桩怎样的买卖啊！

钱培琛或许也知道，卡洛斯和女友被人称为"阿米古"，但他觉得他们是可信任、很励志的"阿米古"。卡洛斯多么开朗健谈，能歌善舞，还会弹吉他。他认识女友后，住在美墨两国的界河格兰德河（Rio Grande）的附近，那条界河很长，约几千公里，也很宽，约三四百米。卡洛斯站在河谷眺望对岸，梦想有朝一日游渡宽阔的界河。

后来，卡洛斯去美国，的确是奋力跳入界河，偷渡到美国的，在他泅渡的整个过程中，女友都站在墨西哥的河岸上，默默地陪伴与目送……是爱情的力量支撑着卡洛斯奋力横渡宽阔的大河，登上了理想的彼岸。卡洛斯向钱培琛叙述往事时，完全不像是虚构，听得钱培琛目瞪口呆，这样的"泅渡"，是刀锋上的舞蹈，随时面临生命威胁。

果然，登陆后，卡洛斯身处的地方一片荒芜。他在人迹罕至的野外公园风餐露宿足足三天，像困兽一样四处觅食又时刻提心吊胆；后又在一个被人废弃的、没有窗户和通风设施的地下室熬了数日，直到有一天，有一家餐馆的主人怜悯他衣衫脏乱、一副落魄的样子，给了他打工机会，卡洛斯从餐馆杂工开始奋斗，渐渐有了立足之地。后来他又想方设法帮助女友偷渡成功。

认识钱培琛之前，卡洛斯与女友吃尽了万般苦头，白手起家，脱离了底层打工命运，在纽约SOHO区开设了一间画廊，但这个时期，钱培琛还没有感觉到卡洛斯的发达，但的确惊奇，他的画廊里竟然有世界级大师的名画，这一点，钱培琛看不明白。

后来，与卡洛斯认识后，钱培琛察觉到，卡洛斯是个商业天才，他很容易给人信赖感，生意也越做越大，几乎没过多久，他在长岛富豪区买了非常体面的豪宅，私家车也鸟枪换炮，变得越来越炫目。

画廊买卖表面风平浪静，看不出什么暗流汹涌。

钱培琛做梦也没有想到，卡洛斯早就踏入了神秘的"仿画"产业，并早晚要挖坑让钱培琛往里跳。这一切，钱培琛毫无知觉，他认识的卡洛斯，热情、够义气，看好钱培琛。钱培琛巴不得卡洛斯帮助自己打开销路，他那时探索麻布艺术，已经很有感觉了！

引为知音

卡洛斯为钱培琛举办的第一个画展，是"麻布艺术"。对此，钱培琛一直心存感激，引为知音。因为这样的综合材料艺术完全是"陌生面孔"，很难一下子被人认可！

麻袋，是随处可见的寻常物资，被用来装运货物后即被废弃或回收。钱培琛却发现它们身上的奇妙：可以承载自己突破传统绘画限制的内容，体现自己渴望斑驳、若隐若现的情境表达。

或许受到中国老太太用碎布拼贴鞋垫的启发，他很早尝试拼贴，但一开始没有选用麻袋，而是使用各式各样废弃的纸片，将它们收集后，拉扯、整平、折叠，制作出各种拼贴。

后来，钱培琛觉得纸片效果太过"轻盈"，不够深沉，于是尝试改用麻袋布。他将各种麻袋剪裁、缝接，保留原始的粗糙凹凸的纹路，抹上各种奇特的颜色，谁料，画面上呈现出一种无法言说的张力和质感，看似自然形成、又带有艺术家涂涂抹抹的奇特效果。

　　他的麻布艺术系列，与美国人或其他西方人玩出的麻布艺术，在意境的传达上很不一样：西方人的作品显得阳刚、直接、热烈、高调，钱培琛的呢，阴柔、幽深、含蓄、耐读。

或许卡洛斯真的被钱培琛的奇异嫁接打动，他第一次见到钱培琛的这类架上绘画，就表现出惊喜和赞赏，连连夸奖钱培琛"不可思议"。主动答应给钱培琛做经纪人。

就这样，钱培琛的麻布袋艺术走进了"King"，不仅与世界名家作品悬挂在一起，还得到卡洛斯的承诺：不久，将为钱培琛的综合材料艺术专门举办一场绘画个展。

一诺千金，钱培琛的综合材料艺术展如期开幕。

开幕的那天，热闹非凡，来了许多白人藏家，大家站立在画廊里，对东方艺术家运用麻布表现出的东方式深沉和悠远，津津乐道，赞叹不已。美国藏家的审美眼光一向喜好新奇。站在钱培琛的作品面前，他们感悟到什么呢？谁也说不清，但显然，是有所触动的。

以麻布为主的综合材料绘画，与钱培琛的东方气质格外契合。

钱培琛对麻布袋碎片做了撕裂、缝缀、剪贴、拓印、打褶、扭曲、挤压，然后运用斑斑驳驳的色彩，描绘他心目中幽远、神秘的东方历史文化，有的图案出自秦始皇兵马俑，有的图案出自敦煌壁画的佛国圣像，有的是大唐时代的丰腴仕女，还有采撷自经史子集典故里的自然鱼、马等构图，甚至还有日常所见的瓜与果，等等。钱培琛将它们信手拈来，出神入化地表现出与西方迥异的文化特质，也表现了他对东西方艺术融合的思考和情感。

衣着时髦、谈吐风趣的卡洛斯与他的漂亮女友，穿梭在来宾间，将他们照顾得妥妥帖帖，欢欢喜喜。一场展览办毕，钱培琛的这批作品多半都卖掉了，虽然每幅作品售价多为2万至3万美元，但在真正的白人收藏家圈子里"初战告捷"，给了钱培琛很大的信心。

此后每隔一段时间，卡洛斯便力推一回钱培琛的综合材料艺术。

美国主流报刊、美术馆、博物馆很少关注华裔画家，这也是不少旅美画家在美国深造后纷纷选择回国的原因，在一个文化历史背景完全异质的社会，无论你想贩售思想还是艺术，道路都很艰难。幸好，钱培琛的市场局面，在"小老板"卡洛斯的帮助下，渐渐打开了。

随着"Pei-Shen Qian"、"Mr. Qian"的名气传开，主动找上门的买家也渐渐变多。

有一个白人藏家，名叫沃克（Work），夫妻俩都是律师。他们偶尔看到钱培琛的综合艺术图片，立即表示："太喜欢了！"一定要看看原作。他俩专程赶到钱培琛工作室，对画家的创作过程也趣味盎然，问这问那，然后十分爽气，一下子选购了十多幅麻布艺术作品，以及人体速写等。

钱培琛不禁讶异，他们买这么多，准备挂在哪里呢？

几天后，钱培琛接到律师夫妇电话，邀请他去他们的新家玩。

去了，钱培琛才恍然大悟。

原来，律师夫妇刚刚买了海边别墅，房间很多，视野开阔。夫妻俩想将新家布置得与众不同，所以兜转了不少画廊，最后遇到钱培琛的作品，才确认：需要的正是它们！

钱培琛的综合材料系列艺术，以及大小不一的人体速写，与各种精美简约的美式家具混搭，将律师夫妇的别墅空间装点得格外富丽堂皇，洋溢着不同于中西文化混搭的"情趣"。

这对夫妇不仅自己喜欢，还多次介绍朋友来买画。钱培琛与他们结下深厚情谊。

可以说，钱培琛运用综合材料创作的麻布系列，是在卡洛斯的倾力帮助下打开市场局面的。

目前，美国以及其他国家的藏家那里，都收藏有他的这一路艺术作品。

你能吗？

钱培琛在攀登艺术珠穆朗玛峰的过程中，也不是一帆风顺的，有时一下子卖出一批画，有时好久卖不出一幅。这是自由画家经常遇到的状况。

他也没有讳莫如深，而是透露说，一段时期，自己的综合材料作品不温不火，卖画收入无法支撑日常生活。在这样的困境期，他渴望改善生活的欲望，似乎被卡洛斯捕捉到了。

记得一天傍晚，卡洛斯驾驶一辆豪华车来到钱培琛家。

卡洛斯带来一幅卷起来的画，当着钱培琛的面，徐徐打开。噢，是一幅日本画家的人物作品，有点年头了，纸面略微泛黄，有个地方还明显出现缺损。

卡洛斯问："钱先生，你能画得一模一样吗？"

说着，他还拿出一叠旧纸张，对钱培琛说，我有个客户，需要这幅画，但不接受缺损，你能帮助我吗，临摹这幅画，满足我这个客户的需要……

是拒绝还是接受？钱培琛思想有些纠结。但卡洛斯一脸的期待，两眼流露着迫切需要帮助的渴望，他能袖手旁观吗？"我会支付较多报酬，请帮助我照着这幅画一幅仿品吧，行吗？"卡洛斯几乎是恳求了。

他心软了。

他没有听说过这位日本画家的名字，也不确定自己能不能画出日本画家的风格，因为这是一幅具象人物画，与他擅长的风景绘画完全不是一个路子。但他碍于情面，细细地端详了一番原作，很男人地对卡洛斯说了一句："我试试，我应该能做到！"

卡洛斯满意地走了。

钱培琛安静地待在工作室，盯着日本画一阵发呆。

仿画相比原创，往往更让人觉得累。因为仿画有个"铁律"在那里，什么都要严格遵循原图的规制，不可以有任何逾越。而原创是一个人的自由舞蹈，只要跳得有范儿，跳出自己的风格，就是成功。为了仿制，钱培琛花了整整一天工夫，才将作品摹仿得惟妙惟肖。

卡洛斯来取画时，表情有些夸张，似乎不敢相信自己的眼睛。他仔细端详仿作，热情赞美道："钱先生，您是个了不起的画家，您的绘画功夫真好，我替客人谢谢您！"

"不客气。"钱培琛一如既往，微微一笑。

他拿到的报酬是 300 美元支票，劳动所得，让他很安心。

破译密码

钱培琛以为，这不过是一桩偶尔的生意，过后也不再惦记。

他沉迷于自己的创作实验。他在现代主义风格的风景创作与当代艺术综合性材料的抽象、半抽象表达间跳来跳去，继续在梦想的森林里寻找各种可能的出路。

卡洛斯呢？从日本画复制中尝到了甜头。利润的甜蜜，驱使他没过几日再次找上了门。

这一次卡洛斯拿出的，不再是一幅肖像画，也不是具象作品，而是一本厚重似砖的纯抽象表现的画册，画家叫波洛克，是美国当代赫赫有名、首屈一指的大师级艺术家。

"钱先生，我的客户想要一幅波洛克风格的作品，他是一个中产阶级，当然买不起原作啦，只是想拥有一幅风格类似的作品，您看，能否帮他画一幅？"

"能"吗？乍一看波洛克的作品，画面由数百条毫无规律的线条或斑点组成，太复杂了！

"不能"吗？钱培琛好胜心很强，对于波洛克的风格，他感到创作性仿制的奥秘不在于线条或斑点的酷似，而在于思维方法和情感情绪的驾驭和把握。再深入一些，就是"感觉"要拿捏得精准，火候要掌握得恰到好处。而拿捏感觉，或许是钱培琛的特异功能。

问题不在于"能"或"不能"，这个时候，钱培琛似乎应该提高警惕了。

一辈子从来没有想过"欺诈"、"犯罪"的他，事后回忆起来，那个时候毫无戒备，陷阱的表面铺着一层鲜花，细思极恐。但在人与人非常信任的情况下，他万万没有想到，这会是一个坑，是卡洛斯等人专门为他准备的，当然动机不是害他，而是为钱。

钱培琛没有思考那么多，他的念头很快聚集到波洛克的身上。

"我能画出波洛克一路的作品吗？"他满脑子盘算的是这个。

"我试试吧！"他再一次接受了卡洛斯的定制，这次的接受，其实反映了他的性格和态度。

少年时期，他经历了与父母的生死离别，到上海寄人篱下；中年，他出国闯荡，这一切似乎都是被一只无形的手在身后推动的。他顺从这样的被动，随遇而安，几乎无力去对抗，去做更理性、更高尚的选择，这，或许是他的宿命，是命运的安排。

当然，他也不是糊涂虫，从1949年后十七年里成长起来的知识分子，"精神底色"是讲求道德、法律的。内地传统教育培养的道德意识和守法意识，使得他那一刻也有所戒备，内心是有防线的。所以紧跟着，钱培琛对卡洛斯又说了一句：

你若要以假充真，那是犯法，我宁可不要赚这个钱，不画！

"钱先生放心，顾客需要它装饰客厅，我怎么可能当真迹去卖。"卡洛斯竭力打消钱培琛的顾虑。钱培琛一听，相信了。

波洛克的大名，对钱培琛是如雷贯耳。

20世纪90年代初，以波洛克传奇一生为题材、获得"普利策奖"的传记《一个美国的传奇》（*An American Saga*）尚未出版，以这本传记为蓝本的传记电影《波洛克》（*Pollock*）也没有问世而成为奥斯卡评选中的热门作品，但波洛克作为美国抽象表现主义的"三剑客"之一，钱培琛在"纽约艺术学生联盟"的八年里早已研究过了。当时只是出于钦佩，在达特老师的指引下，他花了许多时间，研究分析波洛克的想法、技法、主张、性格等，研究得越多，越感觉到，自己过去所受的审美教育太规矩太保守，不鼓励"异想天开"的创新力和创造力，而波洛克的伟大，恰恰在于运用了"异想天开"这一艺术家的权利，也是艺术家的能力。

波洛克的成功，貌似是"无厘头"、瞎闹腾的产物。有的艺术家，从艺术史出发，寻找一个清晰的历史坐标，理性地去探索自己的绘画风格；有的画家，则不顾艺术史，完全从个人的经验和喜好出发，任性地玩自己独一无二的感性和直觉。波洛克呢，两种情况兼而有之，他最初在具象领域苦苦挣扎过，觉得玩下去没意思，便玩颠覆，将欧洲现代主义绘画里的笔触啊、光影啊、构图啊，统统扔掉。他将自己喝高了之后带着醉意玩出来的泼洒、滴彩，发挥到极致，结果独特性产生了，坏蛋的"恶作剧"手法让一个全新的波洛克诞生了。

像波洛克这样的大师的作品，画面如此繁复，肯定带有个性和趣味的密码。钱培琛是怎么破解它们的？我一开始与钱培琛聊天，是小心翼翼的，不去触及敏感话题，随着话题的深入和广泛，断断续续，我探寻着钱培琛对波洛克的画风，是如何掌控至细微程度的。

钱培琛无意中，透露了他对波洛克作品的"细节"钻研。

钱培琛说，他对绘画理论啊、流派啊，一向反感于从书面上探究，太枯燥乏味了。他有一种超乎常人的感悟力，在美术馆、博物馆观看原作的时候，去琢磨、提炼波洛克的方法，包括他的运笔习惯，对波洛克从具象乱笔过渡到完全抽象的变化脉络，他看得分明。他还去看波洛克的旧居，想象着略带秃顶、喜欢酗酒、擅长恶搞的家伙，在微醺时刻的创作心理和心态，渐渐地，钱培琛对于波洛克的了解，似乎深入到像朋友或兄弟一般。

钱培琛答应了卡洛斯，画一幅波洛克风格的作品。

事后我们聊起时，钱培琛说了，原因既简单又复杂。简单的是，生活拮据，需要收入，而且作为朋友，无法回绝卡洛斯的定制。复杂的是，感觉自己有天赋和自信，出于对前辈的"致敬"，玩玩他的风格也未尝不可，波洛克骨子里也是"游戏艺术"的！

自那天卡洛斯驱车离开，钱培琛坐在沙发上，跷着二郎腿，一页一页地翻阅波洛克的画册，恍惚间，仿佛与波洛克遇上了，热烈地交流了。之后，他先在白纸上随便涂啊、抹啊，寻找某种感觉，之后，才将画布铺在地面，继续探索，尝试色彩的流淌或滴洒。

或许，中国古代画家临摹前辈大师的作品，也是这样亦步亦趋。但古人临摹，一开始的追求是笔触的相似和图案的相似，练习的是书画技巧。而波洛克的画风是狂野的、粗鲁的，所以钱培琛一开始没有选择"亦步亦趋"，这样玩，多么愚蠢啊。他选择的方法是，将画布铺在地上，静下心，竭力想象自己是"波洛克"，然后运用笔尖蘸上颜料，不是直接接触画布，而是随意地滴洒、泼彩，又尽力控制颜色的流动。有意思的是，他渐渐"入戏"了，感觉自己就是波洛克，在画布上跳来跳去，没有任何拘谨，独自一人玩得很"嗨"。

跳大神一般玩毕，将自己实验性的演绎与波洛克画册里的作品图片并列放置，他的嘴角泛起了微笑，简直酷似！

特别是粗细曲直的线条舞蹈，两者宛若"孪生兄弟"，出自一个艺术家母亲之手。

太不可思议了，难道攻克了波洛克的"密码"？

钱培琛不敢相信自己的眼睛。

他重新运用自己揣摩的滴彩法，继续试验，这下他放肆地哈哈大笑了。

"我怀疑，波洛克本人在场，也不一定能辨识孰真孰假！"钱培琛心想。

果然，当卡洛斯再次来到钱培琛家时，看到钱培琛的"仿作"，两眼瞬间发出绿光。

"简直不可思议，钱先生，您创造了'波洛克'，让波洛克的艺术更加丰富了。"卡洛斯伸出大拇指，连连高声夸赞，但他说的这句话，却让日后的钱培琛每每想起，觉得话里有话。

疑点重重

自从发现钱培琛具有仿画天才，卡洛斯的"定制单"越来越多了。

卡洛斯几乎每过一两个星期，就驾车来到钱培琛家里，还将不知从哪里搜集到的旧画布、老颜料，不容分辩地塞给钱培琛，要求钱培琛使用这些材料进行仿画创作。

钱培琛又心生疑窦：你卡洛斯让我使用过去的材料进行仿制，究竟是当仿画卖，还是当真迹卖？当他再次向卡洛斯提出质疑时，卡洛斯充满笑意地告诉他：肯定是作为仿画卖啊，作为真迹卖，哪儿有这么容易？收藏家的眼力不是那么容易糊弄的。

"再说，如果当作真迹去卖，我支付给你的报酬就不该这么少，而应该大大增加。"卡洛斯显得十分仗义，又信誓旦旦，一下子又打消了钱培琛心底的顾虑。

不过，钱培琛还是留了一个心眼，他决定在自己演绎出的"大师仿画"里，巧妙地嵌入一个小小的标记，以防哪天自己面对"自己的孩子"，也被以假乱真看走了眼。

这可是一个天大的秘密！

难道，美国乃至世界其他国家，无论收藏家、画廊、美术馆、博物馆，出自钱培琛的"仿画"，原来都有他故意"留一手"的某种暗记？

究竟，是一个怎样的印记呢？我深感意外。

钱培琛意味深长地说：我画的东西，当然是我的作品，作品里面有我自己的基因。

事情越来越复杂，疑惑也越来越多！

钱培琛仿制的对象，不再局限于波洛克，还包括罗斯柯、德·库宁、马瑟韦尔等等。尽管这些大师同属于抽象表现主义流派，但风格差异很大，每个艺术家在探索创造新画法时，所钻研的描、扫、刮、抹、泼、滴、洒等，所表现出的性格、趣味、经历、学识都大相径庭。

　　钱培琛是如何把握他们之间细微差异的？又是如何巧妙埋下自己的暗记的？

　　钱培琛很不情愿围绕这个话题深入谈论。他说，他画仿画，从内心而来，从来不只是为了完成定制，赚取那一点很少的报酬。"我是向大师们致敬，演绎他们的绘画本身也有创作的快乐。如果没有绘画本身带来的乐趣，我都很难坚持。"他还说：

　　　　创作这一类画，有时像福尔摩斯探索谜案，有时又像智力游戏。

　　真是不可思议！一个画家能解密一位大师的艺术密码，已经罕见。钱培琛一人能模仿那么多大师的作品，且日后都被人拿去当作"大师作品"高价出售，难道动辄签发几百万、几千万美元支票的收藏家，眼光真很差劲，还是另有隐情？

　　有关"大师仿画"，疑点山重水复，比我预料的复杂很多。

边缘挣扎

抱团取暖

留学生活是孤独的,一逢节假日,乡愁和思念便愈加强烈。

这时,热心人便出面张罗聚会,帮助大伙儿度过难挨的"危险时刻"。

聚会活动,多数是在某个同学家里聚餐、跳舞。

坐落在皇后区的上海画家张泽平的住所,是一个很好的聚点。张泽平夫妇都是艺术家,他家的独立 House,房间很多,客厅宽敞。好多次,散居在纽约、新泽西、波士顿、华盛顿一带,在哈佛大学、哥伦比亚大学、纽约大学、波士顿大学等苦读的留学生们,相约在他们家聚会,他们夫妇总是热情地提供场所、餐具等。有一次,主办人特地要求男穿西装、女穿礼服,整个夜晚,大伙儿在华尔兹、布鲁斯等乐曲伴奏下的旋转舞步中度过,记忆深刻。

对于 1990 年除夕夜聚会,我找到了当年的参与者,确证钱培琛"仿画"始于那个时期。

那一天,陈丹青、钱培琛、夏葆元、陈逸鸣、孙林、顾月华等二十多人在纽约布鲁克林的一幢公寓里守岁。每个人都带了食物,有的还带来家乡的白酒。三三两两，先是自由闲聊，朋友间嘘寒问暖，互相赠送一顶"高帽子"，使气氛顿时充满了欢乐。

中国人的聚会不同于美国人，美国人喜欢从头到尾都是三三两两自由组合交流，站立居多，而中国人聚到一块儿，即便完全陌生，也习惯了一大帮男女围成一圈，中间地板上铺着一张大塑料布，上面摆放了大家带来的各种食物、水果、葡萄酒和饮料，这样一坐感觉就亲近，不熟的人也熟了。众人步调一致，先是为节日干杯、为新年干杯、为每个人的梦想和健康干杯，然后才开始山吃海吃，聊五花八门的话题，时而众人朗笑，时而说点悲伤。

酒足饭饱、人人微醺之时，谁起个头，众人便放声高歌。无论是红歌《东方红》《红星照我去战斗》《洪湖水浪打浪》，还是京剧"样板戏"里的名曲，或者苏联歌曲《莫斯科郊外的晚上》《三套车》《山楂树》等，都会被一遍又一遍反复哼唱。有的人还会大段朗诵高尔基的《海燕》，或者低吟大陆校园里最新传来的朦胧派诗歌。

那一刻，唱的、朗诵的，无关政治立场，一张嘴就蹦出来的，是一代人成长路上的"文化记忆"，也是一时情感或情绪的尽情宣泄。有时还会说说"咸湿"笑话。

就在那次除夕夜聚会上，钱培琛对画家朋友说，自己再也不去西四街画肖像了。

噢，那你现在做什么？画家朋友好奇地问。

钱培琛说，他谋到了更好的活儿：有一个美国画商约请他临摹一些名画。

画家朋友听了心生羡慕。当年，一些在国内早已成名的画家，在纽约只能找到体力活儿谋生，而自己在犹太人公司打工已经算幸运了，虽然每天得准时上班，不得不提早离开聚会。

这位画家朋友与我在上海半岛美术馆相遇。我们很自然聊起了上世纪八九十年代他也"在场"的纽约漂泊，聊起了他亲耳听到钱培琛谈及"仿画"的事。他非常肯定，钱培琛"仿画"，应该是从 1990 年春节前夕开始的。他回忆说：那次除夕夜聚会，一直闹到黎明还未散，而他必须提前告辞，赶去公司设计花布。时值凌晨，天空依旧黑乎乎的，还飘着大雪，刚刚告别聚会中的杯盘狼藉和其乐融融，马上就不得不加入布鲁克林黑影般的工薪族行列赶往地铁，脏乱的地铁站口竟然有老鼠乱窜，而突然刮来的阵阵寒风，将地面上的纸屑卷至半空。

联想自己的处境，这位画家朋友说，那一刻是由衷羡慕钱培琛的，因为钱培琛告诉他："我不必上班，待会儿先回家睡一觉，睡醒了再爬起来赶画别人定制的画儿。"

"仿画"人生

钱培琛原本每天沉浸于创作，过着职业画家的惨淡生活。

大约自那时开始，他几乎花了多半时间在应付"定制"。美国联邦调查局曾一直追问，我在采访中也一直追问：究竟画了多少定制画？钱培琛苦笑着摇摇头："真的记不清了。"

或许，时间持续得太长，被他"仿制"的画家太多，他回忆这些往事，满脑子乱哄哄，无法精准地说出数量。他坦陈，一般画家大多以临摹、复制别人的画作为"不幸"，甚至觉得"不够名誉"，但回忆那段日子，他并不怎么厌烦，甚至感到充实，还乐在其中。

那是命运带给他的生计，他的职业。

令我意外的是，他甚至打过这样的比方：

> 我在模仿波洛克、罗斯柯的风格的时候，有种隐秘的趣味，像偷情！

"偷情？会有这样的感觉？"我很惊异。

钱培琛微微一笑，有点儿诡异。他说："你想想，是不是与做爱很相近？画画的时候，心里明明知道，对象不属于自己，但画的过程，我是全身心投入的，我的头脑、我的身体、我的情感，真真切切都调动了、付出了，也有创作的高潮，感觉不像偷情像什么？！"

这番说辞，我不得不信，也促使我思考。

钱培琛的画法，算不算违法？他画大师的作品，与张大千摹仿石涛、八大山人的画，有什么不同？

从钱培琛的陈述中，我了解到，他的摹仿丝毫不会考虑制假贩假，也不是简单地依样画葫芦，他是一种笔戏和演绎，与创作几无二致，在那一刻，他将画布当作舞台，自己钻入大师的脑袋，扮演了波洛克、罗斯柯、德·库宁、马瑟韦尔等。他向我描绘创作的过程，手舞足蹈，情同"入戏"之状。

这种"偷情"的表象，是卡洛斯定制什么，钱培琛就画什么；但具体画什么，没有摹本，冥思苦索，所换得的收入，也只是临摹画的微薄报酬，比街头画肖像收入略好。

画家靠这类作品谋生，错在哪里？我无法说清楚，钱培琛也说不清楚。

钱培琛还说过，类似这样的创作，古今中外源源不断。即便在上世纪八九十年代的纽约，身边的华裔画家们也画过不少大师仿作，只不过，别人的仿作对象是古典主义作品、现代主义作品，对比原作，一眼容易辨识。而他摹仿抽象表现主义大师风格，没有原作可以比较，整个创作过程既有"偷情"般的高潮，更有破译密码的成就感。"每次，当我画出堪比大师、以假乱真的作品时，我有破译密码般的自豪，从来没有一丝践踏法律的罪恶感、猥琐感。"

钱培琛聊起这些往事，滔滔不绝，神情像个顽童。

他道出了艺术世界复杂的一面。世界上存在着林林总总的赝品，一般说来，赝品对于原作者是极大的不恭和侵犯，但像钱培琛这样，不是采取放大原作的细节，去一笔一笔机械地追求外形酷似，而是采取"创作"的方法，在整个过程里，没有以任何原作做参考，以"入戏"的状态，重新构思，无中生有——彼时彼刻，钱培琛感觉自己就是波洛克，就是罗斯柯，就是德·库宁，就是马瑟韦尔——这一创作现象，实为世上罕见！

钱培琛的创作行为，是不是构成"制假贩假"，在多大程度上有制假贩假的因素，自有司法机构判定。但艺术是复杂的精神劳动，司法机构也不是艺术行为的唯一裁判——这是后话，按下不表。我只试图发掘，钱培琛创作仿画的过程中，究竟有着怎样复杂的心理。

1990 年开始，钱培琛"纽约时期"的创作巅峰，就体现在这两条并行不悖的轨道上：

一条是"大师仿画"，一条是综合材料绘画，俗称"麻布艺术"。

独创价值

钱培琛探索的"架上"创新，多种多样，其中最具审美价值和个人面目的，就数麻布艺术系列了。

他说："纽约是神奇的，无论音乐、美术、戏剧，一切因素都带领我、激励我走向更加广阔的艺术地带，让我渐渐产生了艺术史的意识，渴望创造属于自己、'独一无二'的东西。"艺术的样式，在纽约早已形同山重水复的迷阵，自己的"出路"是什么？

经过苦苦思索，他兴奋地钟情于麻布拼贴，很长一段时期，这一摸索令他看到了黑暗里的曙光。

这个时候的钱培琛，艺术观念发生了很大变化，认识到：艺术不必拘泥于使用纸、画布、颜料、笔等，只要有助于表达自己思想和主张，一切材料，哪怕是旧报纸、废铁皮、竹片、空罐头、汽车轮胎等，都可以随心所欲地使用。而将旧麻袋布剪裁后糅进视觉创作，虽然有美国艺术家玩过，却玩得一点儿也不高明，远没有形成世界级影响。

而有关拼贴，中国人的日常生活中早已有之。钱培琛在这方面的积累，可以溯源至1979年前。当时，他买不起油画布，便尝试拿细麻布充当油画布，细麻布吸油，试验终告失败。上海"十二人画展"移至武汉巡展时，钱培琛与孔柏基在武汉小巷游逛，看到当地家家户户门前都置放着门板，上面是妇女使用糨糊将各色碎布拼贴制成的厚布，晒干后用来做鞋帮内衬，那些不经意间随机形成的色彩缤纷的拼贴图案，十分别致，深深地留在他的脑海中。转眼到了纽约，他自然而然想到使用麻袋布片作为绘画材料。他发现，拿这种材质进行拼贴，然后在上面描绘敦煌壁画等图案，顿时产生一种妙不可言的意境。画面如同从历史大河里打捞起的记忆碎片，糅合了个人的意念，有一种影影绰绰的审美意蕴，给观众极大的想象余地。

摸索出这一创作路径，他便一发而不可收。

他到处寻找废弃的麻布袋，有一天，路过唐人街一爿南货店，他"搭讪"上一个从云南来的店员，听说钱培琛想收集旧麻布袋作为绘画材料，云南兄弟便自告奋勇帮他积攒。

麻布片，令钱培琛魂牵梦萦，乐此不疲，以麻布拼贴作为绘画的底衬。这种创作比之前画印象派风景更新鲜、更刺激，材质本身的沧桑感、撕裂感，是纯粹油画无法表现的。

钱培琛使用麻布片与油彩等综合材料进行创作，主题大多是表现唐代仕女的雍容华贵，或表现古代骏马的桀骜不驯，画面呈现出斑驳、厚重之观感，表现力十足，风格也鲜明。

在美国，画友看了他的新作品，纷纷鼓励他，支持他继续探索。他们惊喜地看到，钱培琛用麻布等拼贴缝制而成的作品，画风独特，视觉冲击力强烈，在率性和狂野的基础上，还有着深沉、悠远的东方文化意味，体现了画家对东西艺术交融的思考。

而在中国，我查阅到关于他的许多"亦师亦友"的评价。

陈丹青在《老友钱培琛》一文中，为钱培琛的新艺术总结了五点观感，他写道：

> 在更猛烈沉郁的色彩布局中，培琛君放弃了早年的风景写生，此其一；由"景"的抒情性描绘转向"图式"的游戏，画面主题成为符号的设置，力求单纯，此其二；这些符号或是古典唐风人物造型的截取挪移，或以非文化属性如马的造型出之，二者均为设局的借口，暗示着文化乡愁，以及对中国古典美学的再认识，此其三；大胆引入波普艺术概念，以麻布、缝制等非绘画手段，增设现成品的质地量感，此其四；在温和而适度地综合以上理念与手法之际，培琛君有节制地调理部分原始艺术的装饰性及行为艺术的随机性，使刻意安排与偶发效果同时奏效，寻求一种不再是绘画的绘画效果，此其五。总之，在变与不变的抉择中，培琛君和三十年前不一样了，他被纽约纷纷繁繁的艺术景观带离了印象派情结，但又和三十年前一样，精力充沛，沉溺于创作的冲动与快感。

而他的前辈和朋友沈天万，也撰文评价：

> 培琛君以特殊的非绘画材料达到意外的特殊效果。尤其是应用麻袋布，通过撕破、绷裂、缝缀等手段，天崩地裂，鬼斧神劈。先破坏再整合，再破坏，再整合，产生自然生动、粗犷厚重的整体效果。只有此材料才能达到如此巧夺天工之美。麻袋已非麻袋，而是画家运用自如的魔杖。材料为我所用，效果为我所控。用有限的形式，表达无限的意念。

钱培琛的新艺术受到新老朋友以及各方面的好评。

可惜，受到移民身份的局限，以及语言沟通的羁绊，钱培琛的探索，在纽约文化背景下，注定是边缘的，寂寞的，自生自灭，鲜少喝彩。尽管他的综合材料艺术在卡洛斯的"King"画廊里，与莫奈、毕加索等绘画大师的作品并肩而立，也进入了一些白人藏家的收藏视野，然而多年来，卖掉的作品毕竟不太多，纽约英文媒体更是很少问津。

这，几乎是华裔移民画家在美国面临的共同处境。

疲惫坚守

钱培琛的"纽约生涯"是灰色的,他跌跌撞撞,艺术远未实现"发达",甚至一度痛苦沮丧,身心疲惫,但他我行我素,淡泊洒脱,从不放弃自己的梦想。

对于自己探索的"麻布艺术",他说:

> 我的画由特殊材料表达那特殊的情感和心声。那马非马，那人非人，是我梦中涌现的形象符号，是我自己的心象。挖掘隐藏在记忆里的痕迹，那逝去的人物显得如此遥远模糊，连五官也不再清晰可辨，留下的只是气息与氛围，以及雾样的过眼烟云和听不见的远去的足音。

他告诉我，他特别喜欢中国历代壁画，敦煌石窟、永乐宫、古代墓道，以及秦始皇时代留下的兵马俑等，都给了他启示和灵感，吸引着他将它们信手植入自己的艺术。

这些被他称为向悠久的中国历史文明致敬的"致敬系列"艺术，并不是一下子集中在哪个时期迸发出的，而是从1990年开始，陆陆续续延续了很久的创作与思考。

对于"致敬系列"艺术，他曾经即兴写下一些观感印入画册，读来十分有趣。

有一幅《菩萨》，钱培琛记述：此画作于1998年，至今竟已十六年了，我特别珍爱。菩萨像慈悲仁爱，宁静肃穆，让我们得以平和，不再浮躁。

有一幅题为《宫娥》的作品，尺寸特别大，由两幅188厘米×186厘米的作品拼接而成，总尺幅为376厘米×186厘米，作品悬挂在洁白的墙壁上，远远望去，仿佛置身遥远的历史时空。钱培琛花了很长时间构思绘制这幅作品，他写道："已在壁上站立了百年、千年，这群华贵美丽的宫娥，还得站多久。祖肩露胸，发髻高耸的唐朝宫娥堪称东方女神，令我神往、赞叹！"他对同时期的作品《皇帝》，如此感叹："俱往矣，帝皇将相，风流人物，千秋功罪，交予历史评说。历史长河，不舍昼夜，一切浮沉随流不复存在。"

在"致敬系列"里，不少题材也表达了他对世界艺术史上的大师的敬意。

譬如，《向马蒂斯致敬》，132厘米×156厘米，钱培琛为作品注解：马蒂斯啊，马蒂斯是我的偶像。炽热绚丽的色彩，奔放强烈的线条，构成一幅幅翻天覆地的野兽派的画，使我血脉偾张，热情高扬。对于《向莫迪利尼致敬》，他写道："高贵优雅的线条，构成了您贵族的气质、长长的脖、空空的眼，如此淡雅无华，略带淡淡的忧郁。"

对于《骑士——向X致敬》，他简短地写着："壮哉，骑士！西风猎猎，马蹄声声。"

我特别喜欢一幅综合材料作品，叫《游春》，尺幅190厘米×236厘米。

画面上，隐隐约约有一群古代少女，骑在马背上，悠然于茵茵芳草地。看作品的局部，钱培琛运用材料的手法很特别，有的缀缝处自然留白，有的天然呈现皱褶，有的留着拓印，有的随意抹着油彩，整体看起来，画面明快而灵动，仿佛发出一串串清脆的欢歌笑语，载负着艺术家自由驰骋、奔放舞动的灵感。

他还在很大的画布上，运用麻布、色彩等绘制了很多饱满阳刚的香蕉，远远望去，颇有生命的蓬勃之气。我问他："是否想表达男性生殖器的意味？"

"是啊，我有很多表现阳性的作品，似马非马的构图，大堆的香蕉等，都是。"

读到这批画，我意识到：

> 钱培琛将魔幻与现实、历史与未来、激情与沉思、瞬间与永恒熔于一炉，营造着自己特有的审美意境。这是他对于艺术、生命、哲学的思考与表达。

倦鸟归巢

大约从 2004 年开始，钱培琛的思乡病越来越重。

或许，他去过世界不少城市，对于"外面的世界"早已没有了最初的好奇和向往，对于纽约，他感觉该看的都看了，该去的也都去了。想到黄遵宪所云"中年岁月苦风飘，强半光阴客里抛"，他心有戚戚，感到纽约浮华又危险，他不愿意自己的晚年依然生活在漂泊不安、狼奔豕突的动荡里。他说，人生苦短，他只需要一小块天地就足够了，他只想心平气和地绘画、办展、卖画，以及很接地气地生活，这是他晚年的渴望。

而上海，是所有在那里有过成长经历的人一辈子的眷念。

钱培琛每次飞回上海故地重游，都感到格外"舒适"。他吃惊地发现，似曾相识的街景、商店，与他儿时以及出国前的记忆，有着天翻地覆的差别，但大街小巷、商厦饭店里，永远有着令他十分亲切的踪迹可寻。赴美二十多年后，他又惊觉，纽约已经不是出国时的纽约，上海也不是出国时的上海，上海相比纽约，现代化程度毫不逊色。过去他一度认为，纽约是世界经济的中心，现今感觉上海也在向这个"中心"飞奔，他寓居的小区离陆家嘴摩天高楼群只有一箭之遥，纽约方便获得的一切，在上海一样能够获得。

聊起上海，钱培琛感慨万端。他计划重新安排晚年，至少在上海要常住。

一旦决定了，马上付诸行动！

有一天，青年时代的好友徐思基突然接到钱培琛电话："我回来了，有没有时间碰头？"

这个时候的徐思基，早已成为华东师范大学教授，也是知名画家。

但老朋友之所以是老朋友，有一种纯粹的情愫根植于彼此的心底。哪怕暌违再久——像钱培琛与徐思基，已经有二十多年没有见面了，但有一天再遇到，立即能再续旧情。钱培琛与徐思基很快会面，共同享用一顿家常便饭的时候，他向老友吐露心事：自己回到了上海，没地方搞创作。徐思基当即爽快答应："来我的画室挤挤。"

徐思基在中山北路自己的工作室，给他腾出了一大块地方。

从那时起，钱培琛每天往这间画室跑。他的画风早已变了，不再单纯使用画布和油彩，而迷恋使用综合材料，主要是麻布拼贴，画幅很大，往往占了一堵墙。徐思基回忆，当时上海酷热，气温接近40摄氏度，钱培琛搬来一捆捆旧麻袋和许多桶颜料，埋头苦干，每天汗流浃背地工作很长时间，将麻布和其他色布拼贴粘缝，涂刷大面积厚重的色块，苦心经营组织丰富的表现手段。

事实上，钱培琛那时将徐思基的画室一下子搞得脏兮兮的，天天怪味儿刺鼻，但徐思基都忍了。

经过一段时间的集中创作，钱培琛请新老朋友来"看看"，多数朋友客气地表示"灵额"、"有意思！"。

有一个熟悉的老画家，给钱培琛提了意见，认为"一些地方画得更细腻些更好"，但钱培琛不以为然，他觉得自己追求的碎片化历史情境，恰恰是表现粗犷、模糊、影影绰绰……

2003年，以旅美画家的身份，钱培琛在上海刘海粟美术馆举办了个人艺术展。所展作品以综合材料的麻布绘画为主，这是他阔别上海二十多年后，第一次在家乡上海举办个展。

一切都堪称圆满。返回故土的新生活，向他敞开了热情的胸怀。

岁月倏忽。正当钱培琛浸润在安稳的绘画生活中，有一天，"突然摊上大事了"！

第
十
七
章

风暴来袭

FBI "谈话"

有一天，纽约皇后区家里，来了不速之客。那可不是一般的陌生客，而是让违法犯罪者闻之丧胆、唯恐躲之不及的美国联邦调查局（FBI）专员。

先是三个人，一个主管的警察，一个貌似专家，一个翻译。他们随身带来几幅打印出来的绘画作品，想找钱培琛求证："这些作品，是不是钱先生画的？"来者不善，因为还拿出了一沓支票的图片复印件，金额最高的是 1.5 万美元，多数为两三千美元。

他们查证什么？彼时钱培琛正在上海，妻子许秋月粗粗翻了翻图片，代他做了肯定回答："是的，作品是钱培琛画的，支票是我们存入银行的。"许秋月如实回答，还解释，这一沓支票，是钱培琛作为签约画家，在 King's Fine Art 画廊卖掉绘画的劳动所得。

主管警察与许秋月聊家常似的，一一核实支票的图片，专家模样的男子则在钱培琛工作室的书架上、画堆里寻找着什么。他们一共待了个把钟头，临走前，请许秋月与正在上海度假的钱培琛约定时间，届时接听 FBI 越洋电话，配合警方了解情况。

无事不登三宝殿，警察的到来，是不是个"糟糕的开始"？

钱培琛得知消息，有点莫名其妙，却没有想太多。

他以为，FBI从天而降，或许是"小老板"卡洛斯涉嫌洗钱，需要得到他的旁证。所以，忐忑多少会有，却也没有心惊肉跳。后来，情况变得比他想象的更严重。

没过几天，FBI的越洋电话如约打到了上海，采取的是三方通话方式。

一方是美国警方，一方是FBI安排的翻译，还有一方是钱培琛。

第一个问题是："请钱先生如实回答：何塞·卡洛斯·伯甘迪奥斯·迪亚兹（Jose Carlos Bergantinos Diaz），你认识这个人吗？"

或许是紧张，或许还感到"事不关己"，又因为西班牙裔人的全名念起来"叽里咕噜"实在太长太繁琐，钱培琛平生第一次听到对方报出的完整名字是如此一长串，他觉得很陌生，便说"不认识"。当翻译再次转告警察的问题，重复报出一长串名字，问钱培琛"是否认识"，钱培琛肯定地回答："不认识，我不知道这个人。"

麻烦从这次问答就开始了。那天警察问了许多问题，钱培琛忐忑不安地一一作答。

问答的详细记录存档在纽约联邦调查局，钱培琛记不清细节了。但一谈起那次越洋电话，他就流露着"害怕"、"后悔"、"冤枉"的神情。他说，日后从别处打听到，自己"答问不诚实"，他也吓了一跳。他接受我采访时一再解释，除了被第一个问题报出的一长串名字搞得晕乎乎外，对其余提问都做了"诚实回答"。他在美国待过，知道任何人接受警察提问，必须如实回答，否则法律惩戒非常严厉，最高可以罚款500万美元。

500万美元，对普通侨民而言，绝对是天文数字了，简直等于要命。

所以，他不想、也不敢"作伪"。他那时还蒙在鼓里，或不愿意相信，自己犯了什么法而导致FBI"上门"，他以为自己仅仅只是"配合调查

'小老板'的事情"。

问话结束时，FBI问：钱先生何时回美国？等你回到美国后，再次去你家里看看。

钱培琛一下子警惕了，预感到"不妙"。

在电话里，他小心翼翼地向警察表示，自己年事已高，不确定哪天回美；他承诺，太太许秋月下月会去纽约，届时恭候警察的再次上门。

许秋月返回美国等待FBI，她心情焦虑地等了一个多月，FBI才姗姗来迟。

这一次上门，阵势完全不同了：好几辆"路虎"，载着FBI的一批便衣警察鱼贯而入。

警察向许秋月出示了搜查证。许秋月一阵晕厥，幸亏小女儿恩丹也在，英语表达能力更强，她才略感安定。母女俩都是头一次见到这样的架势，不由得紧张起来。她们的眼睛一刻不停地留意着警察们的工作，只见警察的搜查工作非常仔细，比以前在电影里看到的要仔细几十倍，几乎将所有存疑的绘画作品、画册资料，包括画布、颜料、草图以及其他被怀疑的大大小小"作案工具"，统统搜走了。连许秋月平时在家练习书法的毛笔、砚台等，一个也没有被漏过。

画室里几乎被搬一空！

许秋月真正担心了，害怕了：或许接下来的事情比预想更糟糕，但究竟牵涉什么案件，她一头雾水，实在猜不透。等待中的他们如热锅上的蚂蚁，焦灼而绝望！

《纽约时报》头版

"靴子落地"的那天，许秋月记得清清楚楚。

她一个人待在纽约皇后区家里。电话铃响了，一阵紧过一阵。

铃声与平时没什么异样，但她预感到什么发生了，心里突然"别别"地乱跳。

她颤抖着拿起话筒，刚说了一句"Hello"，便听到电话那头，女儿恩丹急促地说："姆妈，勿得了了，爸爸的事体登上了《纽约时报》头版，就是今朝的报纸！"

恩丹是接到同在纽约的表妹电话才知道的。她的表妹，也就是许秋月的外甥女，一早急着给她电话："你爸爸登上了今天的《纽约时报》，很长的报道，快去买了看呀。"

原来，外甥女的丈夫，纽约的一位医生，每天上午有阅读《纽约时报》的习惯，这天一打开报纸，大吃一惊：纽约最权威的报纸，居然在头版转二版的显赫位置做了长篇报道。

报道的标题非常醒目——

Struggling Immigrant Artist Tied to ＄80 Million New York Fraud

（苦苦挣扎的移民艺术家卷入案值8000万美元的纽约制假欺诈案）

接到女儿电话，许秋月脑子里"轰"的一下，她一直提心吊胆的事情终于"落定"了。此时此刻，她迫切想知道得更多、更详细，便立即钻入小汽车，发动后赶往闹市街路上的书报摊，一口气买了几份当天的报纸。

回家摊开报纸一看，头条标题、丈夫的名字、照片等，一下子都跳入眼帘。

报道里还点到了Qiuyue Xu（许秋月）的名字。

许秋月几乎瘫倒在沙发里，惊慌失措。

《纽约时报》上刊登的钱培琛照片，正是被FBI抄家时搜走的，这张照片是亲家有一次来家里玩，看见钱培琛穿着派克棉袄在车库里画画，画面很绚烂，映衬着画家的精神和气质，亲家便说："老钱，来，拍个照留作纪念!"随着"咔嚓"一声,这幅照片被拍了下来,冲印后配好相框放在了书架上。而现在,它出现在了《纽约时报》上面。

一时间,有关钱培琛的消息传遍了世界,他成为报刊、电视、网站搜寻的猎物,媒体大肆渲染这起"丑闻",语言中透着幸灾乐祸。而他,一下子成为中美两地艺术圈津津乐道的谈资。与此同时,他的那张穿派克大衣的照片也传遍了世界各地的报纸、电视、网站。

消息飞快传到了身在上海的钱培琛那儿。

尽管早已经有了不祥的预感,但接到消息的一瞬间,钱培琛还是觉得犹如五雷轰顶。

紧接着,亲朋好友的电话此起彼伏,他感到胸口被巨石压着,郁闷得简直透不过气。

他左思右想,怎么也想不通:画是我亲手画的,这一点绝不否认,但画画的人哪里知道这些画被别人用来充当大师真迹去牟利呢?就像我制造了锋利的刀,本来卖给别人防身或充当生活用具,有人拿它去"杀"了人,去"杀"了亿万富翁,为何需要我承担责任?

事情闹到全世界媒体哗然的地步,人们喋喋不休,他无奈、惊慌,又感到愤怒和耻辱!

但有什么对策呢?钱培琛除了迷茫,还是迷茫。

在《纽约日报》发表报道的当天傍晚,下班时分,大女儿大女婿、小女儿小女婿、外甥女和她的丈夫,不约而同聚集到许秋月这里。

怎么办?谁也没有经验,不知道《纽约时报》报道的来头,也不知道未来跟着会发生什么。

商量来,商量去,一场官司肯定避免不了。看来,不得不请律师出面解决。

小女婿本身就是律师,了解了事情的原委后,说,这件事情太大,我代理不合适,一定要请个好律师。他建议直接联系莫虎。莫虎是华人世界赫赫有名的大律师，当地华文报纸上经常刊登通栏广告，介绍莫虎的律师事务所。莫虎律师曾出任纽约警察总局副局长，熟悉美国法律；他也是华裔，沟通起来语言没有障碍。家人们经过商量一致同意。

于是，不用远在上海的钱培琛操心，女婿联系安排许秋月与莫虎见面了。

律师后盾

如此大的事情发生后，钱培琛一家为之惶恐。

许秋月见了莫虎律师，心里激起的滔天巨浪才有所平静。

莫虎，中等个子，外表斯文，眉宇间显示出干练和硬朗。

许秋月原原本本、详详细细，向莫虎讲述了 FBI 调查钱培琛，以及《纽约时报》刊登有关"制假欺诈案"的前前后后。她满心的焦虑和恐慌溢于言表。

莫虎是见过大世面的，也接手过更大的案件，所以显得神闲气定。早在 36 岁的时候，他就出任纽约警察总局副局长兼审判庭长，在那个重要岗位上指挥警察办理了无数大案要案，对美国警方日常的调查手法可谓耳熟能详。作为受托律师，他努力安慰许秋月，告诉她不要过于惊慌，也表示，他会尽力为钱培琛争取合法的权益。莫虎有个著名的口头禅：利益不是别人赋予你的，而是自己去争取的。这是他作为律师，悟出的执业真谛。

法律面前人人平等。许秋月和她的子女们信仰这一点。他们对莫虎律师也抱有信任和期待，深信：法律是否强大、有力，全在于运用它的人是否熟悉，在于能否在复杂的法律条文以及纷繁的判例里，寻找出最有说服力的依据。

钱培琛已经被媒体渲染为世界百年以来罕见的"仿画大师",莫虎却敏锐地发现,他也是世界上最穷的"仿画大师"。他画的"大师仿作"被当作大师真迹出售给众多收藏家,甚至很可能也进入了纽约一些著名的美术馆、博物馆,但身为"当事人",钱培琛几乎一直被蒙在鼓里,从联邦调查局提供的一沓支票复印件看,钱培琛卖画获得的报酬,无论是原创的绘画还是定制的仿画,报酬远远不及被当作真迹出售的那些画价格的"零头"。这意味着什么?

莫虎将此案庭审可能发生的最坏的结果,以及最好的结果,一一详细做了分析。

与律师接触后,许秋月放心了、安心了,她感到自己找对了律师,她信任经手过许多惊天动地案件的莫虎律师,有能力成为维护他们一家权益的坚强后盾。

上海这边,惊恐中的钱培琛听说家人请了莫虎做自己的庭辩人,略感宽慰。

他是法律盲,一点儿也不了解美国的司法,却懂得敬畏。在他的人生经验里,司法是惩恶扬善的工具,也闪烁着刀光剑影,所以他自小远离司法,宁愿一辈子谨小慎微,也不跟司法打交道。除了"文革"后期与画友们聚集在自家的阁楼上画女人体,他这一生与司法就像远隔一条宽阔的河流,社会上有着再多的司法纠葛,在他看来都是"别人的电影"或"别人的风景"。

但"天价伪画事件"发生后,身在上海的他,暂时不担心自己的安危,却日夜牵挂纽约的房子。这是他奋斗几十年置下的最大不动产,也是他名下唯一的实体财富。

纽约房子的产权人一共有三个:钱培琛、许秋月、钱皓。如今发生了这么大的事情,不怕一万,就怕万一。所以,他们商量后,将家里的全部财产,做了必要的分割:属于女儿女婿的东西,理清后归给他们；属于妻子个人的金银首饰等，由妻子自己妥善保管；属于钱培琛夫妻与女儿共有的房屋，为防日后与"制假欺诈案"纠缠不清，他们决定将皇后区第 95 街的那栋独立别墅挂牌出售。鉴于钱培琛"不方便"再回纽约办理售房手续，律师很快帮助他们办好律师见证书，由钱培琛委托许秋月、钱皓全权代理自己在纽约办理售房手续。

拿到律师事务所的见证书后，许秋月、钱皓飞回上海，与钱培琛一起去南京西路梅龙镇广场九楼的美国驻上海总领事馆办理了相关证明。说实话，一向谨小慎微的钱培琛，这个时候"胆小如鼠"，在去美国领事馆的途中还有着这样那样的担心，生怕发生什么"意外"。但领事馆官员见到他们后，态度亲切友好，很快为他们顺利办妥了一切手续。

走出美国驻上海总领事馆的那一刻，钱培琛才相信，不会有什么神兵天将将他捉拿。

这一下，他如释重负，再也没有更多后顾之忧了。尽管，他时时还感觉自己像溺水者，一叶小舢板似的漂荡在汪洋大海的水面，不知命运会将他抛向何方，但包含着他一生劳累和血汗的房子变现后，他在纽约就没有了任何牵绊，略微感到舒坦了。

命运捉弄？

随着消息传开，钱培琛感到有一种痛——来自旧日老相识们，怀有不同动机的猜测、妄断以及各种添油加醋的"追忆"，一时间纷纷出笼了。钱培琛不断收到亲戚从网上下载的各种文章，一一读了，一股悲凉不禁从头顶窜到脚底。

人言可畏，它仿佛一个深不见底的黑洞，令钱培琛时时担忧和深深恐惧。他不知道汹涌的舆论会被导向哪里，何时才是尽头。这样的日子里，他无法不去想人们的七嘴八舌，一想到这些就整夜整夜无法入睡，吃了安眠药也不管用，经常在半夜的噩梦里大喊大叫，妻子、女儿纷纷安慰他，照顾他，但凶残的噩梦不放过他，天天纠缠着他，骚扰着他。

一段时期过后，议论声似乎少了。噩梦似乎也累了，像病魔一样潜伏在他的体内、他的脑海深处，伺机待发。2016年5月，与《纽约时报》的报道发表已经间隔了蛮长一段时间，钱培琛正为一场小型个展而忙忙碌碌，突然得知，美国电视王牌节目《60分钟》，刚刚对"天价伪画案"做了深度报道，节目中有大约12分钟涉及钱培琛。钱培琛听了，当天夜晚再一次在噩梦中大叫大嚷。噩梦的"病灶"，似在他身体里深深扎根了。

最近，钱培琛又一次做了"噩梦"。

奇怪的是，噩梦里面，不断重复着这样的梦境：FBI警察突然出现在纽约皇后区的家，而他自己翻出后院的围栏，朝着树林和灌木丛里逃窜，这一次不是掉入黑魆魆的河水，而是遇到一只血口大张的黑熊，似乎正等着他"自投罗网"……醒来的时候，照例是一身冷汗。

钱培琛翻身起床，去了一趟卫生间。在盥洗镜面前，他打量着刚刚脱离噩梦的自己，额头的皱纹像刀刻一样清晰，嘴唇上方的胡须白得透明，不得不承认，自己老了。

他突然想起前不久，与画友们一起画女人体，无意间，为了画画的角度，他与H画家胳膊顶撞了一下，H画家就发飙了。那天，H画家的神情好奇怪，别人都沉浸在绘画的乐趣里，为何他那么不淡定地找茬呢？我有什么地方得罪他吗？他凭什么突然诅咒道："你为何还不离开中国？你应该进美国监狱了！"人心啊人心，深不可测，平时与自己毫无瓜葛的人，一旦遇到一件蝇头小事便会暴跳如雷，且恶言相加，我的噩梦是不是与此有关？

自从"出事"后，钱培琛敏锐地感觉到，四周人们的眼光和态度，千奇百怪，有理解的，也有不理解的；有安慰的，也有语带讥讽的。

一个人无论选择做什么，怎么做，当然是渴望得到别人理解的。但不管别人是否理解，最终的理解，只有自己留给自己。

钱培琛跟我谈论这些事情的时候，突然说出这么一句。

他欲言又止，不再言语，意味深长地看着我。

放逐生涯

自我疗伤

很长一段时间，钱培琛说不清楚，自己是处在"逃亡"路上呢，还是自我放逐。

他新租赁的工作室，在一个远离市中心的地方。

那是一栋简陋住房改造的业余学校，三角屋顶与其他大房间相通，不方便安装空调，所以冬冷夏热。好在面积不小，房租便宜，画桌啊，画架啊，颜料啊，乱七八糟的东西摊得开。

更吸引他的是，房东也爱绘画，"左邻右舍"的租客全都是画家，想聊就串门，不想聊又互不干扰。当"天价伪画案"形成惊涛骇浪时，这儿的僻静，成了最佳避风港。

在一个人独处时，钱培琛也会检点过去。

"我是罪犯吗？"他有时这样自问。他从来不愿意、也没有想到，自己会与"犯罪"产生如此深的纠葛。他的思想深处是认同遵纪守法的，谁知，命运让他跌入深渊。

无数次，他做着类似的噩梦：FBI 全球通缉他，身穿制服的警员时常突现在他的生活中，有时是在纽约的 House 里，有时是在上海的公寓里，而他每次都是仓皇出逃，逃亡路上险情不断……噩梦醒来，脊背总被冷汗浸得湿透、湿透。

正是在这样的"逃亡恐惧"期，我走进了钱培琛的世界。

每次面对面的时候，透过他的慢条斯理，透过他的眼神，我感觉得到，他似乎患上了惊恐症或焦虑症。他开门的时候，脑袋闪在门后，心底交织的担忧、狐疑、警惕、沉重，清晰地浮现在他的脸上、眼里。没有亲历过舆论的惊涛骇浪，没有身处过"逃亡"的境地，常人很难体会他的情状。难怪，说起那段日子,钱培琛说:"噩梦多到害怕睡觉！"

当他天天被恶劣、焦虑的情绪包围，恐惧到了极点时，痛感便渐渐转向麻木。

在艰难挣扎的日子里，他只能默默地疗伤。

而远离"噩梦"，忘记"事件"，最好的药方是时间，是画画。

与画友们约聚画女人体，是他这段时期最具疗效的娱乐：每星期某一天，雷打不动地画女人体。女人是上帝的杰作，曼妙的曲线，隐秘的丰润，由色彩、线条转化为作品，这渐渐平复了他的悲伤。

我去看过他们画人体的那个大厅。天窗下，有个舞台般的木头平台，上面铺上几条毯子，就成了模特儿的舞台，女模特在那里，或坐或躺，摆着优美动人的姿势。

"画人体，像歌唱演员每天早晨吊嗓子，属于绘画造型基本功，经常要练手。"钱培琛如此解释他每周参与人体绘画的意义。

他的画友则毫不避讳地对我直言相告，钱培琛对于画女人体，可以说是瘾头很足，他曾经当着大伙儿的面表达他的趣味：画女人体嘛，一定要画出丰乳肥臀的曲线，还要画到肚脐眼下面，一片平原里隐隐约约出现的黑色森林，那就恰到好处了。

果然，在钱培琛画室，堆放着他画的多幅女体画，有油画，也有素描，有的人体写生居然是用毛笔快速画成的，非常美妙。我留意到，

225

钱培琛的女人体绘画都是纯表现主义风格的，并不注重对象逼真，也没有注重器官描摹，但那一小撮"黑森林"几乎都有。整体而言，他面对人体所表达的，是特定时刻的观感和理解，人体构图脱胎于模特儿，都有着一定程度的扭曲变形，对于肌肤色彩的表现也相当主观，有时运用鲜艳的红色勾勒了身体的曲线，又在光影下的躯体上增添了自己想象的东西。它们看似写生，其实是一种创作，是钱培琛竭力忘掉痛苦的烦扰，下意识地将自己的情感寄托在"别处"。

从这一题材的作品里，我看到他的疗伤方式，他的情绪宣泄！

你后悔吗？

我曾经问钱培琛，时过境迁，回头再看纽约往事，如果遇到别人再向你定制波洛克、罗斯柯、德·库宁等大师的作品，凭你现在的想法，你会不会拒绝？

"不会拒绝！"钱培琛说出这几个字，毫不犹疑。

他一说完，便沉默了，似乎陷入了对往昔的回忆或沉思。

断断续续地，他似乎在回答我的问题，又似乎自言自语，说：

上世纪八九十年代旅美的画家中，以"美工"或"画匠"的角色，替美国的画廊或工厂打工，并不见得是"迷失"。在极度困苦的条件下，为了"面包问题"，顺从资本的意志去画一些不署名的定制产品，几乎是出于本能——生存的本能！

钱培琛反复说过，你们没有感受过饥寒交迫，就没有切身体验，只有从 20 世纪 80 年代一路闯过来的留美画家那里，能够得到深深的理解：那个年代，只要不偷不抢，凭自己的劳动，哪怕扫地搞卫生、踏"老坦克"送外卖、在赌场发牌、冲洗汽车，也没有什么难为情的！

是啊，我想，我还是能理解他的。

对于钱培琛的思考和态度，对于别人的曲折经历，我们要去读懂，去尊重，而不是运用自己产生于不同环境的道德观，去随意评价乃至批评。

当然，那天聊及这个话题，钱培琛也没有一味强调"面包问题"。

他又说：我画大师的作品，不仅仅为糊口。我发自内心喜欢波洛克、罗斯柯、德·库宁、马瑟韦尔，也悉心研究过他们的艺术；我在"纽约艺术学生联盟"主攻的就是抽象表现主义，我钻到他们的头脑、内心，揣摩他们创作的思考方法、情感，这很好玩，是艺术家的一种精神劳动。不是吗？别人不懂啊，你懂吗？理解吗？

钱培琛两眼紧紧盯着我，突然站起身，大声地问："我有错吗？我有错吗？我有什么错？"

他自己觉得：没有！他说："我从来就是爱艺术胜过爱金钱，要不是这样，我早就改行做生意了，我父亲在台湾从事印刷业，生意一直不错，我爷爷奶奶都是做生意的，但我不想重走经商的道路，我喜欢绘画，生活再艰难，也没有蛀空我的内心啊！"

听了他的表白，我忍不住追问：从内心里，你如何看待自己的那些"大师作品"？画他们不也抱着功利之欲？

"那也是艺术劳动，艺术劳动！我没有将它们作为原作去出售！从来也没有！"那一刻，他几乎在叫喊。

钱培琛反反复复，一再告诉我："我与卡洛斯合作，最初得到的肯定说法，只是为了满足一些酷爱大师又买不起大师作品的中产家庭装饰客厅用的，这是真实的情况，我可以上纽约法庭与卡洛斯对质。这有什么不可以呢？仿制前辈大师画作的传统，中外源远流长，本身没有法律禁止，我所获得的报酬也只是仿制画的报酬。再说，这类创作对艺术家而言，并非是卑屈的事情，也并非肮脏、龌龊，你可以致敬，可以恶搞，难道不是艺术家的权利和自由吗？！"

昏暗的光线下，钱培琛仿佛站在了纽约的法庭里，他脸庞有点儿变形，却神情坚毅。

我明白了，这是老人发自肺腑的自我辩护词，是他的心声！

他的独白，他的态度，令我一度被打动了，但其中有多少纯真、多少狡辩，我承认：看不清！

我只记得，钱培琛使用了非常肯定的语气，对我说：

> 如果时光倒流，再给我一次仿画定制的机遇让我选择，我不拒绝，也无法拒绝。

在他看来，活着，活下去，是一个人能够去做有意义事情的第一要义！对于他画的那些作品，被人用于欺诈、骗钱、搞乱市场秩序，他觉得自己"无辜"，自己"清白"。

"制造菜刀的师傅，哪里管得了别人拿了菜刀砍人？"他说。

"你一辈子辛辛苦苦搞原创艺术却没有大红大紫，反而'仿画'这件事，让你突然卷入一场国际艺术事件而名声大噪，你怎么看待？"我抓住机会继续追问。

钱培琛喃喃地说："这是老天爷给我的，是惩罚，也是奖励。惩罚我的画作被别人用做了'杀人的武器'，奖励我的绘画以奇怪的方式达到巅峰……"

"你想过，要很出名、很出名吗？"

"不，不是这样的！"他说，"其实我没有寄希望于画画带来很大的名声和利益，说到底，喜欢画画是天生的，是我别无选择的热爱，从来没有更大的诱惑让我对此动摇……"

生命之河

2014 年 3 月，一个紧急电话从台北打来：母亲病危。

一听到消息，钱培琛便顾不上害怕美国神兵天将了，他立即订购机票，飞到台北。

他抵达台北医院的时候，母亲已经深度昏迷，鼻孔里插着吸氧管子，呼吸非常微弱。钱培琛坐在病榻前，紧紧握着母亲的手，望着她操劳一生、皱纹遍布的脸庞，眼泪不禁夺眶而出。

母亲 90 多岁了，在人世间算是高寿，但钱培琛突然觉得，90 多年还是太短了。人的一生相对日月山河，实在苦短！不过，那一刻他倒没感到死神多么可怕，他突然想起朋友说过：一个人的生与死，其间不过隔着一条河流。对年轻人而言，河流宽广无边，两界相距甚远，对垂垂老矣的病者而言，河床狭窄而干枯，一脚便能跨过。

所有人生命旅途的最后一站，就是渡往"河的对岸"。

亲友们个个悲悲戚戚，他悲痛之余，却陷入了深深的思索：所谓自己，我，钱培琛，究竟是何物？

不出意料，母亲敌不住病魔，在见了想见的亲人后，撒手人寰。

追思会、遗体火化、置办墓碑，多数人殊途同归的结果。整个治办丧事期间，钱培琛也忙这忙那，帮着料理杂七杂八的事。与此同时，多日来萦绕他心头的问题渐渐清晰：

生命是偶然的。在时间和空间里，任何人只是匆匆过客。

将生命放置到深远的背景下考量，他似乎搞明白了人，以及人与人之间关系的本质。

他意识到，母亲带自己来到了世上，尽管她没有做出惊天动地的事情，但她出色地诠释了一个贤妻良母的价值——安于相夫教子。尤其，当时代骤变导致一家人阔别时，她始终给丈夫、孩子以毫无保留的关爱和照料。这就是母亲，一个平凡女性的不平凡之处。

钱培琛是个无神论者，不信上帝，不信来世。此时此刻，他却多么希望宇宙间存在着"天国"，让母亲在"天国"获得永生，在传说中无忧无虑、无痛无苦的世界，等待日后亲人的再聚。

一旦相信了"天国"的存在，他似乎顿悟了什么，突然觉得死，也不是一件可怕的事情。

后来，他自然就被"量子力学"的生命观所吸引。他意识到，人的生命本身或许就是意识，也是一种叫作"量子"的东西，生命在地球上逝去后，并没有完全消失，而是转化为其他的形态，存活在地球人时空之外的另一个地方……

一个人来到世上走一遭，什么东西真正属于"自己"的呢？唯有活着的时候，一个个稍纵即逝的真实感受和深刻记忆。还有什么别的？没了，身外之物，都是暂时存放你身边而已，最终都不属于你。

思考生老病死以及生命意义的时候，钱培琛随手在绘画簿里用圆珠笔画了各种图案，一本画完了，再使用一本新的，不知不觉，竟然足足画了三大本。

我拿到这三本笔记本，翻阅着或具象、或抽象的各种图案，惊叹不已！

这是老先生在思索生与死、荣与辱过程中的"视觉笔记"啊。

他有这样的习惯，一想到什么构图，会先在本子上画点什么，哪怕只是一刹那的情绪碎片。而在那三大本"视觉笔记"上，他情不自禁地画了什么呢？最多的是各种头颅和面孔，也有单独的眼睛、嘴唇、耳朵、鼻子，半人半兽或纯抽象却诡异的符号，还写了一些"无厘头"的字句，譬如"红尘滚滚"、"瞬息万变"、"当耶稣被钉在十字架上，你在哪里"、"重生"、"往生"、"超越死亡"、"宇宙与银河"、"时间与空间"、"爱恨情仇"、"量子的猜想"……

这些由黑色水笔或圆珠笔随意勾画的图案碎片，有点儿像德·库宁的风格所传递的情绪，又像蒙克式的忧郁，源自他的亲身经历、对母亲的怀念，也包含了他对生命、爱情、信仰、死亡以及一些终极之问的思考。

作画前的几星期，他对于一些天堂、地狱之类的问题，似乎统统想透了，"视觉笔记"里酝酿的情绪和欲望也像火山里积蓄的岩浆，让他一刻不得安宁，必须将它们释放。

到了这个时候，他的感受精灵变得十分活跃，急切地需要表达，他终于站到了画布前，拿起画笔，思绪不受任何草图的约束，想到哪里便挥洒到哪里，创作的意识流犹如直下三千尺的"飞流"。

他在画布上的绘画，常常像投身激烈的战斗，有时两三个小时冲锋陷阵，偶尔停顿一会儿，坐在椅子上，远远地眯着眼睛严峻地望着，像是战斗间隙里的喘息，之后继续冲锋。一连几天，天天如此；画了一阵子，他又让画"冷"在那里，让自己的思绪和身体停一停、歇一歇。当年在纽约，他与"暖兄"木心在一个版画工作室画画时，这样的冷热处理法，引起两人的共鸣。

钱培琛酝酿创作的系列作品，叫《天堂、人间、地狱》。

有一天，我去钱培琛的工作室，他引导我看画室一堵墙壁上未完成的《天堂、人间、地狱》，作品从构思到此时，历时三年了。画面上，充满了怪力乱神的图案以及抽象的线条、色块，夹杂着人世间的各种表情，微笑、狰狞、沉静、痛苦、惊异、神秘，无所不有。但钱培琛表现它们，没有凝滞，只有释放，自由自在地使用油彩和线条表现着纷乱又清晰的思绪。

这幅作品，给人的直觉是"情绪迸发，思想深邃"。他的笔下具象因素不少，而抽象的线条及色面更多，完全是主观情绪和思想的产物，色彩和点线的交响，传递着超越自身的生命体验。或许，钱培琛意识到，父母子女、丈夫妻子、朋友敌人，彼此只在这一世有关系，而不会是"永恒"。在浩瀚的宇宙世界，近看人生，生老病死皆引发人的五味杂陈，而远看风景，人类的一切不过是一粒尘埃，一些"量子"式的意识存在。

我不确定，我所理解的，是不是钱培琛想用色彩表现的。毫无疑义的是，这是他的回顾性、总结性的创作。他仿佛穿梭在生命之河的两岸，表达了对茫茫世界的生命感悟。

他的天空

藏家追猎

每个人头顶都有一片自己的天空。

无论钱培琛的绘画探索顺利还是曲折、平凡还是非凡、纯粹还是复杂、高超还是庸常，只要他自己不被自己打倒，坚持绘画追求，终究会拥有自己的一片天空。

正当钱培琛备受煎熬的时候，有个现象，令他备感困惑。

"天价伪画案"发生后，普通百姓出于各自的道德意识，对钱培琛涉嫌"制假贩假"表示谴责或同情，而来自美国和中国、原本青睐钱培琛绘画的收藏家，大多表现出另一种兴趣。他们纷纷打来电话，先是聊家常一样，询问他的身体情况，然后话锋一转，说："你没有违法，我们依然信任你，喜欢你的作品。"再后便直言不讳吐露他们的"终极问题"：

"钱先生，我有没有荣幸，购藏您创作的一幅波洛克、罗斯柯或德·库宁风格的作品？只要是您画的抽象表现主义风格的，我很期待……"

"为什么你喜欢这样的作品？猎奇吗？"钱培琛很警惕，小心翼翼地问。

"喜欢,纯粹是喜欢!"客人真诚地解释,"作品上只要您一个人签名就够了,我不会要您签署大师的名字,只要您签名,是您对他们风格的创作性演绎。"

至于不熟悉的藏家,也有不少人通过各种渠道,对钱培琛创作的"杰克逊·波洛克"、"马克·罗斯柯"、"威廉姆·德·库宁"作品表现出浓厚的好奇。他们像是艺术森林里的资深捕手,嗅觉灵敏,一旦发现了奇特的猎物,立即浑身充满荷尔蒙,兴奋不已。

是"奇货可居"吗?我不明白。或许是吧——

藏家常常不懂画家的世界,而画家也常常不懂藏家的世界!

在钱培琛听来,客人想买画,言辞真切,毫无曲意逢迎的意味。他似乎很难拒绝渴望买画的诚挚。他说:很纠结,画,还是不画?

我表示理解。他是一个画家,多年的淬炼,使得他画那些风景、人体、静物等轻车熟路。但一顶"仿画大师"的帽子如影随形跟着他,是他一生中最不可思议的痛。

仿作,在我看来,是他此生最失败的作品,也是最成功的作品。

他的原创作品未能被时下许多人认识,他对艺术市场的搅局,使他成为一架"隐形战斗机",他的"大师仿画"幽灵般游荡在纽约和其他地区的收藏家、画廊、美术馆、博物馆那里。

谁知道,下一步会发生什么。

全世界,没有哪个收藏家、画廊、博物馆、美术馆敢信誓旦旦地保证,自己的藏品里就没有几件"看走眼"的东西。人性的幽暗,又使得相关机构的高级主管们百感杂陈,他们中有人担心,如果不幸"看走眼"而接手大师的赝品,亏钱不必说,也会让他们一世英名瞬间扫地。但事实上,一些存疑的大师作品,没有人能够充分举证是赝品;

另一种情况是，参与交易的利益链上的人，因瓜分到一份甜头而"假装看走眼"，导致艺术世界的水很深。

那么，钱培琛究竟决定画还是不画呢！

他说，他决定"继续画"！

叙述到这里，或许有人会表示质疑和鄙视，但我告诉诸君：钱培琛告别了过去的做法！既然知道自己的仿作会带来被人当作真迹出售的严重后果，如果继续装聋作哑进行所谓演绎性创作，的确显得有点"厚颜无耻"了。他当然不愿意如此，他说："我是认真的人，甚至很较真，我不会见利忘义，也不会玩世不恭。"

他反复思考后的抉择是，对于抽象表现主义一路的大师作品，适当做一些"钱氏的绝妙演绎"，目前继续画，不同于以往的是，所有作品完成后，一律署上"Pei-Shen Qian"，只署钱培琛自己的名字。

> 什么叫抄袭？所谓抄袭是"别人不知出处"。而我画这类"向大师致敬"的作品，表明作品出自我钱培琛之手，这是艺术行为，不是很好玩吗？！

无论在法律层面，还是在道德层面，钱培琛选择继续这样做，似乎都无可指摘。

钱氏演绎的抽象表现主义绘画，如今受到"一群人"特别的青睐。

奇怪吗？美国的藏家有，中国的藏家也有，反映了收藏心态和趣味的多样性和复杂性。

一般而言，传统的、保守的收藏家，通常偏爱某一类作品，行动也格外谨慎，对于公认的伟大艺术家的"作品"，一旦发现是"仿作"，坚决不买。但激进的藏家想法会有所不同，他们仰赖自己的直觉，喜欢猎奇，渴求也五花八门，对于钱培琛这样画出"惊世"影响的画家，他们抱以特殊兴趣。一位收藏家说：收藏像极了钓鱼，心情、趣味、运气等,都能决定最后的结果。认认真真玩,不一定赚钱;由着兴致玩,倒可能玩出名堂。

我不置可否。我只知道,收藏从来没有"标尺",所有的"标尺"都在有影响力的人、资本、机构身上。混在怎样的艺术圈,就有怎样的收藏方向。圈里人,包括艺术家、策展人、画廊主、评论家、艺术顾问等,都会牵引你的兴趣,你信任了谁,自然就跟从了谁。

对钱培琛"仿作"趋之若鹜的人,我一个不认识,也不奇怪。

当一个艺术家足够有名,技艺高超,还有着各种不同寻常的故事时,就不乏有人追捧和收藏其作品。这也是艺术市场和收藏领域的寻常生态。

我看到过两幅这样的"仿作"藏品,一幅是"波洛克式"的《2016 年 1 号》。画面带有神秘的光泽,各种颜料的线条、斑点以及空白之间,疏密有致,让我联想到钱培琛的心情。他在画的背面这样记叙:"像波洛克那样一边跳舞一边作画,曾经给我换来'面包'和快乐,今天再一次进行体验式创作,仿佛回到了纽约时光。谢谢大师的启迪!"

另一幅是"罗斯柯式"的《2016 年 2 号》,我观察画面,发现灿烂的色彩貌似平涂,实质是有着时空四维的,强烈的光彩让人变得十分安静。这是钱培琛演绎的色域绘画,他在画的背面如此写道:"灿烂的色彩,沉思的情绪,恰如我此时此刻的心境。谨以此作向马克·罗斯柯致敬。"

"出了事后再画这类画,技术或心理上,有什么障碍吗?"我问钱培琛。

"没有。只是存在我自己愿意不愿意的问题。我即便再画 100 张,照样有人会下订单,但我不一定有那个心情!我偶尔画几幅,调剂调剂心情！"钱培琛说。

事实上，我在他的家里、工作室里，没有见过其他"仿作"，大堆大堆的绘画，只是他自己的原创风格。这个阶段，他忘我地沉浸在人生的终极思考中，他的绘画，有时是细腻、敏感的抒情曲，有时是激越雄辩的奏鸣曲。绘画是他心底流淌的视觉音乐，也是他的回忆，他的忧伤、快乐、惆怅、疑惑，百感皆入画，幅幅是况味。

绘画境界

浩瀚如烟海的艺术世界，每个画家都只是沧海一粟。

钱培琛说，每个人天生都是"无名鸟"，他也是。绘画是他的生命翅膀，飞翔是他的别无选择的活法。

他的每一天就是在绘画中度过的，这样"在世上走一遭"足够了。二十世纪六七十年代他迷恋印象派、后印象派、表现派、野兽派、立体派等，二十世纪八九十年代涉足抽象、综合材料艺术，到 2000 年以后重拾老趣味、老玩法，穷尽一生，在信仰、热爱、实验、恶搞等状态里，与艺术"跳舞"。

他的绘画活动，是自己的生命运动，出于发自心底的热爱，根本上无关名声、财富、地位等。他晚年更是认为，绘画最高境界是"自己高兴"，无关流派、风格、技巧。艺术更重要的不是形式、材质，而是人，是个体对生命、世界的理解和感受。

不管钱培琛承认与否，他的艺术观念整体上近乎"中庸"。一方面，他感到，文艺复兴或西方现代主义绘画无法淋漓尽致地表达这个世界的迅猛变化，物质主义、信仰混乱、金融掠夺、人性浮躁所导致的凌乱生活，似乎用抽象表现主义手法更能表达；另一方面，他又无法摆脱印象主义、表现主义、野兽派等对人性、情感的抒发。晚年时期，他在画室的桌上、地上，创作活动依然处于矛盾中。他画纸本丙烯画时，就像美国"行动派艺术家"一样，脱离了画架，在未铺平也未涂底色的画布或画纸上，随意走动，或跳来跳去，大笔涂抹，动作本身似乎也是艺术创作的重要组成部分。

如果说，在创作《天堂、人间、地狱》系列时，他多少还有主题思考和具象因素，那么在进行纸本丙烯画创作时，他脑子里没有任何主题，只有情绪、节奏和动作，因而整幅作品呈现的图像完全是蓬乱的线条、无序的斑点。这样的创作，似乎多少还有些波洛克、德·库宁的影子，但钱培琛表示：我完全是在表达自己。所有的表达，有关晚年生命里的酸甜苦辣，有关生命在宇宙世界的意义，都是发自他内心的独创图式和艺术情境。他"不需要"技巧了。

钱培琛的这一系列作品，均以"田园"命名。

看起来，抽象的图案里面，貌似隐约有着地球上乡村田园的影子，其实又不尽然，神秘的意境里，隐隐约约，有一种表现时空之外另一个场域的意味。绘画本身就是带有多义性的。

我细细打量这些作品，好像看到的是从高空鸟瞰大地的浩大场景，意境辽远、深邃，仿佛看到大气笼罩着的山峦、湖泊、公路、田野。画家完全没有采用一丁点儿具象的元素，全部的点、线、面交叉组合，作品里面似乎埋藏着一些天真和忧伤。

对于充满喧腾的气势和力度的抽象作品，观画者会有截然不同的观感。

有人看了《田园》，感觉到画家本人像一只苍老的鹰，盘桓上空，俯瞰世界；也有人感受到他超越性的悲凉、愤怒、恐惧和幻想，而将触角伸向了遥不可及之处……

第二十章

留给世界的谜

原来的"他"

"天价伪画案"给钱培琛的晚年名誉造成了一定的负面影响，也在他心里投下了一层阴影，有人为他叫屈，有人视他为"小丑"，他自己呢，在噩梦狂袭的日子里，始终在等待，在躲避，在忍受貌似很快就会到来的结果，却迟迟没有等到。在煎熬中，他逐渐还原为原来的"他"，一个埋头作画的艺术狂徒。他的本色就是如此，只为绘画而生，至于外部世界的纷纷扰扰，既然无力主宰，他也远离和看淡，安安静静做好"自己"。

他像是野生动物，与任何绘画组织、机构无涉，一个人神出鬼没。

他画画，依旧擅长依靠天赋的直觉，凭主观感受创作。

他采用色块点染，率性涂抹，兼糅印象派、表现派、野兽派手法的心象风景的《田园》系列，在今天的人们看来，并不具有先锋、前卫的意味，他的作品也很少参加各种艺术家的主题联展。但他的作品有强烈的生命气息，我行我素，毫无约束，表现出狂热追逐艺术、不知疲倦地运用画笔和色彩奋斗不止的气质，他执拗地宣称：

我是一个为艺术而艺术的人，我的绘画就是自由的变形和主观的色彩，别无其他！

他像一只孤鹰，兀自在自己的天空飞翔。他从不为此自怜自艾，他早已习惯了这样：我画故我在，与别人无关。他的生活状态继续游离在各种体制、单位之外。

他的手机号只有很少的一些朋友知道，他也不玩微信、微博，社交圈子非常狭窄。但时不时，会有不同的策展人，主动联系他策划个人绘画展览，这可能是他与外界唯一的沟通方式，也算是一个"野生画家"身处这个时代的存在感吧。

2016年5月31日下午，上海浦东陆家嘴，吴昌硕纪念馆举行了钱培琛油画作品展。

这是"天价伪画案"发生后，身处舆论与司法漩涡的钱培琛，在尚未完全摆脱噩梦期间的一次公开亮相。

那天天气闷热，预报要下的雷暴雨迟迟没有光临，可能是老天爷也垂怜年近八旬的钱培琛人生不易，办展不易，不忍心再以一场大雨浇灭众人心头的热情之火。于是，在简短的开幕仪式宣布开始的时候，天空依旧晴朗，钱培琛上身穿一件粉红与白色线条相间的衬衫，下身一条深灰色西裤，一双皮鞋擦得锃亮，灰白的头发梳理得格外精神，他拿着话筒，站在略高的台阶上，感谢新老朋友的到来。

随即，人们簇拥着他，手里高举着相机、手机，抓拍他在自己的绘画作品前的娓娓叙事。来宾里，既有熟悉他的朋友，他们想看看老朋友的新作；也有听说"天价伪画案"后赶来的陌生读者，他们怀着猎奇心而来，想观摩和体会一个仍处于"逃亡路上"的老艺术家的现况和心态。

的确，这不同于一场普通的画展，钱培琛个人的命运与一桩国际艺术圈"重大事件"相联系，甚至他可能随时遭遇不测，钱培琛运用画笔表达的，就不仅仅是审美意义上的作品，更是他身处人生最迷乱、最黑暗时期的思考和心境。

展览以"在那不远的地方"命名，来自世界各地，包括上海、纽约、墨尔本等地的亲朋好友、诸多陌生观众，冒着闷热纷纷赶来观展，吴昌硕纪念馆的天井人头攒动。我想，人们感受到的同情、惆怅、苍凉等况味，大致是差不多的。

也正是在这次展览的现场，我第一次邂逅了钱培琛的妻子许秋月。

许秋月七十多岁了，一眼却看不出这个年龄常见的老态，身上透着海派知性女子的优雅。她身穿鲜红的圆领衫和黑色西装短裙，落落大方接受我临时起意的采访。

她无意中讲述的许多事情，令我对钱培琛有了更加深入的了解。

"在那不远的地方"展览，展示了钱培琛各个时期的小幅油画，看得出，他精心挑选了一批观众易懂的风景，希望能多卖掉一些，贴补生活。即便如此，他的绘画之美，也不是一味甜美，而是散发着他绘画里特有的野性，他描绘的风景，无论城市的还是乡村的，笔触很乱，色彩缤纷，整体上洋溢着一股充沛的激情，形成了属于他自己的鲜明辨识度。

此外，展览里还夹杂着几幅他新近创作的抽象表现主义作品《田园》系列，也有"不一样"的面目。特别当我了解他的生命思考后，对他这类从最初的临摹、实验走向自创的作品，有了更多理解。它们超越了时间、空间的维度，表现了一个历经苦旅的东方老者，对于生命在浩瀚宇宙中位置的思考和理解。这些作品，依旧带有狂野的气息和深邃的意境，沧桑与优雅兼而有之。

不出所料，短短几天展期，十几幅作品被拥趸争先购藏。谈及这些，钱培琛显得格外欣慰。他的岁数越来越大了，去国时间也长达三十年，而故土上海对他一如既往，始终有一批藏家给予热情的追逐和青睐。

叶落归根，他感到心里越来越"平静"。

当然，他有时也沮丧和失落。他目前寄居在女儿、女婿买的房子里，自己根本无力购房。好多次，他站在黑魆魆的夜色里，望着森林般矗立的摩天大楼，心情是惆怅的。

房价的荒诞，让所有的梦想变得很轻，人生随之扭曲变形！

画外音

世界是个舞台，人人都在扮演一个角色。

钱培琛究竟是怎样一个人？如何成长为一个"伪画大师"？他内心又是如何看待这一切的？关于他，我就准备讲这么多。我一直提醒自己，别被"事件本身的影响力牵住鼻子"，希望不断走进他的生活，发掘更多的材料，力求能将他的形象刻画得入木三分。

总结起来，钱培琛是个性格温和、行为谨慎、书生气浓厚的绘画狂热爱好者。他使用画笔、颜料，探寻真善美，历经坎坷而矢志不渝，为艺术而艺术，给人世留下了很多作品。

但他留下的，不止是作品，还有一些谜团。

谜团之一，是他涉嫌参与的"天价伪画案"，我至今不敢断言已经了解清楚了。他说他没有故意去参与"犯罪阴谋"，只承认自己被别人利用了，所谓"别人"，不仅仅是"小老板"卡洛斯，也包括艺术市场的贪婪。但究竟真实情况如何，他是不是对创作"仿画"过程中的快感与满足上瘾？现在还无法搞清楚，或许永远也搞不清楚。

谜团之二，除了已经公布的极少数仿作图片外，号称数量有63幅之多的仿作"全名单"迄今没有完整披露。与此同时，仿作的存世量一共有多少，哪些藏家，哪些美术馆、博物馆拥有的名作出自钱培琛之手？或许有人并不愿意这些大白于天下，只有"天晓得"。

谜团之三，对于那么多专家分辨不出真伪的仿作，钱培琛曾经嘴角流露出顽童般的狡黠和笑容，不无得意地说："我不敢自夸自己的仿作水平多么高超，但我敢肯定，创作作品的过程里，气韵是连贯的，一气呵成的，所倾注的情感也是饱满的。我也不打算去任何地方寻找和辨识留有自己'记号'的作品，让它们流落吧。"

谜团之四，一直到 2017 年夏天，这部书稿准备交付出版社之前，纽约高等法院在这起"天价伪画案"开庭后，始终未做判决，最终只是"调解"了事。从这一结果看，钱培琛不是什么"犯罪嫌疑人"，他只是一个"艺术事件"的当事人，结果依然扑朔迷离。

这是钱培琛留给世界的谜。

毋庸讳言，这样奇特的事件，在艺术世界不是孤例。

很久以前，在意大利文艺复兴时期的 1492 年，当"古罗马时期的古董"成为皇家贵族追逐的稀世珍宝和财富象征的时候，有个二十出头的小伙子使用大理石材质，雕刻了一件全新的小雕塑，然后将它做旧，当作"古罗马时期的古董"，起名《沉睡的小爱神》，卖给了教皇西斯都四世的一个亲戚，制造这只赝品的，就是后来名垂世界文化史的米开朗基罗。

近一百年来，欺骗我们的世界级"伪画大师"，除了钱培琛，还有埃里克·赫本（Eric Hebborn）、约翰·麦爱特（John Myatt）、沃尔夫冈·贝特拉奇（Wolfgang Beltracchi），他们公开承认，自己伪造而署上巴勃罗·毕加索（Pablo Picasso）、费尔南·莱热（Fernand Léger）等大师名字的作品被出售给世界著名的美术馆、博物馆，以及名头很大的各国藏家，但买到赝品的这些美术馆、博物馆及收藏家，谁愿意承认呢？一些所谓的世界名作，常常被权威机构认定为创作该画作的画家一生中"最完美"、"最伟大"的作品之一，这是映现在世界美术史天空的"海市蜃楼"。

或许钱培琛也意识到，自己的作品以一种"非常方式"闯进了一些知名美术馆、博物馆，他时而感觉被噩梦纠缠，言语阴阳失调；时而又感觉有着与大师们相仿的天赋和才能，自己像老庄笔下的蝴蝶，似真似幻。他是千千万万普通画家中的一个，他的原创绘画波澜不惊，而他钻入大师的脑袋，完全"入戏"创作出来、最后自己也"不知去向"的画作，以罕见的高价幽灵般闯过了许多艺术史学者、经纪人、收藏家的关口，昂首挺胸出现在世界级艺术殿堂，这样的结果，让他永远不得心安，又觉得欣慰。如果没有这样的奇特经历，他的亲笔画作会挂在世界一流的艺术殿堂吗？真与伪的边界究竟在哪里？艺术品的价值在于真实的视觉还是虚幻的"名头"？

　　钱培琛无以应对，当今世界也没有权威的"标准答案"！

　　确凿的事实是：钱培琛昔日为生计所画的部分"仿作"，被以天价出售后，有的被视为大师真迹，有的可能被视作大师生前最出色的杰作之一，摆放在著名收藏家家中的显赫位置，被主人引以为荣，或被悬挂在知名美术馆的墙壁上，笑对潮来潮退的世人。

　　78岁的钱培琛，如今闷气、愁气和倔气渐渐消去，自省、豁达、感恩越来越多。以往的执拗、好胜、浮躁等都趋淡了。对人、对己、对事，他视如落花流水，一切顺其自然。

　　他头发灰白，光亮的前额上，几道腐蚀版画般的皱褶，烙下了风雨一生的印迹。

　　在森林般的人世间，永远不缺少各式各样的人。而我遇见的钱培琛，一个一辈子"野生"、从来没有参加过任何体制内展览的艺术家，他的艺术闯荡，以及他在艺术名利场中的沉沉浮浮，让我领略了非学院派画家的绘画人生，一个"野生艺术家"的生命状态。他的一些作品挂在我的书房里，让我时常感悟人世间的偶然、荒谬、精彩和虚无。

　　当然，我觉得，身为千千万万生命过客中的一个，钱培琛没有抛却对某一桩事情的极度热爱和恒久追求，这样的人生是足够幸运的！

我讲述的"艺术黑客"钱培琛，就是这些了。

初稿 2016 年 10 月完成于芝加哥

二稿 2017 年 7 月完成于上海

跋

说起来，这本书真是个延续一年多的"意识流产物"。

从开始知道它——一桩国际艺术事件，到完成全部的采访、调查、核对资料，收获一厚沓文稿，断断续续，花去了我一年多的时间和精力，整个过程里，我时而兴奋，时而叹息，如同置身一个魔幻现实主义的存在。我想探究和表达的，远不止是画坛怪杰的曲折人生，而是横跨东西方艺术世界之"形形色色"。我的文字叙述，以历史的真实事件为基础，以适当的文学性描绘做补充，以自己喜欢的"跳进跳出"的行文方式推进。唯有如此，才足以将我的观察、思考以及真实而复杂的感受和盘托出！

此刻，这部书的写作告一段落，我正在上海静安区一个咖啡简餐吧，一边大口地喝着带绵密泡沫的精酿啤酒，一边梳理对钱培琛的采访和写作，恍惚间，感到采访者与被采访者之间，互相形似"对岸"，我站在此岸，观察和记录的，是彼岸钱培琛跌宕起伏的风景。

进而我又想到，所谓荣和辱、生与死，互相也是"对岸"关系，世界上许多事物都能找到这样的对比性，艺术界也是如此：具象与非具象，热色彩与冷色彩……很多很多。对读者而言，读"别人的故事"，也是从此岸观察对岸情状之一种。

出于这样的考虑，这本书就起名《河的对岸》吧！

说到"画坛怪杰"，我想，这个头衔对于钱培琛而言，也算实至名归。

至少比"伪画大师"更显尊重，比"艺术黑客"更为严谨。

相比其他世界级"伪画大师"，譬如埃里克·赫本、约翰·麦爱特、沃尔夫冈·贝特拉奇，钱培琛与他们有相似，也有不同。相似的是他们的作品都"骗过"了不少美术史学者、艺术经纪人以及收藏家的眼光，一些作品以天价出售，有的则挂进了著名收藏家的客厅或知名美术馆；不同的是，钱培琛不像他们那样张扬，而且始终觉得自己"无辜"，声称他并不迷恋"犯罪式"伪画创作，也不参与给市场编造离奇的作品故事，他发挥的是一个画家应有的功能，像中国传统戏剧演员"入戏"一样，钻入大师的脑袋，做了演绎性创作，他甚至跟我透露，他在自己每一幅"仿作"里留下了不易被人察觉的"暗记"，只有他自己能够辨识真伪。

他的心灵世界是有很多秘密的！

他的艺术生涯跌宕起伏，有趣有料，让我时常叹息：这样的人生太戏剧！太诡异！太神秘！

当然，他为这样的经历付出了很大代价，恰如此刻咖啡馆电视上播放的画面，一个老男人以烟嗓唱着沧桑悠远的歌，似乎唱出了钱培琛的坎坷人生。他也像农夫一样，日出而作、日入而息，他的耕田就是绘画，他一辈子在色彩的田野里追逐、寻觅、自得其乐，却不料，有一天被人告发，他耕作的绘画园地里，有一大片鲜艳无比的"恶之花"，冥冥之中，这与历史上他的家乡一度成为"罂粟花"产地一样，引发了世界性震惊。

正当老先生身处舆论的"风暴眼"，被噩梦紧紧追随之时，他真诚地表示："我原本是个普通画家，有妻子、有女儿女婿，三代人其乐融融，在纽约过得风平浪静；我的乐趣完全是一个人的，画我自己喜欢的画，从来没想过制造什么轰动事件。突如其来的事件，将我抛到了风口浪尖，那样的情形，是我个人完全无法预料、也无法掌控的……"

自那以后，我与钱培琛先生"约法三章"：他只接受我独家采写他的人生经历；采写过程中，他希望我尊重纽约律师莫虎的意见和他本人的意愿，在纽约高等法院最终判决下达之前，不擅自做任何新闻报道；他尊重我判断"天价伪画案"的立场以及写作上的自由，却希望我不要怀有任何恶意，尊重客观事实以及他的解释。

接下来，我在美国与中国之间飞来飞去，多次约他采访、收集资料、找其他当事人对证，等等。本书的第一章，是我在康奈尔大学注册做访问学者的时候，在名叫 Hasbrouck 的研究生住宿区完成的。

Hasbrouck 坐落在康奈尔校园的北部，一排排宿舍楼很像 20 世纪 50 年代中国内地很多高校的教师生活楼。康奈尔大学里几乎所有图书馆都被我逛遍了，在充满阳光、书香、思想的地方，我游弋在美籍华裔画家的人生里，奋笔疾书，叙写他的过往经历。后来，回到上海，几乎整个春天和夏天，我都忙碌于每周一到两次对钱培琛本人的采访，以及在图书馆收集、研究相关的资料。至秋季，我回到芝加哥，在参天大树和绿茵草地环抱的安静住所，伴随着窗外的繁星和虫鸣，在电脑上敲完了一行行文字。

写作过程不算顺畅，一度凝滞，几乎不想再碰触书稿，直到有一天重新找回兴奋状态。

今天奉献给诸位读者的这本书，其主人公钱培琛的生活充满"不确定"。他不再回到美国，落叶归根了，却又不得不自我放逐。他会不会像有些"仿画大师"那样身陷囹圄，会不会失去绘画的自由？我无法确定，希望这本传记的出版，能给他带来欣慰和宁静。

值此传记出版之际，真心感谢钱培琛先生以及他的太太许秋月女士多次接受采访与积极配合；感谢陈钧德、查国钧等画家帮助联系采访；感谢摄影师周晓帮助拍摄有关图片；感谢资深出版人王瑞祥以及《新民周刊》同事沈琳、乐业、刘绮黎的热情帮助。特别感谢华东师范大学出版社王焰社长以及相关编辑们的帮助，由于你们的支持，使得这本书得以顺利出版。

　　时间匆匆，书中不当之处，敬请批评和指正！

2019 年 6 月

不夜城（上海"十二人画展"重要展品之一，当年引起广泛关注）
纸本丙烯　78cm×54cm　1978 年

不夜城（上海"十二人画展"重要展品之一，当年引起广泛关注）
布面油画　40cm×50cm　1978 年

浦江渔船 1
纸本水粉
50cm×32cm
1960 年代

浦江渔船 2　　纸本水粉　　32cm×50cm　　1960 年代

Pershen 1986

Pei Shen
1986

人体速写　纸本
48cm×40cm

静物　布面油画　42cm×56cm　1980 年

秦魂
布面油画
40cm×50cm
2005 年

上海风景 1　布面油画　76cm×102cm　2000 年

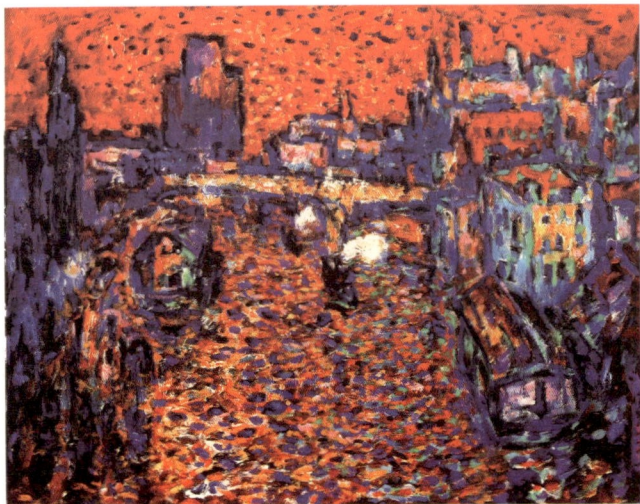

上海风景 2　布面油画　76cm×102cm　2000 年

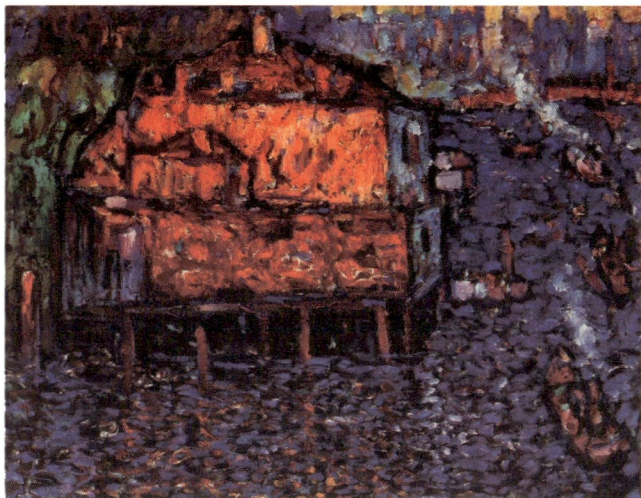

上海风景 3　布面油画　76cm×102cm　2000 年

上海风景 5　布面油画　76cm×102cm　2000 年

鱼趣　纸上拼贴　55cm×76cm　2002 年

人体 1　纸上拼贴　76cm×50cm　2005 年

悲天　麻布综合材料　76cm×102cm　2005 年

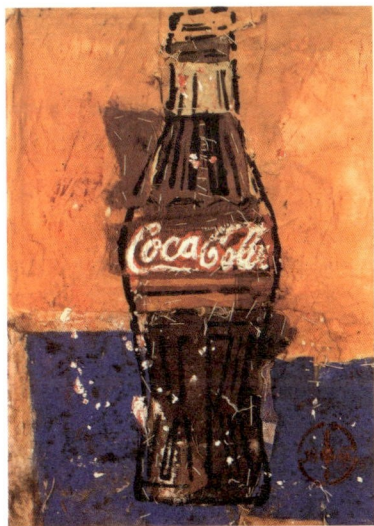

可乐
麻布综合材料
76cm×102cm
2005 年

永恒之一
麻布综合材料
76cm × 102cm
2005 年

永恒之二
麻布综合材料
76cm × 102cm
2005 年

永恒之三
麻布综合材料
76cm×102cm
2005 年

永恒之四
麻布综合材料
76cm×102cm
2005 年

水墨人体速写　纸本　80cm×55cm　2013年

水墨人体速写　纸本　80cm×55cm　2013 年

花香　麻布综合材料　127cm×152cm　2001 年

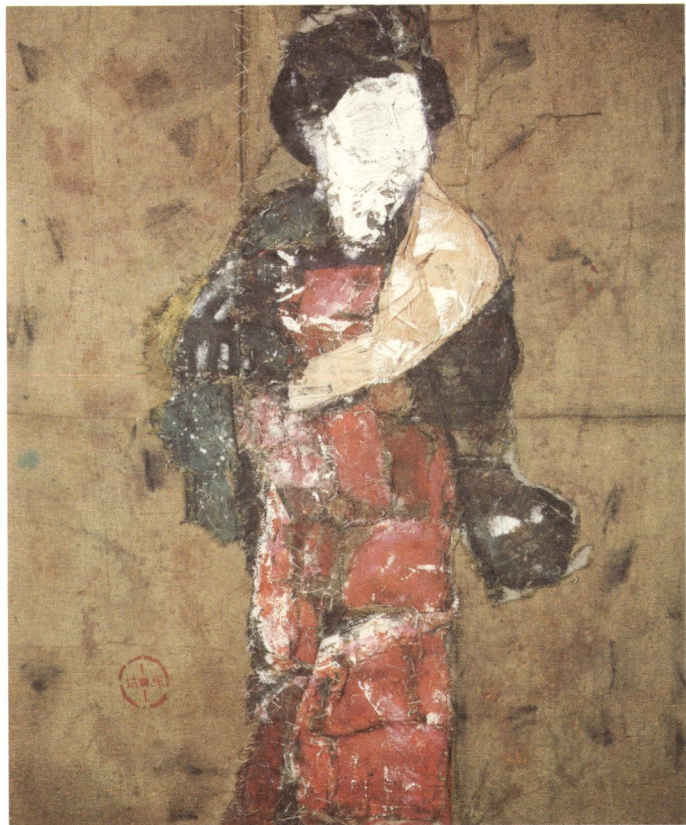

梦痕　麻布综合材料　146cm×174cm　2007 年

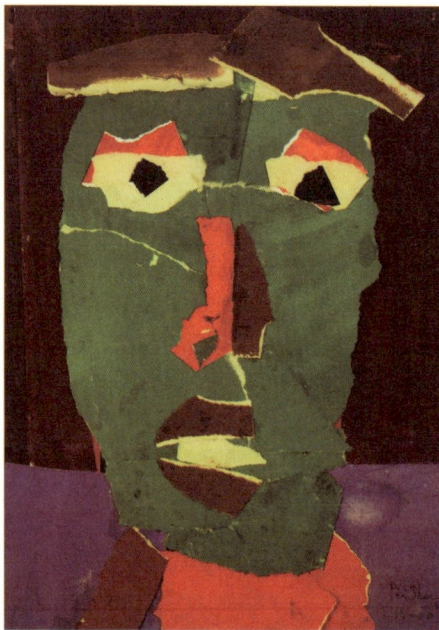

好汉 1
纸上拼贴
27cm×37cm
2000 年

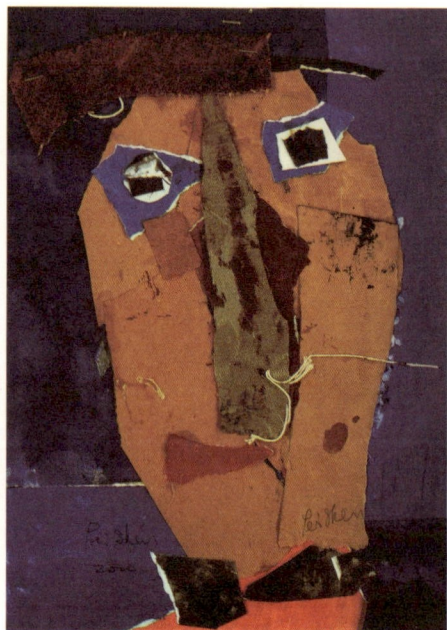

好汉 2
纸上拼贴
27cm×37cm
2000 年

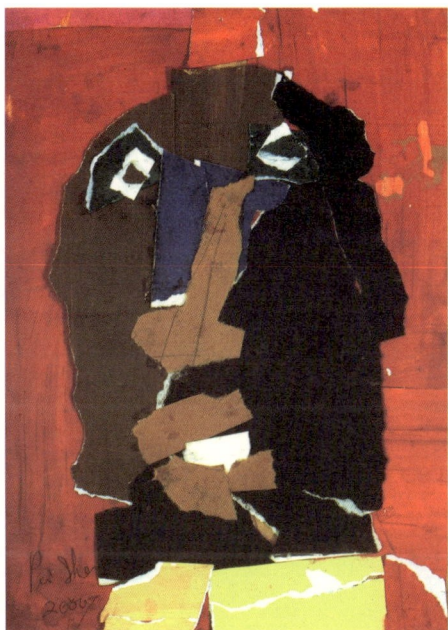

好汉 3
纸上拼贴
27cm×37cm
2000 年

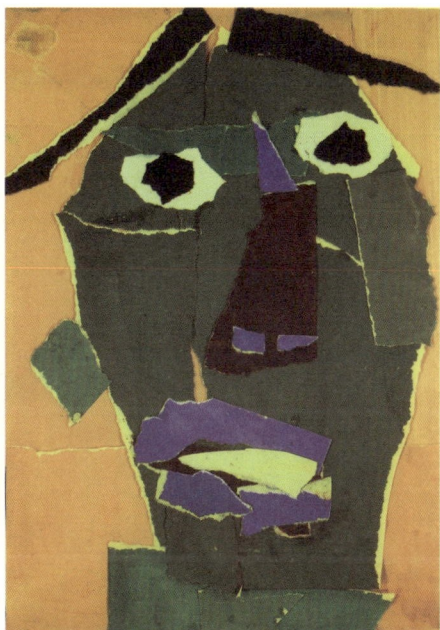

好汉 4
纸上拼贴
27cm×37cm
2000 年

游春　麻布综合材料　190cm×236cm　2000 年

宫娥　麻布综合材料　376cm×186cm　2000 年